KB190752

예배는 그리스도인의 능력입니다.

예배는 하나님의 은혜에 반응해 나를 드리는 것이지만, 동시에 나를 살리기도 합니다. 예배함을 통해서 우리는 그리스도가 하신 일을 기억하고 그의 생명을 나의 생명으로 받습니다. 하지만 이렇게 중요한 예배가 지난 몇 년간의 팬데믹으로 인해 우리 모두에게 도전이 되었음은 부인할 수 없는 사실입니다.

많은 분들이 지난 3년은 예배의 능력을 경험하기 어려운 시기였다고 말합니다. 예배의 가치와 의미를 알아도 공예배가 닫힌 상황에서 예배를 지켜내는 것은 힘든 일이었습니다. 유튜브 영상 앞에서 옷을 갖춰 입고 정자세로 앉는 것만으로는 충분치 않습니다. 살아계신 하나님께 반응하고 생명이 넘치는 삶을 살기 위해서는 삶 속에서 체득된 예배경험이 필요했습니다. 교회 밖 삶의 터전에서 예배하고자 하는 그리스도인들이 많지만 실제로 어떻게 예배해야 하는지 알지 못해 고군분투하는 분들이 많습니다.

『예배소품』은 김정태 목사님과 정진형 전도사님이 예배를 지키고 있는 이들을 돕기 위해 의기투합해 내놓은 고민의 산물입니다. 이 책은 예배를 통해 하나님과의 관계를 깊이 있게 다지려는 모든 이들에게 소중한 길잡이가 될 것입니다. 교회력 설교와 예배곡 묵상을 통해 제시되는 통찰들이 우리가 예배를 통해 하나님의 은혜를 경험하고, 그분의 사랑 안에서 우리의 삶을 이끌어 가는 데 필요한 영감을 줄 수 있기를 소망합니다.

하나님의 지혜와 능력, 은혜와 사랑이 여러분과 함께하기를 바랍니다.

국명호_ 여의도침례교회 담임목사

교회로 살아가기 위해서는 우리가 누구이고 어떤 삶이 가능한지를 알려주는 올바른 성서 이야기가 필요합니다. 그리고 올바른 신학과 신앙고백이 담긴 노래가 필요합니다. 이 책은 이 모두를 충족시켜 주는 책입니다.

우선 이 책은 교회력에 맞게 본문을 선정했습니다. 그래서 이 책을 통해 설교자나 성도들은 본문을 선택하기 위해 고심하는 노력을 하지 않고도 잘 선택된 여러 본문들을 고루 곱씹어 묵상할 수 있는 유익을 얻을 수 있습니다. 또한 이 책에 담긴 성숙한 안목으로 풀어낸 성서 해석과 세심하게 고른 노래로 어디서나 예배할 수 있는 유익을 얻을 수 있습니다. 따로 참고서적을 찾지 않고 교회력에 해당하는 본문과 저자의 글을 차분히 읽은 뒤 소개하는 곡들을 노래하는 것만으로도 충분히 예배가 가능하도록 쓰였습니다.

이 책을 개인적으로 또 공동체적으로 활용해보시길 권합니다. 그 어떤 자리에서도 매우 유용한 책이라는 것을 알게 될 것입니다. 그리고 그런 예배 가운데 차츰 우리가 하나님을 알아가고 더 닮아가는 것을 경험하게 될 것입니다.

유해동_ 더불어함께교회 대표목사

예배소품

지우

겸손하고 선한 그리스도인들을 위한
좋은 책을 만듭니다.

예배소품

초판 발행 2023년 12월 12일

지은이 김정태, 정진형
펴낸이 박지나
펴낸곳 지우
출판등록 2021년 6월 10일 제399-2021-000036호
이메일 jiwoopublisher@gmail.com
인스타그램 instagram.com/jiwoopub
페이스북 facebook.com/jiwoopub

ISBN 979-11-93664-00-1   03230

ⓒ 김정태, 정진형

교회력에 따른 52주 설교와
예배곡 묵상 모음

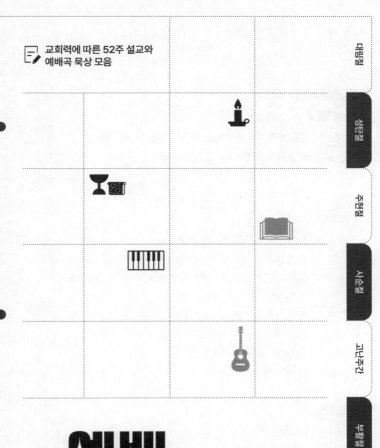

대림절

성탄절

주현절

사순절

고난주간

부활절

성령강림절

예배
소중

➕ 김정태　➕ 정진형

지우

주현절

사순절

🕯 출판사 서문

교회력은 예수님의 생애를 중심으로 형성된 교회의 달력입니다. 유대력(히브리력)과 예수님의 생애를 기반으로 동서방의 여러 풍습들의 영향이 더해져 지금에 이르렀습니다. 교파마다 교회력을 대하는 (신학적) 관점은 조금씩 다르지만 성탄절, 부활절, 성령강림절(오순절)을 중심으로 대림절, 주현절, 사순절의 시기를 대체적으로 공유합니다. 이 책은 약 1년 5개월 간 교회력을 따라 해당 교회력의 성경 본문을 묵상하며 쓴 설교문, 그리고 관련된 예배곡을 소개하고 그 곡의 메시지를 묵상한 글을 모은 설교 및 예배곡 묵상집입니다.

『예배소품』은 SNS를 통해 연재하는 동안 많은 분들에게 은혜와 도전을 주었습니다. 특별히 코로나19가 우리 사회를 잠식해 가던 시점과 맞물려 시작된 『예배소품』은, 팬데믹을 통해 드러난 교회의 민낯과 부끄러운 현실을 날카롭고도 따스한 시선으로 다룹니다. 본문을 통해 이러한 상황에 대한 구체적인 교훈, 즉 교회(성도)가 어떠한 마음을 품고 어떻게 행동해야 하는지를 구체적으로 제시합니다. 특별히 삼위일체, 구원, 교회, 종말, 하나님 나라 등 기독교 신앙의 기본적인 개념들에 대한 잘못된 이해가, 팬데믹을 통해 수면 위로 드러난 교회의 부끄러운 민낯과 맞물려 있음을 섬세하게 지적하고, 이에 대한 적용을 교회뿐만 아니라 신자의 일상으로까지 연결 짓습니다.

이러한 설교 묵상의 방식과 흐름을 그대로 이어, 교회력 본문에 담긴 메시지와 잘 어우러지는 예배곡을 소개하고 그 곡에 담긴 메시지를 깊이 살펴보는 예배곡 묵상은 『예배소품』의 독특한 특징이자 소중한 미덕입니다. 늘 화려한 음악에 가려 곡에 담긴 메시지를 간과해온 우리들에게, 그 곡이 만들어진 맥락과 가사에 담긴 의미를 상기시켜줌으로써 보다 온전히 그 찬양을 부를 수 있게 도와줍니다. 말 그대로 예배곡을 '묵상'하게 합니다.

『예배소품』은 다소 독특한 맥락에서 탄생했습니다. 이 책은 잠시 제도 교회의 울타리 바깥에 머물던 한 성도와 지역 교회에 속해 사역 중이던 어느 목회자, 이 두 분에 의해 쓰였습니다. 서로 다른 상황이었지만, 각자의 자리에서 같은 고민을 공유했습니다. 이들이 교회다움을 고민할 때, 공교롭게도 공교회를 상징하는 교회력이 그 고민의 실타래를 풀어주었습니다. SNS를 통해 소개되었기에 다양한 형태의 교회(온/오프라인의 여러 개개인과 다양한 공동체, 지역 교회 등)에서 읽혔으며, 개인적인 동기로 시작된 일이 다양한 의도와 맥락의 공적 읽기로 이어졌습니다. 이 모든 상황의 중심에 교회력이 있습니다. 『예배소품』을 펼치면 과거와 오늘, 개인과 교회, 주님의 한 교회와 지역 교회가 교회력이라는 전통의 배려와 넓은 품 안에서 끊임없이 공명하는 아름다운 그림이 보일 것입니다. 예수 그리스도의 삶을 따라 이 모두가 '함께' 예배하고 있습니다.

때문에 개인 혹은 소그룹에서 활용할 예배서 혹은 묵상집으로 소개하려 했던 방향에 더해, 교회력의 중요한 의미 중 하나인 '공적 읽기'의 차원에서 '교회력에 따른 52주 설교와 예배곡 묵상 모음'으로도 소개하게 되었습니다. 따라서 개인과 소그룹은 물론, 교회력을 따르는 강단에서 행해질 공적 설교에도 충분히 활용되길 바라봅니다. 규모와 형태를 넘어 기독교 신앙, 즉 그리스도의 다스리심이 진실되게 존재한다면 그 모든 곳이 교회입니다. 개인의 묵상 역시 모두의 묵상이 될 수 있고, 특정한 시기의 묵상이 모든 시기에 통용될 수 있습니다. 이 책이 한 사람의 책이자 어느 한 공동체와 교회에게도 소중한 책이 되길 소망해봅니다.

마지막으로 교회력 사용과 관련하여 독자분들께 양해를 구합니다. 첫째, 원래 교회력은 가, 나, 다해의 세 해로 나누어 각 해마다 다른 성서정과 본문을 사용합니다. 하지만 이 책은 코로나 기간 중 약 1년 5개월 간 연재되면서 두 해의 본문이 섞이게 되어, 부득이 각 해를 표기하지 않고 사용된 본문을 중심으로 구성했습니다. 둘째, 주현절과 주현 후 1주를 당시 연재 일정 상 한 번에 다루어 주현절 주간 설교와 예배곡 묵상은 6개만 수록되었습니다. 이 두 부분에 대한 이해를 부탁드립니다.

『예배소품』은 '예배를 위한 작은 도움'입니다. 이 책이 개인의 예배와 공예배에 작은 도움이 되길 바라봅니다. 따뜻한 예배의 촛불이 우리의 일상 곳곳에서 밝혀지길 간절히 소망합니다.

지우

🕯 들어가며

철이 든 예배자(교회력을 따라 예배하는 유익)

저를 돌아보니 시간이 흐른다고 저절로 철이 들지는 않는 것 같습니다. 그러나 철이 들기 위해서는 시간이 필요한 것이 분명합니다. '철'이 봄철, 여름철에 쓰이듯 시간을 뜻하기 때문에 그렇습니다. '철들다'는 말은 사리를 헤아릴 줄 아는 지혜를 가졌음을 의미합니다. 전통 사회에서는 계절의 변화에 따라 자연과 세계, 그리고 나와 우리의 의미를 발견하며 살았습니다. 제철에 맞게 말하고 일하고 먹고 입고 사랑했습니다. 그렇게 계절에 맞는 삶을 아는 사람을 철이 든 사람이라 했습니다. 철은 '드는' 것입니다. 삶 속에 스며'드는' 것이지요. 계절과 시간이 내 몸에 젖어'들고', 내 삶 또한 그 계절의 일부로 '들어'가는 것입니다. 철은 하루아침에 들지 않습니다. 시간의 반복이 필요합니다. 그러나 무의미한 반복으론 안 됩니다. 반복되는 시간 속에 알알이 박힌 의미를 의식해야 합니다. 그렇게 의미로 충만한 계절을 마주하고 보내기를 반복하다 보면, 계절에 맞는 삶의 방식이 체화되며 철이 들어 자라게 됩니다. 그렇기에 '달력'은 그 시간 속에 사는 이를 빚어 갑니다.

교회력 역시 마찬가지입니다. 교회력이라는 계절의 변화는 그리스도인을 형성하고 철 들게 합니다. 교회력은 흘러가는 시간을 붙잡아 세워 그리스도의 이야기로 새로 쓴 시간입니다. 같은 시각(時刻, Time)을 다른 시각(視覺, View)으로 보는 것입니다. 이제 1년이라는 시간은 1부터 365의 숫자의 연속이 아니라, 살아있는 이야기가 되어 우리 삶에 흐릅니다. 대림절과 성탄절, 주현절 수세주일과 변모주일, 사순절과 성주간, 부활절과 승천일, 성령강림주일, 삼위일체주일, 왕이신 그리스도주일로 흐르는 세상과 다른 이 시간은 우리를 세상과 다른 삶의 방식으로 초청합니다. 그리스도의 오심과 사역, 죽음과 장사, 부활과 승천, 성령의 동행, 삼위일체의 친교, 그리스도의 최종 승리가 우리 삶 속에 스며들게 되고 우리 삶은 그 계절의 일부가 되게 하지요. 계절의 변화에 따라 옷을 갈아입고, 책을 읽고, 노래하고, 설교하고, 기도하고, 춤추고, 빵을 나누고, 사랑을 표현하고, 공간을 새롭게 하기를 거듭하면서 그리스도의 구원 이야기에 더욱 깊이 젖어들게 됩니다. 그렇게 우리는 이 세상과 다른 시간을 살아가며 다른 세상의 이야기, 하나님 나라 이야기의 일부가 됩니다.

교회력은 같은 시간을 다르게 사는 법을 배우게 할 뿐 아니라, 다른 시간을 살아가는 사람들과 같이 사는 법을 배우게도 합니다. 혼자만의 삶, 자기만족을 위한 예배와 이별하게 합니다. 정말로 철이 들게 한다고 말할 수 있습니다. 교회력은 예배자들을 하나로 묶습니다. 교회력이 예배의 주제를 지시하고 성서본문을 골고루(구약, 신약, 복음서, 시편) 제안하고 있기 때문입니다. 예배의 참여자와 순서자가 이 주제를 적절히 이해하고 예배를 준비하는 모습을 그려보면 가슴이 벅차오릅니다. 성서의 본문과 설교는 물론이거니와 찬양팀과 성가대의 찬양, 공동기도와 중보기도, 환영사와 파송사, 죄의 고백과 결단의 고백들, 예배자의 복장과 예배당의 분위기, 주보 및 영상자료 등 이 모든 것이 하나의 이야기에 공명하는 아름다운 모습을 보게 될 것입니다. 어디 예배 안에서의 이야기뿐일까요? 각자 삶의 자리에서 분투하고 소망하는 신앙의 여정들도 마찬가지로 연결될 수 있습니다. 교회력이 제안하는 주중 성서본문까지도 매일의 묵상으로 이어진다면 더할 나위 없겠네요. 또한, 교회력을 따라 예배하는 공동체는, 자기 공동체를 넘어서 세계교회가 함께 예배하고 있다는 놀라운 감각이 생동하고, 수많은 예배자가 철에 따라 신실하게 예배하기 위해 분투한 무수한 노력도(이 책처럼 말이지요) 보게 됩니다. 그렇게 시공을 초월한 연대감, 공(公)교회 의식이 계절의 열매로 자라나게 될 것입니다.

누군가는 교회력을 철 지난 전통으로 볼 수도 있고, 성경에도 없는 교회력을 왜 지켜야 하느냐고 물을 수도 있겠습니다. 역사적으로 교회력이 탄생한 이유는 자명합니다. 초대 그리스도인들이 생각한 것만큼 예수님이 바로 재림하지 않았기 때문입니다. 하나님 나라가 완성될 때까지 우리 그리스도인의 삶은 한철로 끝나지 않는다는 것을 알게 되었습니다. 시간 속에서 자리를 잡고 살아야 한다는 것을 받아들였습니다. 흘러가는 시간에 휩쓸려 망각하지 않고 도리어 시간 속에 우리에게 다가오는 그리스도를 따라 자라나는 기회로 삼았습니다. 교회력은 그 흔적입니다. 우리가 교회력에 따라 제철에 맞게 예배하는 '철든 예배자', '철든 교회'가 된다면, 어느새 우리 삶과 공동체도 조금은 자라있지 않을까요?

이광희 목사

🕯 들어가며

회중 예배 안에서 어떤 노래를 불러야 할까?

잠시 멈춰서 우리의 예배를 떠올려 볼까요? 최근 여러분 교회의 예배 안에서 가장 많이 부른 찬양의 주제는 무엇인가요? 저는 예배학자 로버트 웨버의 '예배는 하나님의 이야기를 실행한다(Worship does God's story)'라는 정의를 사랑합니다. 그러나 종종 우리의 예배는 하나님의 이야기보다 우리의 이야기, 그 중에서도 누군가 혹은 어떤 그룹이 선호하는 이야기로 채워질 때도 있는 것 같습니다.

우리가 부르는 노래들은 중요합니다. 이 노래들이 우리를 형성해가기 때문입니다. 마치 우리가 먹는 음식이 우리의 체질과 기질, 앞으로의 삶의 질과 방식을 결정하듯 우리는 우리의 노래를 따라 빚어집니다. 저는 그것이 하나님이 노래에 부여하신 독특한 특징이자 힘이라고 믿습니다.

그렇다면 우리는 어떤 노래로 우리의 영혼을 먹이고, 우리의 고백을 채워가야 할까요?

진실한 노래

먼저 우리는 하나님 앞에 정직한 마음을 쏟아 놓을 수 있어야 합니다. 이것은 하나님과 우리가 지닌 관계성이자 정체성을 대변합니다. 그분의 자녀요 백성이며, 신부이자 영광인 교회는 진실한 노래를 하나님께 드릴 수 있습니다. '늘 괜찮은 척' 하는 우리의 모습만을 하나님께서 원하시고 기뻐하신다고 생각한다면, 우리의 예배는 더욱 작위적으로 흘러갈 뿐입니다. 우리를 잘 아시는 하나님은 그의 창조물이자 자녀 된 우리의 오늘을 그 누구보다 잘 아셔서 진실하게 하나님께 나오길(시 51:6) 바라십니다. 심지어 그것이 상하고, 아픈 마음(시 51:17) 일지라도 말입니다. 이것이 삼위 하나님께서 원하시는 일이며 동시에 우리가 그분의 인격을 신뢰할 때에 가능한 일입니다. 시편은 그러한 노래들로 가득 차 있습니다. 포로로 끌려간 땅에서, 적으로부터 쫓기던 중에 부르는 노래와 같이, 고통과 수치 가운데 그분 앞에 아픔과 눈물을 토로하며, 하지만 우리와 맺고 계신 언약을 기억하며 다시금 회복의 날을 꿈꾸는 것이야말로 하나님 백성의 노래가 지닌 독특한 특징입니다.

우리를 빚어가는 노래 : 교회력

그러나 동시에 기억해야 할 것은 이 찬송은 결코 나 한 사람만의 고백이 아니라는 것입니다. (물론 나의 골방에서는 가능하겠죠?) 교회의 예배 시간은 공동체의 찬송, 공동체의 고백을 통해 이 노랫말대로 하나님께서 우리를 빚어가시도록 맡겨 드리는 시간이며, 동시에 노랫말을 통해 하나님 앞에 공동체의 삶을 위탁하는 시간입니다. 이렇게 우리를 빚어갈 노랫말을 선택하는 여정에 교회력은 귀한 도움을 줍니다.

편식하면 몸에 불균형이 오듯, 하나님의 성품과 그리스도인으로서 우리가 살아가야 할 방향에 대해 편협한 인식을 가지고 있을 때 공동체의 몸에도 불균형이 찾아옵니다. 특히 오늘날 많은 교회들이 선택하고 있는 경배와 찬양이라는 음악의 형태는 예배/찬양인도자들의 언어가 음향시스템을 통해 크게 들리고, 온 교회가 그것을 함께 불러야 하는 구조입니다. 다시 말해 예배/찬양인도자가 믿고 선택한 것을 온 교회가 함께 부르게 됩니다. 그러나 예배/찬양인도자 역시 한 사람의 개인이기에, 삶의 흐름 가운데 특정 시기나 특별한 상황에서 자신에게 깊이 와닿는 하나님의 성품이나 주제가 있기 마련입니다. 그때 자칫하면 예배/찬양인도자의 고백과 공동체의 고백이 엇갈릴 수도 있을 것입니다. 이러한 맥락에서 교회력은 건강한 균형감을 제공해 줄 수 있습니다. 인도자의 선택이 아닌, 교회의 시간이라는 리듬을 따라 함께 움직이며, 나의 교회를 뛰어넘어 온 세계의 많은 교회들이 특정 시기에 함께 고백하고 있는 주제들로 우리를 이끌어줍니다.

하나님의 백성은 노래하기를 멈춘 적이 없습니다. 슬플 때도, 기쁠 때도 하나님의 백성은 그 노래 안에서 자신들의 정체성을 발견했으며, 이를 붙들고 진실하게 노래했습니다. 그리고 그 진실함은 그들을 진리로 이끌어 진정한 하나님의 백성으로 자라가게 했습니다. 교회의 찬송은 하나님을 향한 고백이자 나의 삶의 현실을 끌어안아 하나님께 드리는 예배이며, 온 땅과 역사 속에 영원히 일하시는 하나님께서 우리를 자신의 백성으로 빚어가시며 베푸시는 선물이 됩니다.

마치며

다시 돌아와 묻습니다. 오늘 우리의 예배 안에 필요한 노래들은 어떤 노래들일까요? 최근 당신의 마음을 사로잡아 회중에게 소개하고자 했던 그 노래는 어떤 노랫말을 담고 있나요? 그 노랫말은 진실한가요? 당신을 통해 소개된 노랫말이 우리 교회와 성도들의 삶을 빚어갈 때, 당신의 공동체는 그 커다란 하나님의 역사와 이야기 안에서 살아가는 그분의 참된 백성이라는 인식에 한발 더 다가가게 될까요? 사랑과 진리 안에서 하나님을 예배하고자 하는 우리의 의지, 그리고 그보다 앞서 우리를 이끄시는 하나님의 의지가 우리의 노랫말을 가득 채우길 꿈꿔봅니다.

전은주 예배사역자

대림절

♦
♦

대림절은 교회력이 시작되는 첫날입니다. 대림절 기간은 성탄절 4주 전부터 성탄절까지의 기간으로, 예수 그리스도의 탄생과 다시 오심을 기다리는 절기입니다. 현대 사회가 요구하는 빠른 속도와 간편함에서 기다림과 멈춤이라는 기독교의 오랜 전통으로 돌아가는 시간입니다.

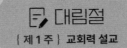

🕯 나의 세계가 무너지는 날

📝 **교회력 본문**   마가복음 13:24-37

'대림절 첫 번째 초를 밝힙니다'

'세계'는 말 그대로 이 우주 전체를 뜻하는 것일 수도 있지만,
때로는 나의 주변이나 내가 아는 곳까지의 세상을 말하는 것
일 수도 있습니다. 그렇기에 우리는 나에게 찾아온 큰 고통
이나, 내 주변의 사랑하는 사람들을 잃는 상실 속에서 그야
말로 '모든 세계'가 무너지는 것 같은 경험을 하게 됩니다.

오늘 복음서 본문은 성전 파괴에 대한 언급으로 시작해
서, 마지막 환난의 날에 대한 경고와 함께 '깨어 있으라'라는
권고로 마무리됩니다. 우리는 흔히 성급하게 이 본문을 세상
의 마지막 날, 즉 종말의 풍경과 연관 지어 읽으려고 합니다.
하지만 본문의 문맥을 고려해 다시 읽어보면 우리가 놓치고

27

있던 내용이 무엇인지 발견할 수 있을 것입니다.

　문맥을 잘 살펴보면 이 대화가 예루살렘 성전에 대한 이야기라는 것을 알 수 있습니다. 참된 영광이신 예수님께서 성전을 '떠나가시고'(13:1), 감람산에서 성전을 다시 '맞서'(마주) 보고 계십니다(13:3). 이것은 '하나님의 임재(영광)가 이미 예루살렘을 떠났다'라는 의미로도 읽힙니다.

　그런데도 눈치 없는 제자들이 여전히 '성전'의 아름다움을 칭찬하자, 주님은 좀 더 정확하게 그 성전에서 하나님의 영광이 이미 떠났으며 무너지게 될 것임을 말씀하십니다. "보라 너희 집이 황폐하여 버려진 바 되리라"(마 23:38)는 말씀은 예수님의 성전 파괴에 대한 예언을 좀 더 직접적으로 보여주고 있습니다(France). 하나님의 영광이신 예수님을 거절한 성전은 이제 그 기능을 완전히 상실한 것입니다.

　제자들에게 이런 예수님의 말씀은 엄청난 충격이었습니다. 성전은 하나님의 임재와 이스라엘에 대한 보호의 상징이었고, 제자들이 생각하는 예수님은 이스라엘을 '국가적'으로 회복시킬, 아니 회복시켜야 할 분이었기 때문이었습니다. 사실 2절과 3절 사이에는 짧은 글로 다 담아낼 수 없는 예수님과 제자들 간의 싸한 분위기가 흐르고 있었을지도 모릅니다. 제자들에게 '성전'의 파괴는 일종의 '세상의 종말'과도 같은 의미였을 것입니다.

　그 애매한 분위기 속에서 제자들이 다시 묻는(4절) 것은 분명하게 우리가 생각하는 것처럼 세상의 마지막이나 지구의 종말이 아닌, '성전이 무너지는 날'에 대한 질문이었습니다. 이 질문에 대해 주님은 성전의 파괴와 관련된 이야기들을 주욱 하시다가 '그때에 그 환난 후'(막 13:24)라고 말씀하시며 성전이 무너진 이후의 세계를 언급하십니다. 그런데 이 이후의 세계 는 문장으로는 붙어있지만 시간적으로는 얼마나 떨어져 있는 지 알 수 없습니다. 마치 2절과 3절의 간격처럼 말이죠.

마가복음 13장을 해석하는 중요한 지점이 바로 여기입니 다. 주님이 오시는 그 마지막 날, 종말은 반드시 올 것이지만 그날과 그때는 아버지를 제외하고 아무도 알 수 없으니 깨어 서 그날을 준비하는 마음으로 살아가라는 것입니다. 따라서 본문의 핵심은 종말의 풍경에 대한 묘사가 아닌, '나의 세계' 가 무너진 경험 이후에 펼쳐질 새로운 세상을 어떤 자세로 살아가야 하는지에 대한 권면인 것입니다.

그렇다면 내가 속한 교회, 내가 누려왔고 익숙했던 교회, 화려한 건물과 외적 성장만 추구했던 교회가 무너지는 경험 이후에 새롭게 펼쳐질 교회를 우리는 어떤 자세로 맞이해야 할까요? 이미 임재가 떠난 그 성전 건물에 목을 매는 제자들 이나, 내게 익숙했던 교회에만 목을 매는 우리들 모두 '포스 트 코로나'라는 새로운 시대에 펼쳐질 교회를 상상할 수 있 을까요?

코로나19 팬데믹 이후 교회 건물을 중심으로 형성되었던 기존의 신앙 패턴에 적잖은 변화를 겪고 난 지금, 마가복음 13장은 우리에게 어떤 메시지를 주고 있을까요?

우리에게 제자들과 같이 '결코 무너지지 않을 거라 생각했던 성전'은 무엇인가요? 철석같이 믿고 있던 기존의 교회와 예배에 대해 흔들리고 도전받고 있는 '믿음'은 무엇인가요? 변화된 상황과 어려움 속에서 지불한 무거운 교훈을 날려버리지 않으려면 우리는 어떤 자세를 가져야 할까요?

2천 년이 지난 오늘, 우리의 기다림은 바로 이런 고민에서부터 시작해야 할 것 같습니다.

예배곡 묵상

대림절. 메시아의 강림을 기다리는 절기입니다. 이스라엘이 메시아를 기다린 기간은 400년이 넘는다고 합니다. 성경에서는 단 몇 줄에 담겼지만, 그 행간에는 이민족의 침략과 로마의 압제에 신음하던 사람들의 치열한 삶이 담겨 있죠. 메시아를 기다리는 절박한 마음을 고작 몇 줄로 표현할 순 없을 것입니다.

전례 없던 팬데믹 기간 동안 우리는 백신과 치료제를 기다렸고, 예전과 같은 일상을 간절히 바랐습니다.

어려움이 크면 클수록 그 해결을 바라는 소망 또한 커져 갔고, 뭔가를 애타게 기다리는 마음은 그 대상이 모든 문제를 해결해주리라는 소망과 결합되어 더 강력해졌습니다. 그리스도를 향한 소망과 간절함의 크기는 그분을 전능하신 하나님으로 인정하는 우리의 믿음과 비례합니다. 우리는 그분을 얼마나 절박한 마음으로 사모하며 기다리고 있나요?

🎹 고개 들어 Lift Your Heads (Steve Fry 사/곡)

🎵 함께 부르면 좋은 찬양 〈참 반가운 성도여〉

〈고개 들어〉는 1974년 미국의 스티브 프라이가 발표한 곡으로, '다윗과 요나단'이 1988년에 '올네이션스 경배와 찬양팀'이 1994년에 발표하면서 한국 교회에 알려졌습니다. 그리스도의 강림을 기다리는 대림절에 부르기에 좋은 찬양입니다.

〈고개 들어〉의 가사는 짧지만 무게감 있는 노랫말들이 이 찬양을 가볍지 않게 합니다. '만왕의 왕'이나 '경배', '위엄', '신령' 같은 가사들은 그 단어 자체만으로도 깊은 예배의 향취를 풍깁니다. 특별히 주목할 부분은 노래의 첫 가사입니다.

'고개 들어 주를 맞이해'는 메시아를 기다리는 성도의 모습을 잘 그려냅니다. 누군가를 맞이한다는 것은 이미 그를 기다리고 있었음을 전제하고, 고개를 든다는 표현은 그 대상이 위에서부터 내려온다는 것을 암시합니다.

'신령과 진정한 찬양으로 영광 돌려, 만왕의 왕께'라고 번역된 가사의 원문 'Let your praises be pure and holy, giving glory to the King of kings'는 '하나님께 영광을 돌리기 위해 찬양을 거룩하고 정결하게 하라'는 뜻에 가깝습니다. 우리가 기다리는 분은 우리의 거룩하고 정결한 찬양받기 합당한 분이십니다.

누군가를 기다리는 것이 낯설고 힘들어진 시대입니다. 인내가 사라진 우리에게 〈고개 들어〉는 메시아를 기다리는 하나님의 백성이 어떠한 모습과 마음가짐을 가져야 하는지를 보여주는 귀한 곡입니다. 여러분들도 이 찬양과 함께 다시 오실 왕을 기다리는 한 달이 되시기를 바랍니다.

묵상하는 기도	내가 절대 무너지지 않을 것이라고 굳게 믿고 있던 것은 무엇인지 돌아봅니다. 흔들리는 것을 두려워하지 말고 주님이 이끄시는 새로운 길로 담대히 나아갈 용기를 주세요.

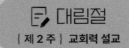
🕯 마치 자유로운 것처럼, 당당하게 기다리기

📖 **교회력 본문**　　마가복음 1:1-8

'대림절 두 번째 초를 밝힙니다'

구약 성경의 마지막, 말라기 4:5-6은 마지막 때에 예언자 엘리야를 보낼 것이라는 약속으로 끝을 맺습니다. 그가 아버지와 자녀, 즉 하나님과 이스라엘 백성 사이의 희미해진 언약을 다시 회복시킬 것이라고 말합니다. 그리고 마가복음은 구약의 마지막 책의 약속을 받으면서(막 1:2) 예수 그리스도의 복음을 시작합니다. 오늘 우리가 보는 성경으로 종이 한 장이 지나가는데 실제로는 400여 년이 흐른 것입니다. 그 사이 얼마나 많은 사람들이 기다렸을까요. 성경은 그 시간을 '복역 기간'(사 40:2)이라고 이야기합니다.

　성경은 그리스도께서 오시기 전까지 인간의 상태를 '노예'

로 표현합니다. 그리고 예수님은 마치 하나님께서 이집트의 노예였던 이스라엘 백성을 구원하셨던 것처럼, 동일하게 죄의 노예였던 우리를 건져내어 자유케 하셨습니다. 오늘자 교회력의 모든 본문은 일관되게 이 이야기를 하고 있습니다.

앞선 내용에 비추어 볼 때 성경이 말하는 '회개'란 단순히 지은 죄를 고백하는 행위가 아닌, '주님께서 우리를 노예 된 상태에서 구원하심으로 완전히 새로운 삶을 살도록 돌이키시는 것'입니다. 단순히 우리의 어떤 행동이나 습관이 아닙니다. 이것은 반복되지 않는 단 한 번의 사건이며 새로운 시대의 시작을 알리는 신호입니다.

이 새로운 시대에는 더 이상 눈에 보이는 성전이 하나님과 맺은 언약의 증거가 되지 못합니다. 오직 성령의 세례(침례), 우리 안에 계속해서 함께 하시는 성령이 스스로 증거가 되어 우리의 삶을 하나님께로 이끌어 갑니다. 남은 것은 그 사실을 믿고 살아가려는 우리의 결단과 반응입니다.

오랜 기다림이 끝난 것 같지만 아직 끝나지 않았습니다. 예수께서 오셨지만 우리는 그분의 다시 오심을 기다려야 합니다. 이 계속되는 기다림을 기꺼이 감내할 수 있는 이유는 우리가 예전과 다르게 더 이상 죄와 죽음의 노예가 아니기 때문입니다.

주님은 매일같이 무너지는 우리에게 '하나님의 뜻대로 살 수 있다, 살아 보라'고 말씀하십니다. 패배감에 젖어있는 우리에게 '내가 새 일을 행할 것이다!'(사 43:19)라고 말씀하십니다. '너는 더 이상 노예가 아니다!'가 회개의 핵심입니다.

우리는 다 이기지 못했지만 마치 이긴 것처럼 살아갑니다. 여전히 현실이 비관적이어도 다시 고개를 높이 듭니다. 눈앞에 보이는 것이 하나 없어도 다시 내일로 향합니다. 자유함을 철석같이 믿는 것! 그것들이 일시적으로 나를 묶더라도 영원히 묶어 놓을 수는 없다고 믿는 것! 그것이 바로 회개입니다.

이제 우리의 기다림은 완성을 향합니다. 주님께서 모든 것을 완전하게 하실 그날을 기다리며 우리 마음에 두 번째 촛불을 밝힙시다.

🎼 예배곡 묵상 ♫ ♪ ♩

어려서부터 교회에서 성탄절을 보낸 분들이라면, '성탄축하 예배'라는 이름의 모임에서 생일 케이크 위에 촛불을 불며 '예수님의 생일을 축하합니다!'라고 외친 경험이 한 번쯤은 있으실 겁니다.

그런데 그리스도가 인간으로 태어난 것이 과연 축하할 일일까요? 우리는 때때로 돌잡이 보듯 '아기 예수'에 대해 다소 낭만적인 시각만을 가지고 있었는지도 모릅니다. 구유에 놓인 아기 예수를 흐뭇해하는 정도로만 크리스마스를 보내지는 않았나 돌아봅니다.

예수의 탄생은 그 삶의 전반과 목적을 빼놓고 설명될 수 없습니다. 하나님의 본체이신 그가 왜 인간의 몸을 입고 오셨는지에 대해 생각하지 않고, 그 생일을 축하하는 정도로 대림절과 성탄절을 보내는 건 무의미합니다. 오늘 소개할 곡은 인간이 되신 예수 그리스도의 존재와 성육신의 목적을 이야기하는 노래입니다.

🎹 이 땅 위에 오신 Hail to the King (Larry Hampton 사/곡)

🎵 함께 부르면 좋은 찬양 〈예수는 왕 Hail To The King〉

'예수전도단'이 2000년에 화요모임 1집을 통해 한국에 소개한 〈이 땅 위에 오신〉은 그리스도의 신성과 낮아짐을 그린, 빌립보서 2장에서 그 모티프를 가져온 노래입니다. '하나님의 본체'(very nature God)나 '지극히 높여'(the highest place), '모든 이름 위에 뛰어난 이름'(Name above all names)과 같은 빌립보서 2장의 표현들이 그대로 차용되었습니다.

이 노래의 가사는 성탄절 아기 예수에게 자칫 매몰될 수 있는 우리의 시선을 보다 높은 데로 향하게 합니다. 성육신이라는 사건의 비범함을 강조하는 것을 시작으로 그리스도가 하신 일과 그분의 호칭을 계속해서 선포합니다. 이 모든 진술은 맨 마지막에 나오는 고백을 위한 철저한 빌드업입니다. 그 고백은 바로 '주 예수, 하나님'(Lord Jesus, our God)입니다. 그리스도가 우리의 하나님이십니다. 그분은 축하받기 위해 이 땅에 오지 않으셨습니다. 왕으로 좌정하시고 우리를 구원하시기 위해 오셨습니다.

왕께 합당한 이 노래로 예수 그리스도의 이름을 높일 수 있기를 바랍니다.

묵상하는 기도 매일같이 느껴지는 패배감과 무력함에 쓰러지더라도 포기하지 않게 하시고, 다시 고개를 들어 우리를 구원하신 주님을 바라보게 해주세요. 주님의 구원을 기다립니다.

🕯 우리 함께 기다립시다

📋 **교회력 본문**   요한복음 1:6-8, 19-28

'대림절 세 번째 초를 밝힙니다'

엘리사벳을 만나러 간 마리아가 무대 중앙으로 걸어오자, 이 윽고 조명이 꺼지고 스포트라이트가 그녀를 비춥니다. 이윽 고 그녀는 아주 '오래된' 노래를 부르기 시작합니다.

"내 영혼이 주님을 찬양하며

내 구세주 하느님을 생각하는 기쁨에 이 마음 설렙니다.

주께서 여종의 비천한 신세를 돌보셨습니다.

이제부터는 온 백성이 나를 복되다 하리니

전능하신 분께서 나에게 큰 일을 해주신 덕분입니다.

주님은 거룩하신 분, 주님을 두려워하는 이들에게는 대대로 자비를 베푸십니다.

주님은 전능하신 팔을 펼치시어

마음이 교만한 자들을 흩으셨습니다.

권세 있는 자들을 그 자리에서 내치시고

보잘것없는 이들을 높이셨으며

배고픈 사람은 좋은 것으로 배불리시고

부요한 사람은 빈손으로 돌려보내셨습니다.

주님은 약속하신 자비를 기억하시어

당신의 종 이스라엘을 도우셨습니다.

우리 조상들에게 약속하신 대로 그 자비를

아브라함과 그 후손에게 영원토록 베푸실 것입니다"

(눅 1:46-55, 공동 번역)

마치 뮤지컬의 한 장면처럼 펼쳐지는 마리아의 이 노래는 사무엘상 2장의 '한나의 노래'를 떠올리게 합니다. 비천함 가운데 빠져 있던 자를 하나님께서 높이시는, '역전'의 이야기를 마리아가 이어 부르고 있는 것이죠.

성경은 종종 한 사람, 한 가정의 작은 이야기를 통해 이스라엘 민족 전체 또는 이 세상 전체를 아우르는 이야기를 펼쳐냅니다. '한나의 노래'는 오랜 임신 실패로 인해 고통받던 여성이 부른 노래였지만, 그녀의 불임은 생명을 낳지 못하는 이스라엘 전체에 대한 은유였습니다. 그녀의 임신을 통해 하나님은 이스라엘 전체의 회복을 이야기하십니다. 마찬가지로 마리아는 분명 자기를 돌보신 하나님의 은총을 놓고 찬양했을 테지만, 그 찬양은 이제 우주적이고 전 세대적인 찬양이 됩니다. 바로 자기 백성을 돌보시는 분, 오랜 기다림을 끝내고 회복을 가져다주시는 분, 바로 예수 그리스도의 오심을 기대하게 합니다.

이 찬양의 주제는 앞서 말했듯이 '역전'입니다. 결혼하지 않은 몸으로 임신했기에 주변으로부터 비난과 괄시를 받던 여성이 오히려 모든 사람들에게 축복을 받습니다. 높아진 자들이 낮아지고 보잘것없는 이들이 높아지며, 부요한 자들은 빈손이 되고 배고픈 사람이 풍족해지는 역전의 이야기가 이 노래에 담겨있습니다.

이 이야기의 핵심은 '하나님의 시선이 어디에 있는가?'입니다. 세상은 이 비천한 두 여인에게는 멸시를, 지배자들에게는 존경과 두려움의 시선을 보냅니다. 그러나 주님은 임신한 노인과 싱글맘에게 초점을 맞추십니다. 누구도 희망이 없다고 기대하지 않던 이들에게 희망을 주시고 온 세상의 기대를 모으십니다. 역전된 시선입니다.

주님의 오심을 기다리는 우리의 시선은 지금 어디를 향해 있습니까? 주님은 우리에게 누가복음의 시선을 공유하십니다. '내가 보고 있는 사람들은 이런 사람들이다'라고요. 사실 '기다림'은 '괴로움'과 같은 뜻이 아닐까요? 그 기간이 길어질

수록 더욱 그렇죠. 때문에 우리의 기다림은 '함께 기다림'이
되어야 합니다. 함께 나누면 나눌수록, 괴로움은 줄어들고
소망은 더욱 풍성해질 것입니다. 이 대림의 기간을 사람들의
시선에서 외면당한 이들과 함께 하며 역전하시는 하나님을
바라보시길 소망합니다.

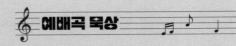

예배곡 묵상

프리드리히 니체는 기독교를 '노예의 종교'라고 말한 바 있습
니다. 혼자서는 존재할 수 없는 나약한 존재들이 자기 위안
을 위해 만들어낸 허상일 뿐이라며 매섭게 힐난했죠. 니체의
말이 반은 맞는 것 같습니다. 성경의 관심은 언제나 권력자
나 지위가 높은 사람들에게 있지 않고 낮고 소외당하는 사
람들을 향해 있습니다.

그리스도의 임재로 구체화된 하나님의 나라는 그런 낮고
소외된 사람들이 높아지고, 그들이 주변부에서 중심으로 옮
겨지는 전복과 반전의 메시지를 선언합니다. 그리스도의 오
심을 기리는 대림절은 역전을 기다리는 시기라고 할 수도 있
겠습니다. 다음 두 곡은 그리스도로 인한 '반전'을 노래하는
곡입니다.

||||| 왕이신 하나님 He is Exalted (Twila Paris 사/곡)

미국의 CCM 아티스트 트와일라 패리스가 1985년에 발표한 〈왕이신 하나님〉는 다소 평범한 8분의 6박자 예배곡입니다. 하지만 어느 편곡에 의해서 새로운 생명력을 얻게 되어 다시금 소개하고자 합니다.

2013년 마커스는 여섯 번째 앨범 '하나님 나라'를 발표했는데요. 이 앨범에서 이 곡을 편곡하면서 추가한 브릿지에 새로운 가사를 담았습니다. 그건 바로 이사야 61장을 반영한 '포로 된 자를 자유케, 눈먼 자 보게 하시네'라는 선포입니다.

누가복음 4장에는 예수님이 공생애를 시작하시면서 이사야의 말씀을 인용하시는 장면이 나옵니다. '이 말씀이 오늘 네 귀에 응하였다'는 말씀은 이사야서에서 말하는 하나님 나라의 전복과 역전이 예수 그리스도의 오심과 함께 본격적으로 시작되었다는 상징인 셈입니다.

||||| 거룩하신 하나님 Give Thanks (Don Moen 사/곡)

너무나 유명한 곡 〈거룩하신 하나님〉의 첫 구절은 'Give thanks with a grateful heart'이고 마지막 가사도 'Give thanks'인 탓에 우리에게는 감사의 의미를 담아 부르는 노래로 알려져 있습니다. 게다가 '내가 약할 때 강함 주고 가난할 때 우리를 부요케 하시는'이라는 후렴 덕에 하나님의 은혜를 담은 노래로 알려졌지만, 원곡 가사를 좀 더 면밀히 살펴보면 앞서 말한 '전복'에 대한 메시지를 찾아볼 수 있습니다.

Let the weak say, 'I am strong'

Let the poor say, 'I am rich'

Because of what the Lord has done for us

주님께서 우리를 위해 하신 일 때문에 약한 자가 '나는 강하다'고 말할 수 있고, 가난한 자가 '나는 부요해'라고 말할 수 있다는 것입니다. 즉, 그리스도가 하신 일 덕분에 '구원의 감격으로 모든 어려운 상황을 돌파할 수 있게 된다'는 전복, 반전의 정서가 담겨 있습니다.

그리스도의 오심은 우리가 겪는 상황 자체를 바꾸기보다 상황을 인식하고 바라보는 눈을 바꿔줍니다. 그리스도의 오심을 기다리는 대림절, 감당하기 힘든 상황을 돌파하게 해주시는 그분의 다스림을 노래할 수 있는 한 주 보내시길 바랍니다.

묵상
하는
기도

오랜 기다림에 지쳐 포기하고 싶을 때, 마리아와 한나의 삶에서 역전을 이루신 하나님을 신뢰하며 그 역전이 구원이 필요한 연약한 이들과 내 삶에 찾아오기를 간절히 구합니다.

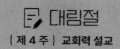

대림절

{ 제 4 주 } 교회력 설교

🕯 정말이야,
이제 더 이상 비밀은 없어

🟦 **교회력 본문**   로마서 16:25-27

'대림절 마지막 초를 밝힙니다'

사도 바울이 로마 사람들에게 보낸 편지의 마지막은 '송영'으로 끝을 맺습니다. 로마서 전체를 통해 바울이 이야기한 예수 그리스도의 복음이 모두를 튼튼히 세워줄 것이라는 권면과 함께, 그것이 오랜 세월 동안 모두가 기다려온 감추어졌던 '비밀'이라고 말합니다.

당시 문화에서 '비밀'은 소수의 선택된 개인이나 집단에게 해당하는 신비한 지식이나 교리를 의미했습니다. 이것은 철저히 그 종교나 집단에 입문한 사람들에게만 전수되는 특별한 내용이었습니다. 그리고 그들은 철저히 이 비밀을 지키며 서로 연결되지 않은 채로 각자의 종말을 기다리다 사라져 갔습니다.

그런데 로마서의 마지막 장을 보면 바울이 수많은 사람들의 이름을 하나하나 부르며 이야기합니다. '뵈뵈, 브리스가, 아굴라, 에배네도, 마리아, 안드로니고, 유니아, 암블리아, 우르바노, 스다구, 아벨레, 아리스도불로와 그의 가족, 헤로디온, 나깃수의 가족, 드루배나, 드루보사, 루포와 그의 어머니, 아순그리도, 블레곤, 허메, 바드로바, 허마와 함께하는 형제자매들, 빌롤로고와 율리아, 네레오와 올름바, 디모데와 루기오, 야손, 소시바더, 더디오와 가이오, 에라스도와 구아도…'

당시 종말을 기다리던 수많은 비밀 공동체가 있었지만 예수 그리스도의 공동체는 서로를 숨기지 않았습니다. 더 특별하거나 비밀스러운 지식이 필요하지 않았습니다. 하나님은 예수 그리스도를 세상에 완전히 공개하셨습니다. 복음은 많은 이들에게 알려졌고, 그분을 따라 살아갔던 이들의 흔적은 기록으로 남아 이렇게 지금 우리에게까지 도달하게 되었습니다.

주 안에 더 이상 비밀은 없고 감춰진 것도 없습니다. 이제 우리는 그저 알려진 그분의 뜻을 믿고 순종하기만 하면 됩니다. 바울의 송영처럼 그 모든 일을 이루신 예수 그리스도께 다양한 방법으로 영광 돌리도록 부름 받았습니다.

사랑하는 여러분, 우리가 이 대림의 시기에 마음 모아 기다리는 것은 어떤 비밀한 계시나 종말에 관한 날짜, 아무나 알 수 없는 특별한 예언이 아닙니다. 그런 징조나 단서를 얻기 위해 성경을 끼워 맞추는 사람들을 멀리하십시오. 지금이 마지막 때라며 불안감을 주어 여러분의 마음을 노리는 사냥꾼들을 조심하십시오.

우리가 기억하며 기다려야 할 것은 하나님의 이야기, 즉 이 세상을 만드시고 깨어진 세상을 슬퍼하시며, 자기를 보내어 기어코 자기 백성을 구원하신 분, 그리고 다시 오셔서 이 창조 세계를 완전하게 하실 분, 바로 그분의 이야기입니다. 이 이야기는 비밀스럽지도 않고 숨겨지지도 않았습니다. 수많은 사람들이 비밀이라며 자기가 아는 것을 치켜세울 때에도 이 이야기는 늘 우리 곁을 지켰습니다. 우리가 신경 쓰지 않았을 뿐입니다.

온 세상이 비밀한 예언에 휘말려 어디에 왕이 오시는지를 놓고 시끄러울 때 그 논쟁 바깥, 시골 한 구석 짐승들의 밥통에 맨 몸으로 오신 하나님의 참 계시이신 우리 구주 예수님을 기억합니다. 우리의 왕 예수께서 이렇게 겸손하고 조용히 오셨으니, 오늘 우리도 잠잠히 그분의 이야기에 귀를 기울입시다.

"주님의 영광이 나타날 것이니, 모든 사람이 그것을 함께 볼 것이다. 이것은 주님께서 친히 약속하신 것이다"(사 40:5, 새번역)

예배곡 묵상

절기는 우리를 연극배우로 만듭니다. 고난주간은 마치 우리가 부활을 모르는 것처럼 흉내 내게 하고, 대림절은 아직 메시아의 존재를 모르는 것처럼 연기하게 만듭니다. 하지만 그렇게 연기하는 절기도 한두 번이지, 그런 방식으로 절기의 기분을 내는 건 눈 가리고 아웅 하는 꼴일 뿐입니다.

우리가 성탄을 아기 예수, 말구유, 동방박사, 빛나는 별, 양을 치던 목자들 정도의 단편적인 이미지로만 이해하지 않았나 반성해 봅니다. 예수 그리스도의 (인간으로서의) 탄생은 결코 한 순간의 이벤트가 아니고, 그저 오래전 계획되었던 행사 정도에 그치는 것도 아닙니다. 창조부터 시작되어 지금 우리에게 흘러 들어오는 이야기의 매우 중요한 변곡점이자 우리의 삶을 완전히 뒤바꿔 놓는 순간이기도 합니다. 오늘 소개할 노래는 창조부터 시작된 이야기, 그 이야기의 중심에 있는 예수 그리스도에 대한 노래입니다.

▐▐▐▐ 사랑의 이야기 (어노인팅, 예배캠프 2021, 전은주 사/곡)

오늘 소개하는 〈사랑의 이야기〉는 어노인팅 예배캠프 2021의 주제가입니다. 'the.nar.ra.tive: creation, redemption, restoration'이라는 주제를 잘 담아낸 노래인데요. 대림절 한 가운데 발표된 탓인지 대림절을 맞아 부르기에도 적절합니다.

하나님의 사랑을 표현하는 것 같은 이 따뜻한 노래는 두 가지 지향점을 가지고 있는 것 같습니다. 그것은 오래됨과 낮아짐입니다.

'그 오랜 기다림'이라는 가사로 시작하는 노래는 시종일관 이 이야기가 오래된 것임을 상기시킵니다. '한결같이', '창조부터 시작된 그 약속', '언약의 주님' 같은 가사는 물론이고 '조그만 제단도 화려한 성전에도'라는 가사 역시 예수 그리스도의 등장을 구약의 희생제사와 연결 지으며, 이 이야기가 갑자기 등장한 것이 아닌 유구한 이야기임을 역설합니다.

또한 그리스도의 낮아짐을 노래하는 데에도 소홀하지 않습니다. '죽음에 머물던 우리에게 오신', '우리의 시간 속에 걸어 들어오신', '우릴 포기하기보다 자기를 버리신'과 같은 가사는 그리스도의 성육신을 신학적 진술이 아닌 이야기를 통해 마음에 와닿게 이해시키고자 애쓴 작사가의 고민과 수고가 느껴집니다.

1년에 한 달만 성탄을 '축하'하던 우리가 앞으로는 이 곡을 통해 우리에게 주어진 이 귀한 사랑의 이야기를 1년 내내 노래하게 되길 바라봅니다.

> 묵상하는 기도
>
> 우리를 사랑하셔서 아무것도 감추지 않고 모든 것을 보여주신 주님, 마지막을 두려워하는 대신에 우리를 사랑하셔서 창조하시고 모든 것을 완성시키실 하나님을 신뢰합니다.

성탄절

♦
♦

성탄절은 우리의 주와 구주가 되신 예수 그리스도
를 기쁨으로 맞이하는 절기입니다. 성탄절 후 첫
째, 둘째 주일을 주현절 전까지 성탄절 기간으로
지킵니다. 사람이 되신 하나님, 육체를 입고 우리
와 같이 살아가신 성육신의 신비를 이야기합니다.

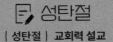
🕯️ 당신이 기다린 왕은 누구입니까?

📋 **교회력 본문**   요한복음 1:1-14, 누가복음 2:22-40

> 신은 우리의 삶을 위해 가장 완벽한 선을 창조했다. 그를 인류
> 의 유익을 위해 덕으로 충만하게 하시고, 우리와 우리 후에 올
> 사람들을 위해 전쟁을 끝내고 모든 것을 확립하실 구원자를 보
> 내 주셨다. … 그리고 그의 탄생일은 그의 오심을 통해 복음이
> 이 세상에 시작되었음을 분명히 해주는 날이었다.

질문을 하나 드릴게요. 여기서 말하는 '그'는 누구일까요? 왠
지 바로 '예수님!'이라고 대답해야 할 것 같은 느낌적인 느낌
이지만, 우리에게 친숙한 표현이 가득한 이 글은 사실 B.C. 9
년 경에 기록된 '아우구스투스 황제'에 대한 비문 내용 중 일
부입니다. (혹시 놀라셨나요?) 당시 문화 속에서 '복음, 좋은 소
식'(유앙겔리온)이란 일반적으로 로마에 평화를 가져다주는 왕,

곧 '아우구스티누스 카이사르'의 통치를 말하는 것이었습니다. 그런데 성경은 '복음'이라는 이 표현을 전혀 다른 의미로 사용하기 시작했습니다.

"하나님의 아들 예수 그리스도의 복음의 시작이다"
(막 1:1, 새번역)

사실 로마의 복음은 곧 로마 황제의 군대가 다른 나라를 정복하고 다스리는 것을 통해 이루는 평화, 폭력과 억압으로 주변을 조용하게 만드는 평화를 말합니다. 성경은 바로 그 로마의 복음에 대해 딴죽을 걸고 있는 것이죠.

그래서 하나님의 아들은 힘과 폭력으로 다스리지 않습니다. 그분은 스스로 낮아져 짐승의 밥통에서 태어나셨고, 약한 자와 소외된 자들의 친구가 되셨고, 칼을 뽑아 문제를 해결하려는 베드로를 막으셨으며, 높은 이들과 지배자들을 꾸짖으시다 결국 세상의 모든 분노와 폭력을 뒤집어쓰고 십자가에서 죽으셨습니다.

놀라운 것은 하나님께서 그렇게 약한 모습으로 죽은 예수를 다시 살리셔서 세상 가장 높은 곳으로 올리시고, 그분을 '만왕의 왕'으로 선포하셨다는 사실입니다. 하나님은 당시 가장 강력한 로마의 힘이 아닌, 가장 약하고 보잘것없는 모습으로 죽으신 예수님의 손을 들어주신 것입니다.

그렇다면 오늘 우리가 전해야 할 '복음, 좋은 소식'은 무엇일까요? 이사야 52장은 복음을 들고 산을 넘는 자들이 전하는 메시지가 '너희 하나님께서 다스리신다'(52:7)라고 말합니다. 이 다스림은 어떤 다스림입니까? 힘과 능력, 부와 성공, 인기와 함께 점점 늘어나는 팔로워? 아니죠, 약함 속에서 버티며 부족함 가운데 만족을 배우고, 무명한 자 같으나 주님께는 유명한, 조금은 보잘것없어 보이는 삶 속에서 오히려 하나님의 다스림이 잘 드러난다고 '복음'은 말하고 있는 것입니다.

빛이 이 세상에 왔지만 세상이 알지 못하고 영접하지 않았던 이유는 그 복음이 로마가 세상이 기대하는 복음과 전혀 다른 것이었기 때문이었습니다. 빼앗고, 통제하고, 소유하는 힘 있는 복음이 아닌, 약하고 보잘것없는 예수 그리스도의 복음은 세상이 바라는 왕의 모습이 아니었습니다.

여러분은 오늘 이 땅에 오신 예수님께 어떤 기대를 갖고 있습니까? 여러분은 어떤 왕에게 마음이 끌립니까? 짐승의 밥통에 누인 연약한 아기입니까, 아니면 강력한 로마의 황제입니까? 이 성탄이 약함으로 세상을 다스리시는 우리 왕, 예수 그리스도 그분의 복음으로 다시 한번 우리의 마음을 돌리는 시간이 되기를 축복합니다.

||||||| 은혜로다 (예수전도단 캠퍼스워십, Art of Worship, 심형진 사/곡)

♫ 함께 부르면 좋은 찬양 <하나님 우리를 사랑하사>

우리가 말씀을 깊이 상고하듯, 그 노래를 예배 중에 함께 부르려면 그 가사에 담긴 메시지가 성경적이며 예배 가운데 불려지기 적합한지를 숙고하려는 최소한의 노력이 있어야 합니다. 개인의 고백으로 그치는 것이 아니기 때문이죠.

이 맥락에서 사실 <은혜로다>는 그다지 친절한 노래가 아니었습니다. 성경구절을 인용한 것도 아니고, 그렇다고 노래 속에 서사가 있는 것도, 어떤 고백이 있는 것도 아니었기 때문입니다. 대뜸 '우리 주님의 능력이 시작됐네'라고 시작하는 노래는 그게 어떻게 시작된 건지, 왜 시작된 건지에 대해 설명해주지 않습니다. 단지 그 은혜가 한량없고, 변함없고, 신실하다고 노래할 뿐입니다.

하지만 2022년에 새롭게 추가된 브릿지의 가사는 에베소서를 인용하며 우리가 누리고 있는 은혜가 '그리스도 안에서 풍성하신 은혜를 따라 그분의 피로 얻는 죄 사함'이라는 것을 명확하게 드러냅니다. 이 브릿지 덕분에 '죄와 사망으로부터 자유로워지는 은혜'에 대한 고백이 완전해집니다.

어떠한 찬양이든 그 노래에 담긴 적절한 의미와 성경적인 근거(배경)를 올바로 찾고자 할 때, 그리고 그 곡을 우리의 진심을 담은 고백으로 선포할 때 그 노래는 생명력을 얻을 수 있을 것입니다. 이 땅에 오셔서 우리의 삶을 다스리시고 참된 자유를 선포하신 그리스도의 성육신과 죄 사함을 함께 노래합시다.

올 한 해 예배하고 노래하기 힘든 시절에 예배의 자리와 삶의 현장에서 고군분투하시느라 애쓰셨습니다. 내년에는 삶을 새롭게 하고 다스릴 우리 주님의 능력이 우리들과 함께하길 소망하며 올해 마지막 예배곡 소개를 맺습니다.

묵상 하는 기도	왕이심에도 가장 낮은 곳으로 가신 예수님, 힘이 아닌 연약함으로 이기시는 하나님의 방식을 따르기 원합니다. 비관과 좌절 앞에 오히려 나와 같이 약해지신 주님의 위로를 구합니다.

성탄의 종소리가 알려주는 것

교회력 본문   예레미야 31:7-14, 에베소서 1:3-14

요한복음 1:1-18

조금 상상력을 발휘해 볼까요? 당신은 지금 거대한 숲 위를 날고 있습니다. 그런데 그 빈틈없이 푸르고 아름다운 숲 한곳에서 무언가 반짝였습니다. 당신은 그것을 놓치지 않고자 점점 더 그쪽으로 날아가기 시작했습니다. 날개를 접고 바람에 몸을 맡기며 들어가 본 숲은, 밖에서 보는 것보다 좀 더 많은 것들이 있었습니다. 도착해서 발견한 그 자리엔 반짝이는 반지 하나가 놓여 있었습니다.

이 이야기는 성경(구약)의 계시를 이해하는 신약 공동체의 모습을 묘사한 것입니다. 오늘 교회력 본문 예레미야서를 읽었던 구약의 독자들은 이 본문을 어떻게 이해했을까요? 이 본문을 읽고 바로 예수님을 떠올렸을까요? 아마도 그렇진 않았을 것입니다. 하지만 시간이 지나고 예수님의 오심과 함께 성령의 인도로 신약의 기록자들은 이 본문을 예수님과 자신들을 향한 메시지로 이해할 수 있었습니다. 마치 앞선 이야기에서 묘사한, 숲 바깥에서 나무 위로 날아오는 새가 보는 풍경이 점점 더 분명해져 가는 것처럼 말이지요.

예레미야 31장은 이스라엘 백성을 향한 하나님의 구원과 회복을 이야기합니다. 그런데 9절은 그들을 구원하시는 이유가 하나님께서 '이스라엘의 아버지'이기 때문이라고 말합니다. 바빌로니아의 포로가 된 이스라엘 백성들은 분명히 이 말씀을 자신들을 향한 메시지로 생각했을 것입니다. 그런데 이 말씀을 신약의 교회 공동체도 자신들을 향한 메시지로 삼았습니다. 에베소서 1장은 하나님의 신비한 뜻이 '세상의 모든 것이 그리스도를 머리로 하여 통일되는 것'(1:15)이라고 밝히면서, 그 계획 안에서 우리가 '상속자'(기업, 1:11)가 되었다고 말합니다. 더 분명하게 요한복음 1장은 그 이름을 믿는 자들이 '하나님의 자녀'(1:12)가 된다고 말합니다.

신약의 교회 공동체는 더 이상 이스라엘의 혈통이 아닌, 그리스도를 믿고 따르는 모든 이들이라는 사실을 깨달았습니다. 또 하나님께서 예레미야 31장을 통해 말씀하신 회복의 풍경이 단순히 이스라엘 백성만을 위한 것이 아닌, 하나님께서 창조하신 모든 세계를 향한 회복의 말씀이라고 생각했습니다.

그로부터 긴 시간이 지난 지금, 우리는 너무나 당연하게 우리를 하나님의 자녀라고 이야기합니다. 여러분은 어떻게

(시공간적으로) 우리와 이렇게나 먼 이야기를 의심 없이 받아들이셨나요? 어떻게 우리와 이전까지 아무런 상관이 없던 이야기를 우리의 이야기로 당연하게 받아들일 수 있는 걸까요?

그것이 바로 성탄을 통해 주어진 신비입니다. 세상의 모든 죄와 폭력을 지고 죽으신 사건, 하나님께서 그를 다시 살리셔서 연약함으로 승리하신 것, 하늘에 오르셔서 만왕의 왕이 되시고 모든 것을 다스리시는, 이 모든 일들을 믿음으로 우리는 수천 년의 시간과 수천 km의 공간을 넘어 하나님의 자녀가 됩니다.

그리고 주님은 그때에 자기 백성들에게 말씀하신 것과 같이 오늘 우리에게도 동일한 사명을 주십니다. 첫째는 너희도 혈통이 아닌 은혜로 구원을 받았으니 다른 이를 차별하지 말라, 둘째는 하나님께서 창조하신 세계의 회복에 참여하라고 말입니다. 우리가 들은 성탄의 종소리는 바로 이 두 가지 사명의 시작을 알리는 소리입니다.

새해가 되었습니다. 아쉬움과 기대가 교차하는 새해에 우리는 어떤 모습일까요. 우리는 어떻게 새해를 맞이해야 할까요?

▥▥▥ 부흥 (예수전도단, 부흥, 고형원 사/곡)

1997년 외환위기로 많은 사람들이 절망의 나락으로 밀려날 때 이 곡이 등장했습니다. 제일 첫 가사부터 '이 땅의 황무함을 보소서'라며 참담함을 노래하는 정서는 이전의 한국 교회에서는 쉽게 볼 수 없는 것이었습니다.

이전에 엄혹한 시대상을 노래하는 곡이 없던 건 아닙니다. 김민기 씨의 〈금관의 예수〉 같은 노래들이 비참한 현실을 한탄하며 '오 주여 이제는 여기에'라고 울부짖었습니다만 당시 한국 교회는 이미 '할 수 있다, 하면 된다, 해보자'라는 식의 긍정적인 노래가 주류였습니다.

예수 믿으면 영혼이 구원받고 몸이 건강해지고, 범사에 잘 된다는 기복 신앙이 역대급 경제위기 때문에 처음으로 위협받던 90년대 말에 등장한 〈부흥〉의 도입부는, 주님의 도우심을 믿음으로 선포하던 여타 복음성가들이 주던 정서와는 사뭇 다른 결이었습니다. 그래서 어쩌면 당시 어려움에 처해 있던 한국 교회에 더 큰 울림을 주었는지도 모르겠습니다. 당시 이 노래는 한국 교회에서 남녀노소를 막론하고 누구에게나 어디서나 불렸습니다.

물론 이 노래에 담긴, 하박국에서 말하는 부흥은 영적인 차원의 회복과 새롭게 됨을 의미하지만 당시 이 노래를 부른 사람들은 그 이상의 무언가를 소망하며 불렀습니다. 실직자와 노숙자가 넘쳐나는 절망적인 상황의 회복, 경제적인 재기와 풍요가 '부흥'이라는 단어와 절묘하게 엮여 받아들여졌는지도 모릅니다. 신앙의 회복 이외의 것들에 대한 총체적인 회복이 '부흥'이라는 단어로 뭉뚱그려졌습니다.

팬데믹의 터널을 지나기 무섭게 또 다른 여러 사회적 침체들을 맞이하고 있는 현재, 우리의 정서도 어쩌면 97년의 그것과 비슷할 겁니다. '이 땅의 황무함을 보소서', '주의 영광 가득한 새 날 주소서'라는 가사가 순수하게 영적인 차원에서만 소화되기는 어려워 보입니다.

평범한 일상을 바라는 것을 악한 욕망이라고 할 수는 없겠지만, 일상의 회복이라는 명분 하에 우리의 욕망에 거짓 세례(침례)를 주고 있지는 않나 늘 스스로를 경계해야 할 것입니다.

그런 면에서 이 노래 〈부흥〉은 좋은 곡입니다. 그럭저럭 살만한 은혜로운 일상을 구하려는 유혹에 빠지지 않고 '우리의 죄악 용서하소서'라고 노래하며, '우리의 우상들을 태우실 성령의 불'을 노래하기 때문입니다. 우선순위가 명확합니다. '경기 회복'과 '하나님을 경외하는 위정자'를 요구하기 이전에

'진리의 말씀', '은혜의 강물', '성령의 바람', '주의 영광 가득한 새 날', '주님 나라'를 갈망하는 이 노래의 방향은 그래서 칭찬받아 마땅합니다.

이미 발표된 지 20년이 지났지만 여전히 유효한 메시지를 담고 있는 이 노래가 새로운 교훈과 은혜를 주는 노래로 많은 이들에게 다시금 불려지길 바라봅니다.

묵상 하는 기도	복음의 이야기가 그저 과거의 이야기가 아닌 지금 내 안에 살아 숨 쉬는 현실이 되게 하여 주심에 감사드립니다. 은혜로 받은 구원을 따라 온 세상을 섬기는 일에 동참하겠습니다.

◇◇◇

주현쩔

◆
◆

주님께서 나타나셨다는 의미의 **주현절**은 하나님께
서 예수 그리스도를 통해 이 땅에 자신을 드러내
신 것에 대한 이야기가 담긴 절기로, 예수님께서
세례(침례)를 받으신 사건과 깊이 관련되어 있습니
다. 그리고 사순절기까지 주님의 공생애를 이야기
합니다.

🕯 주는 하늘을 찢으시고

📖 **교회력 본문** 마가복음 1:4-11

이번 주간은 1월 6일의 주현절과 함께 시작됩니다. 아마 많은 분들에게 '주현절'은 생소한 절기일 텐데요, 바로 예수님께서 세례(침례)를 받으신 사건과 깊이 관련되어 있습니다. 하나님께서 예수 그리스도를 통해 이 땅에 자신을 드러내신 것에 대한 이야기가 담긴 절기입니다.

그런데 오늘 마가복음 본문에서 여러분과 함께 이야기하고 싶은 부분은 '하늘이 갈라지고'(1:10)입니다. 이 특징적인 표현은 마가복음의 마지막 절정 부분에서 다시 등장합니다. 바로 '성전 휘장이 위로부터 아래까지 찢어졌'다(15:38)는 표현입니다.

여기에 쓰인 '갈라지고'와 '찢어져'는 헬라어 원어로는 같은 단어입니다. 다시 말해 마가복음은 '찢어지다'라는 단어로 시작하고 마친다는 것입니다. 이사야 64:1의 말씀과 같이 하나님께서 하늘을 '가르고(찢고)' 이 땅에 오셔서 성전 휘장을 '찢으'시는 장면을 처음과 끝에 두어 정말 중요한, 꼭 전하고 싶은 이야기를 하고 있는 것이죠. 그것은 바로 '하나님의 나라'가 이 땅에 임했다는 선포입니다.

그런데 왜 성경은 이 장면을 '열렸다'라고 하지 않고, '찢어졌다'고 했을까요? 열린 문은 다시 닫을 수 있습니다. 하지만 찢어진 것은 다시 원래 모습을 찾기 어렵습니다. 한번 시작된 하나님 나라, 하나님의 다스림은 그 누구도 멈출 수 없고, 다시 닫을 수 없다는 사실을 강력하게 선언하고 있는 것입니다.

그래서 우리가 부르는 예배 곡 중에 '하늘 문이 열리고…'라든가, '하늘의 문을 여소서…' 같은 가사는 다시 생각해 볼 필요가 있습니다. 왜냐하면 하늘의 문이 열리는 사건은 계속해서 반복되는 것이 아니라, 바로 이 장면에서 딱 한 번만 이루어진 '단회적'인 사건이기 때문이죠. 하늘, 하나님의 나라는 막 열렸다 닫히는 것이 아닙니다.

성탄을 통해 이 땅에 오신 빛은 주님의 세례(침례)를 통해 온 땅에 퍼집니다. 그리고 그 빛은 절대 꺼지거나 사라지지 않습니다. 하늘이 찢어져 열려 있기 때문입니다. 우리가 지금 잠시 보기에는 어둠이 사라지지 않은 것 같고 빛의 세력이 약한 것만 같으나, 주님이 여신 빛은 절대 꺼지지 않음을 믿으시기 바랍니다.

또한 시작된 하나님의 다스림은 우리에게 하나님 편에 서라고, 빛의 편이 되라고 말합니다. 예수님의 세례(침례)를 통해 이 땅에 퍼진 빛은 우리에게 단순히 따뜻한 '느낌'만을 주기 위해 있는 것이 아닙니다. 빛의 편이 될 것인지, 어둠의 편에서 서서 하나님의 다스림에 저항할 것인지를 결정하라고 강력하게 요구합니다.

마침 주현의 절기는 새해의 첫 주간과 함께 시작합니다. 새로운 한 해를 시작하면서 오늘 말씀을 통해 다시 한번 내가 누구 편에 서 있는가, 그리고 하나님의 다스림 대로 살아간다는 것이 어떤 삶의 방식을 말하는 것인지 고민해보는 시간이 되면 좋겠습니다.

주님의 세례(침례) 주일에 드리는 기도

주여, 주님은 자기 몸을 찢으시어 하늘과 땅을 여셨으니,

육체를 찢긴 자들의 고통을 아시나이다.

말 못 하는 학대와 아픔, 슬픔과 고통 가운데

놓여 있는 이들에게 당신의 빛을 비춰주셔서

그 괴로움과 오랜 기다림을 갚아 주시옵소서. 지켜 주옵소서.

그리하여 당신의 빛이 이 땅 구석구석 어디든

못 미치는 곳이 없음을 부디 모든 이들이,

특히 악한 일을 저지르고도 반성 없는 자들이

심장이 찔리도록, 뼈가 저리도록, 이가 빠지도록

알게 하여 주옵소서.

당신의 그 높으신 이름을 위해

반드시 그렇게 하여 주옵소서.

이 땅에서 상처받아 주 품에 안긴 자들을 포근하게

꼭 품으시는 사랑 많으시며 또 공의로우신

우리 구원자 예수 그리스도의 이름으로 기도합니다. 아멘.

예배곡 묵상

갑자기 하늘에서 별똥별이 떨어지면 어떻게 하시겠습니까?
대부분 스마트폰을 꺼내 찍으려 할 겁니다. 이유는 간단합니
다. 나의 경험을 보존하고 싶기 때문입니다. 하지만 다른 사
람에게 그 사실을 '인증'하기 위해서 그러기도 합니다. 증거를
남겨두는 것이죠.

그리스도께서 세례(침례)를 받으신 것, 비둘기 같이 내려오
는 성령과 하나님의 음성을 들으신 것은 일종의 '인증'입니다.
이는 곧 '하나님의 아들'의 등장이며, 이 사건을 시작으로 새
로운 시대가 열렸음을 알리는 '증거'였죠. 요한복음은 그분의
'인증샷'을 이렇게 증언합니다.

"말씀이 육신이 되어 우리 가운데 거하시매 우리가 주의 영광을 보니"(요 1:14)

주현절을 맞이하는 우리는 그분의 인증에 이 노래를 부르며 동참할 수 있습니다.

🎹 주님의 영광 나타나셨네
The Lord Has Displayed His Glory (David Fellingham 사/곡)

〈주님의 영광 나타나셨네〉는 영국 구세군 출신의 목회자 데이빗 펠링엄의 노래입니다. 대표곡으로는 〈기뻐하며 승리의 노래〉, 〈기뻐하며 왕께〉 등이 있는데요. 오늘 소개하는 노래도 올네이션스 경배와 찬양팀의 '전하세 예수 1집'(1995)에 처음 번안되어 수록되면서 한국에 소개되었습니다.

이 노래가 주현절에 걸맞은 가장 큰 이유는 '영광을 드러내 보였다'(has displayed His glory)는 표현이 요한복음과 요한일서의 '우리가 주의 영광을 보았다'는 진술과 조응하기 때문입니다. 또 이 노래에는 주목할 만한 특징이 하나 있는데, 바로 '죽음에서 날 살리신 주 성령', '만왕의 왕 예수', '놀라우신 주 하나님' 같은 가사를 통해 알 수 있듯이 삼위일체 하나님을 다 언급하고 있다는 점입니다. 마가복음 1장에서 예수께서 세례(침례) 받으실 때, 성자 예수님과 비둘기 같이 내리는 성령, 음성으로 함께하시는 성부 하나님이 모두 나타난다는 의미심장한 사실이 이 노래에서도 재현됩니다.

또 하나님 나라를 묘사하는 가장 대표적인 수사, '눈먼 자는 눈을 뜨며, 저는 자는 걷게 되리'라는 가사가 있는 것은 물론이고, '권능으로 임하셨네'(The kingdom is coming in power), '주의 나라 임하시네'(Bringing your Kingdom us now)와 같이 그의 나라를 언급하는 것 역시 이 노래의 지향점, 즉 주의 현현의 의미를 또렷하게 보여줍니다.

주님의 나타내심을 노래하는 이번 한 주간, 주님의 현현과 하나님 나라의 메시지가 담긴 이 찬양과 함께 노래 이상의 삶으로 예수가 하나님이시라는 사실과 그분의 통치가 이뤄지는 것을 인증하실 수 있기를 바랍니다.

| 묵상 하는 기도 | 주여, 주님은 자기 몸을 찢으시어 하늘과 땅을 여셨으니, 육체를 찢긴 자들의 고통을 아십니다. 말 못 하는 학대와 아픔, 슬픔과 고통 가운데 놓여있는 이들에게 당신의 빛을 비춰주세요. |

🕯 스스로 나타내신 분,
내가 만든 분

📖 **교회력 본문**   사무엘상 3:1-10

구약에서 하나님은 다양한 방법으로 자신을 이스라엘 백성에게 나타내십니다. 그런데 그중 하나인 '예언'은 우리가 흔히 생각하는 '미래를 알려주는 것'과는 결이 다릅니다. 사무엘상 3장은 '주님께서 말씀해주시는 일이 드물었다'라는 말로 시작합니다. 과연 이 상황은 주님께서 말씀하지 않으셨기 때문이었을까요? 아니면 주님의 말씀을 듣고 '대신 전할' 사람이 없었던 탓이었을까요? 어느 쪽이었든 간에 이제 주님의 음성이 다시금 어린 사무엘에게 들리기 시작합니다.

   그런데 그 주님의 음성은 바로 엘리의 가문이 비참하게 망할 것이라는 무서운 심판의 메시지였습니다. 사무엘이 하나님께 받은 첫 번째 예언은 이렇게 환영받지 못할 이야기였죠. 성경 곳곳에서 예언자로서의 책무를 받은 사람들의 이야기를 보면 예언자로 세움을 받는다는 것은 대부분 이렇게 부담스럽고 꺼려지는 일이었습니다. 왜죠? 사람들이 원하지 않는 이야기를 해야 했기 때문입니다.

하지만 오늘 우리 주변을 보면 꼭 그런 것만은 아닌 듯싶습니다. 곳곳에 있는 '하나님과 친밀한 사람'들이나 '직통'으로 계시를 받는 예언자들, 심지어는 '하나님 까불면 죽어!'라는 '신살자'에 이르기까지… 최근에는 유튜브에서 온라인으로 예언을 쏟아내는 사람도 있더라고요. 물론 그런 '예언자'들에게 따라오는 엄청난 추종자와 헌금, 구독자와 좋아요 수는 왜 구약의 예언자들은 그렇게 헛된 삶을 살았나 싶은 생각까지 들게 합니다.

그들의 메시지는 대체로 '죄에 대한 책망 – 심판의 선언 – 회복의 약속'이라는 형태로 이루어집니다. 마치 법정에서 이루어지는 재판과도 같은 느낌이죠. 거기엔 내 장래가 어떻게 될지, 좋은 대학에 갈 수 있을지, 어떤 배우자를 만날 것인지와 같은 우리가 대부분 궁금해하는 이야기는 '단 하나도' 담겨 있지 않습니다.

하나님께서 예언을 통해 드러내시고자 하는 것은 단 하나입니다. 하나님과 이스라엘의 언약 관계를 상기시키고, 그 약속을 이스라엘이 어떻게 깨뜨렸는가를 보여주어 그에 합당한 벌을 내리시겠다는 것입니다. 그러나 만약 이스라엘이 마음을 고쳐 돌이키면 용서하실 것이고, 징벌을 당한 후에라도 다시 회복시키시겠다는 약속이 구약 예언의 핵심입니다.

내 사랑하는 자녀야, 내가 너의 마음을 다 안다.

요새 유행하는 묵상 콘텐츠 들에서 자주 볼 수 있는 표현입니다. 그런데 대체 알긴 뭘 안다는 걸까요? 대체 무슨 마음으로 하나님에 빙의해서 저런 말을 하는지 잘 모르겠습니다. 자기가 스스로 '너는 내 아들이라'고 부르는 노래처럼 이런 표현이 제게는 영 어색합니다. 저 말을 하는 사람은 대체 누구기에 무슨 생각으로 하나님을 연기하는 걸까요?

예언자들을 통해 자신을 드러내시는 하나님, 그리고 그 말의 무거움을 짊어지고 살아간 사무엘과 다른 여러 예언자들을 기억하시기 바랍니다. 하나님께서 자기 뜻을 드러내셨다는 것은 누구도 그 뜻을 바꿀 수 없다는 것을 의미합니다. 나의 필요에 맞춘 하나님은 이미 하나님이 아닌 '다른 무언가'입니다. 하나님은 결코 개인의 소망을 이루기 위해 소비되지 않으십니다.

오늘날 예언과 예언자들을 통해 여러분에게 나타난 하나님은 침범할 수 없는 거룩한 분이십니까, 아니면 내 감정과 생각, 결정을 절대적으로 지지하는 조종 가능한 하나님이십니까? 여러분은 어떤 하나님을 보고 있습니까? 여러분이 섬기는 하나님은 스스로 '나타내신' 분입니까, 아니면 내가 '만든' 분입니까?

여러분은 천사라고 하면 어떤 이미지들이 떠오르시나요? 지금 우리들이 떠올리는 천사의 이미지와는 조금 달리, 고대인들이 생각했던 천사는 실은 조금 무서운 모습을 하고 있었습니다. 하나님은 언제나 사람에게 나타나실 때 두려워하지 말라고 말씀하셨는데요. 그건 담대함을 가지라는 이야기인 것과 동시에 인간과는 전혀 다른 존재인 당신을 대할 때 드는 경외감을 은연중에 암시한 것인지도 모르겠습니다. 하지만 우리는 때로 너무 쉽게 하나님을 우리의 이해 안으로, 우리의 감정 옆으로 끌어다 쓰는 경향이 있습니다. 하나님은 본질적으로 인간과 다른 존재이며, 성경은 그런 하나님의 초월성에 대해 시종일관 언급합니다. 주님의 나타나심을 기리는 주현절에 하나님의 하나님 되심을 제대로 언급하는 곡을 찾아보았습니다.

마음의 예배 The Heart of Worship (Matt Redman 사/곡)

〈마음의 예배〉는 〈주 이름 찬양〉, 〈춤추는 세대〉, 〈송축해 내 영혼〉 등을 작곡한 영국의 예배인도자 매트 레드맨의 대표곡입니다. 1999년에 발표된 이 노래는 이미 찬양을 통한 예배가 대중화된 상황에서 하나님을 자신의 노래 안에 가두거나 분위기로 제한하는 것에 대한 반성이 담겨 있는 곡입니다.

궁극적으로는 그 어떤 것으로도 표현하지 못하는 하나님의 존귀함을 바라보려는 초심, 곧 예배의 마음으로 돌아가겠다는 반성과 결심을 담은 곡이죠. 그런 성찰이 담긴 가사 덕분에 이 노래는 한때 한국 교회 전반에 붐처럼 일어났던 경배와 찬양 분위기에 자성을 불러일으키는 기제로 작동했습니다.

2절에서 '영원하신 왕 표현치 못할 주님의 존귀'를 노래하며 반성 후 경배로 이어지는 가사는 이 노래가 단순히 분위기를 내는 데 그치지 않았음을 보여 줍니다. 전통적인 예배(제사)도 속죄 후 경배의 형식인 것을 감안하면 이 노래의 구조는 정말 좋습니다.

후렴 끝부분의 가사는 '중심 잃은 예배 내려놓고 이제 나 돌아와 주님만 예배해요'(I'm sorry, Lord, for the thing I've made it when it's all about You)인데 원곡 가사의 의미를 좀 더 자세히 살펴보면 '주님, 이 모든 건 당신을 위한 것이어야 했는데, 제가 만들어낸 건 그렇지 못해서 죄송해요' 정도의 의미입니다. 조금 더 강하고 구체적인 회개의 내용을 담고 있습니다. 원곡자의 의도와 진정성이 담겨있는 부분이라 생각합니다.

예배를 섬기다 보면 우리는 때때로 내가 예배의 주인인 것처럼 행세할 때가 있습니다. 함께 예배드리는 이들의 무뚝뚝한 반응과 예배를 돕는 환경들이 (음악, 음향, 준비한 흐름 등) 다소 어긋날 때 당혹스러워하기도 합니다. 진정성을 의심받을 때나 무심하고 공격적인 피드백에 상처받을 때도 있습니다. 그럼에도 우리는 우리가 부르는 노래의 목적을 올바로 기억하고 예배의 마음을 잘 세워야겠습니다. 그것이 바로 '그분이 드러나는 것', '그분이 영광을 받는 것'입니다.

묵상 하는 기도	내가 원하는 대로 만들어진 수많은 거짓 메시지에 마음을 빼앗기지 않게 해주세요. 듣기 좋은 위로의 말에 빠지기보다, 죄에서 돌이키라는 주님의 무거운 목소리에 귀 기울이게 해주세요.

🕯 부르심에 순종한다는 것은

🖾 **교회력 본문**   요나 3:1-5, 마가복음 1:14-20

'부르심'은 하나님께서 자신을 드러내시는 중요한 표현 중 하나입니다. 만물을 다스리시는 하나님의 부르심을 거부할 자는 없습니다. 아니, 없었어야 합니다. 그러나 오늘 교회력 본문의 요나는 무엄하게도 하나님의 부르심을 거부하고 다른 길로 갔다가 잡혀 온 사람입니다. 그뿐 아니라 목덜미를 잡혀 끌려 온 주제에 니느웨에 심판을 선포하라는 명령도 제대로 수행하지 않습니다.

사실 이런 하나님의 부르심에 대한 불순종은 놀랍게도 성경의 맨 처음부터 발견할 수 있습니다. 선악을 알게 하는 나무의 열매를 먹은 아담과 하와를 하나님께서 부르셨을 때, 그들은 그 부르심을 거부했습니다. 그리고 그 부르심에 대한 불순종이 하나님의 통치를 왜곡시키고 하나님의 모습을 가려 버렸습니다.

때문에 마가복음에서 복음의 시작과 함께 제자들을 부르시는 사건이 기록된 것은 하나님의 새로운 다스림과 함께 과거에 부르심을 거부했던 이들이 아닌, 전적으로 순종하고 따르는 신실한 일꾼들을 새롭게 세우는 상징적인 사건이라고 볼 수 있습니다. 이들은 하나님의 부르심을 거부하거나, 숨거나, 다른 곳으로 도망가지 않았습니다. 부르시는 즉시 그물을 버리고 예수님을 따라갔습니다.

하나님 나라가 무엇이고, 어떤 것을 의미하는지에 대한 다양한 해석이 있습니다. 그런데 오늘 본문이 강조하는 것은 그 나라에 대한 설명이 아니라, 그 나라가 어떻게 이루어지는가에 대한 설명입니다. 그 나라는 오직 '순종'하는 사람들을 통해 이루어집니다. 예수 그리스도께서 하나님의 부르심에 순종하여 이 세계 속으로 들어오셨던 것처럼 말입니다.

그런데 무엇이 하나님의 부르심일까요? 우리는 자주 성경이 말하는 이 부르심과 우리 각자의 진로나 직장, 직업적으로 해야 할 일 사이를 혼동합니다. 성경이 말하는 하나님의 부르심은 '내가 뭘 하고 살아야 할까?'와 같은 뜻이 아닙니다. 이것은 세상의 시작과 끝에 관련된 더 큰 이야기입니다. 물론 성경에는 개인에게 '너는 이 일을 해라'라고 직접 말씀하시는 장면이 나오지만, 그것 역시 큰 맥락 안에서 이뤄지는 아주 특별한 사건임을 기억해야 합니다.

중요한 것은 우리가 어떤 일을 하고 안 하고의 여부가 우리를 향한 하나님의 큰 부르심을 흔들 수 없다는 것입니다. 여러분이 어떤 일을 하기 때문에 더 귀한 사람이 되는 것도 아니고, 어떤 일을 하지 않기 때문에 덜 귀한 존재가 되는 것도 아닙니다. 우리가 무슨 일을 하는지는 하나님의 부르심과 아무런 상관이 없습니다. 우리가 어디에서 무슨 일을 하며 살든지, 맡은 일에 최선을 다한다면 그 자체가 하나님의 부르심에 순종하는 것입니다.

선택은 언제나 두렵습니다. 게다가 그것이 나의 장래와 삶에 관련된 선택이라면 더더욱 그렇습니다. 그러나 하나님의 뜻은 당신이 어떤 대학, 어떤 직장, 어떤 사람과 결혼하는가에 있지 않습니다. 오히려 하나님의 뜻은 매 순간 최선을 다해 선택하고, 그 선택에 신실하게 책임을 지며 살아가는 모습에서 더 밝게 드러납니다.

대학 입시로 인해 1월을 바쁘게 고민 가운데 보내는 분들이 있을 것입니다. 새로운 직장, 새로운 시작을 준비하거나 맞이하는 분들도 계실 겁니다. 나의 책임으로, 때로는 여러 생각하지 못한 이유로 만들어진 상황 속에서 우리 대부분은 제한된 선택을 해야만 합니다. 그러나 할 수 있는 일, 지금 나에게 가능한 선택을 하고, 그 선택으로 인해 열린 삶을 최선을 다해 살아가시기 바랍니다. 저는 이것을 하나님의 부르심에 순종하는 것이라 말하고 싶습니다.

하나님, 모든 것을 다 알지 못하는 우리는

항상 두려움과 걱정을 가지고 있습니다.

그 속에서 이것을 선택할지,

저것을 선택할지 항상 고민합니다.

그러나 우리를 하나님의 백성 삼으시고

그 큰 이야기 안에 포함시켜 주셔서

하나님께서 우리의 삶을 신실하게

이끌어 가신다는 것을 믿게 하시니 감사드립니다.

다만 지금 우리에게 아주 약간의 담대함과 지혜를 주셔서

이 갈림길에서 최선의 선택을 할 수 있게 도와주옵소서.

지금의 선택이 인생 전체를 좌우하는 것이 아님을 알게 하시고,

담대하게 선택하고 신실하게 살아감으로

당신의 부르심에 순종하게 하소서.

이 모든 일에 먼저 순종함으로 본을 보이신

하나님의 아들 예수 그리스도의 이름으로 기도합니다. 아멘.

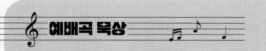

예배곡 묵상

선택은 인간의 필연입니다. 젊은이들은 진학이나 취직과 이직, 결혼 여부 등에서 수많은 선택지를 놓고 고민합니다. 그

고민은 나이가 들어도 거주지, 자녀계획, 다양한 노후대비라는 선택으로 모양만 바뀔 뿐 사라지지 않죠. 어떤 사람은 중국집에 가서도 짜장면과 짬뽕을 놓고 기도한다는, 마냥 웃어넘길 수만은 없는 이야기도 있습니다. 크리스천들은 대수롭지 않은 일에서도 '무엇이 하나님의 뜻인지'를 고민하는 사람들이니까요.

사소한 것에서도 하나님의 뜻을 놓치지 않으려는 마음은 일견 신실한 것입니다. 하지만 하나님이 늘 명확하게 응답하시는 건 아니죠. 그래서 그 마음이 때때로 우리의 발목을 붙잡고 우리를 죄책감의 구렁텅이로 몰아넣기도 합니다. '내가 선택을 잘못해서 하나님이 대답 없으신가 보다' 하면서 말입니다. 반복되는 선택 가운데 지속되는 하나님의 침묵 속에서 우리에게 필요한 태도는 무엇일까요? 오늘은 그 해답이 되는 곡을 선곡해봤습니다.

|||||| 푯대를 향하여 (조유진, 아버지의 마음, 조유진 사/곡)

♬ 함께 부르면 좋은 찬양 <주님 다시 오실 때까지>

<푯대를 향하여>는 바이올리니스트 겸 싱어송라이터 조유진 님의 미니앨범 '아버지의 마음'에 실린 곡입니다. 이 앨범이 노래하는 건 그리스도와의 동행과 성화입니다. 수록된 곡 중 <1분>에 나오는 '힘 있게 흐르는 시간이 나의 손을 잡고 이끈다 / 나와 함께 영원으로 나아간다'와 <예수님 닮아가기가 참

으로 어렵습니다〉에 나오는 '예수님 성품 본받아 나를 매일 단련하여도'와 같은 가사에서도 드러납니다. 〈푯대를 향하여〉도 성화에 대한 사도 바울의 고백을 담고 있습니다.

이 노래는 철저하게 성경 구절을 가사로 하는 스크립처 송입니다. 노래의 모든 가사가 성경구절(빌 3:7-14)을 꼼꼼하게 인용합니다. 사도 바울이 강조한 푯대는 현재 주어진 게 아닙니다. '그것을 잡으려고 달려가노라'(3:12), '앞에 있는 것'(3:13)이라는 구절을 보면, 아직은 얻지 못했지만 장차 얻으려 하는 것에 가깝습니다.

조금씩 해석은 다르지만 이 '푯대'는 그리스도를 아는 것, 그리스도를 따르며 그와 같이 되는 것을 의미한다는 데에는 이견이 없습니다. 사도 바울은 그 유일한 목적을 위해 '무엇이든지 유익하던 것, 모든 것을 해로 여긴다'(3:7, 8)고 고백합니다. 그리스도를 아는 것 외에는 모든 것에 의연해진다는 뜻이겠지요.

'어떻게 해서든지'(3:11) 부활에 이르려는 바울에게 '어떻게 죽는지'는 그다지 중요한 사안이 아닙니다. 죽음은 그리스도의 부활에 동참하기 위한 정거장일 뿐, 궁극적인 목표는 아니기에 바울에게는 거기에 신경 쓸 겨를이 없는 것이죠.

이런 태도야말로 '어떤 게 나은 길인지' 번민하는 우리에게 필요한 태도입니다. 궁극적으로 우리의 목적이 뚜렷하다면, 그 목적지를 향해 가는 길은 아스팔트 길이어도, 오솔길이어도 상관이 없을 겁니다. 뚜렷하고 명확한 부르심에 대한 신뢰는 우리를 자유롭게 합니다. 우리는 때때로 어떤 결정을 내리는 게 가장 좋은 선택인지 꼼꼼히 살피는 데 비해 정작 중요한 것들은 놓치고 있는지도 모릅니다. 우리가 종국에 도달해야 할 푯대를 향한 마음만 있다면 아무래도 좋습니다.

원하는 대로 결정하세요. 괜찮습니다. 그리스도를 알기 위해, 그분의 부르심을 향해 달려가는 마음만 있다면 괜찮습니다. 푯대를 발견하고 즐거이 노래할 수 있기를 응원합니다!

묵상
하는
기도

지금 우리에게 약간의 담대함과 지혜를 주셔서 이 갈림길에서 최선의 선택을 할 수 있게 도와주세요. 담대하게 선택하고 신실하게 살아내어 당신의 부르심에 순종하게 해주세요.

🕯 그 많던 귀신은 다 어디로 갔을까?

📭 **교회력 본문**   마가복음 1:21-28

요즘은 그런 일을 찾아보기 힘들지만, 제가 어릴 적만 해도 교회에서 철야 기도회를 하면 귀신에 들린 (것으로 보이는) 사람을 축사(귀신을 내어 쫓는 것)하는 일을 자주 경험했습니다. 멀쩡하던 사람이 갑자기 괴성을 지르며 몸을 비비 꼬는 장면은 어린 저에겐 아주 충격적이었죠. 그러면 주변에 같이 기도하던 성도들이 함께 모여 '예수의 이름으로 물러갈지어다!'라고 외치며 귀신이 나가기를 간절히 기도했습니다.

그런데 그 많던 귀신은 다 어디로 간 걸까요? 교회 안에서 귀신을 쫓아내는 사역은 이제는 찾아보기 힘든 흔치 않은 일이 되었습니다. 물론 지금도 그런 사역을 전문으로 하는 교회나 사람들이 있지만 그 사역 과정에서 감금, 폭행 등의 문제가 일어나거나 모든 문제를 귀신의 행동으로 보아 정상적인 생활이 어려워지는 등 부작용이 있는 것이 사실입니다.

성경, 특히 복음서에서 하나님은 귀신을 몰아내시는 사역을 통해 자신을 드러내십니다. 오늘 마가복음 본문에서 예수님은 안식일에 회당에 들어가 구약 성경을 사람들에게 풀어 설명하셨습니다. 그런데 사람들이 그 가르침이 서기관들과 다르게 '권위 있다'라고 말합니다. 예수님이 가르치시는 것이 서기관들이 가르치던 생명력을 잃어버린 교훈과는 무언가 다른 것을 느꼈기 때문이었겠지요.

그들이 예수님의 가르침을 '권위 있다'라고 말한 이유는 22절과 27절을 평행으로 읽을 때 분명해집니다. 바로 예수님께서 그 장소에 있던 귀신 들린 사람을 '한 마디'로 고치셨기 때문입니다. '악한 귀신도 그의 명령에 복종한다!' 이 놀라운 소식은 삽시간에 갈릴리 주변으로 퍼졌습니다. 그리고 온 동네 사람이 거기에 모여들어 예수님께 병과 귀신 들림을 고침받습니다.

왜 마가복음은 예수님의 사역을 귀신을 몰아내는 것으로 시작했을까요? 그 이유는 예수님의 오심으로부터 하나님의 나라(다스림)가 시작되었다는 사실을 이야기하기 위해서입니다. 하나님 나라가 이 땅에 임하고 있다는 사실을 시각적으로 분명하게 보여주는 것이 바로 귀신이 자기 다스림(매임, 묶임)을 잃고 쫓겨나가는 사건이었습니다.

그렇다면 귀신을 몰아내는 사역은 지금도 유효할까요? 하나님 나라(다스림)가 이미 왔지만, 아직 완전히 오지 않은 그 '중간' 어딘가를 살아가는 우리는 예수님께서 귀신을 쫓아내시는 장면을 어떻게 이해하고 받아들여야 할까요?

축사 사역이 활발하게 이루어지던 초기 한국 교회에는 어려운 사회상과 함께 육체적, 정신적으로 병든 사람들이 많았습니다. 그런 사람들에게 대체로 교회가 내린 진단은 '귀신 들림'이었고, 그만큼 귀신을 쫓아내는 사역이 교회 안에 많을 수밖에 없었습니다. 그런데 사회가 안정되고 개인의 경제적, 지적 수준이 높아지면서 이제는 교회 안에 그런 사람들을 찾아보기 힘들어졌습니다. 과거와 같은 축사 사역을 찾아보기 어려운 이유도 어쩌면 여기에 있지 않을까 조심스럽게 생각해 봅니다.

그럼 더 이상 교회에 귀신 들림은 없냐고 묻는다면, 저는 이렇게 말하고 싶습니다. '아니요, 하지만 귀신 들림의 본질은 변하지 않았습니다'라고요. 예수께서 오시기 전 사람들이 묶여 있던 상태, 하나님의 다스림(나라)이 아닌 다른 다스림에 매여 있는 것이 오늘날의 귀신 들림일 것입니다. 그런 의미에서 오늘 우리가 겪고 있는 귀신 들림은 모두가 무분별하게 달려드는 '영끌' 투자이며, 코로나 시국에 다른 이웃을 배려하지 않았던 종교적 중독입니다.

오늘 우리를 실제적으로 압박하는 귀신 들림에 대항할 방법은 주님께서 선포하신 '권위 있는 가르침'입니다. 로마 제국의 다스림 대로 살지 말라는, 세상이 흘러가는 대로 살지 말라는 주님의 말씀을 붙잡는 것만이 우리를 자유하게 합니다. 그 말씀, 그 다스림에 우리의 선택을 두고 살아가는 것이 '자기를 나타내신 우리 하나님'을 삶에서 더 선명하게 드러내는 올바른 '귀신 쫓음'이라고 믿습니다.

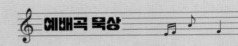

예배곡 묵상

'오컬트 영화인 줄 알고 봤는데 보고 나니 금연 캠페인이었다'는 농담의 소재가 되곤 하는 영화, '콘스탄틴'의 속편이 제작 중이라고 합니다. 귀신 들린 사람에게서 악귀를 쫓아내는 엑소시즘은 검은 사제복이나 양복을 입는 사람의 전유물처럼 느껴지기도 합니다. 하지만 그 원조가 복음서에 등장하는 것, 잘 알고 계시죠? 예수님의 주된 사역은 고치고 가르치시는 일이었습니다. 고치는 일에는 병을 고치는 것뿐 아니라 귀신 들린 사람들을 해방시키는 일도 포함되어 있었습니다.

시각적 요소에 의존하는 오컬트 영화는 귀신이 얼마나 강력한지, 얼마나 기괴한지 따위에 무게를 두고 만들어집니다. 하지만 도리어 그 원천이 되는 복음서는 귀신에게 별 관심이 없습니다. '억눌린 인간의 구원'과 '죄 사함'에 초점이 맞춰져 있고, 궁극적으로는 '예수가 그리스도임'을 나타내는 데 집중합니다.

악한 권세와 압제로부터의 해방, 귀신 들림과 병으로부터의 자유는 하나님 나라의 가장 두드러지는 특징입니다. 악한 권력으로부터 자유를 얻은 하나님 나라의 백성은, 역설적이게도 자기 발로 하나님의 통제 안으로 다시 들어가 그분을 바라봅니다. 오늘은 그리스도를 통해 자유와 구원을 얻은 자들의 노래를 선곡했습니다.

▓▓▓ 나는 자유해 I Am Free (Jon Egan 사/곡)

♫ 함께 부르면 좋은 찬양 <주 이름 큰 능력 있도다>

눈먼 자 보게 해, 갇힌 자 노래해

죽은 자 일어나 모든 맘 찬양해

어둠이 걷히고 내 영혼 외쳐 자유해

나는 자유해, 나는 춤추네, 주님만 위해 살리, 자유해

전복과 변혁의 이미지를 간결한 언어로 표현한 가사와 빠른 템포, 신나는 멜로디 덕분에 분위기를 띄우는 용도로 불러야 할 것 같지만, 사실 이 노래의 가사는 생각보다 심오합니다.

원곡에는 'Through You'라는 어구가 반복됩니다. '당신을 통해서 눈먼 자가 보게 되며, 당신을 통해서 말할 수 없는 자

가 노래하며, 당신을 통해 죽은 자가 일어난다'는 가사는 같은 가사를 반복해서 운율을 만들기도 하지만 그보다는 메시지의 중심을 잡아줍니다.

가사의 중심은 기적의 현상이 아닌 'You'이기 때문입니다. 그분을 통해서만 비로소 우리는 '나는 자유하다'고 외칠 수 있는 것이죠. 원곡에는 없지만 뉴스보이즈라는 CCM 밴드가 추가한 2절에는 당신을 통해 나라가 임하고, 전쟁에서 승리하며 대속이 이뤄진다고 노래하기도 합니다. 이렇게 복음적인 노래가 있을까 싶네요.

이 노래의 궁극적인 지향점은 '자유롭게 뛰고, 자유롭게 춤추는 데'에 있지 않습니다. '나를 죽음과 어둠에서 해방시킨 당신'을 위해 사는 것, 그것이 이 노래가 말하고 권유하는 주제입니다. 노래가 빠르면 빠를수록, 세션이 화려하면 화려할수록 노래의 의미와 목적은 희미해지는 우리네 예배에서 복음의 본질을 다룬 이 노래를 그 가사의 의미를 꼼꼼히 음미하며 다시 한번 불러보는 건 어떨까요? 정신없이 뛰는 와중에서도 말이죠!

> **묵상
> 하는
> 기도**
>
> 주님, 우리의 삶을 실제적으로 압박하는 영적 실체들을 보게 해주세요. 외모와 재산, 소유와 소비, 욕망과 권력에 집착하는 귀신 들림에서 벗어나 주님의 가치를 따라 살도록 도와주세요.

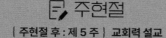
🕯️ 아무래도 우리 망한 것 같아요

📖 **교회력 본문**　　　고린도전서 9:16-27

코로나 시국 초기, 일부 교회가 정부의 방역대책에 역행하여 대면 예배를 강행하겠다는 의사를 밝혔을 때 몇몇 교회는 이런 내용의 현수막이나 배너를 만들어 내걸었고, SNS 상에서도 이런 이미지가 기독교인을 중심으로 많이 공유되기도 했습니다. 그런데 늘 여러 가지 상황을 냉정히 비판적으로 보는 저이지만, 이런 행동들은 왠지 모르게 더욱 이상해보였습니다.

　그 이유는 첫째, 잘못한 사람의 사과가 저렇게 크고 당당해도 되는가에 대한 의문이 들었고, 둘째, 과연 이것이 사과인가 아니면 나와 저들이 다르다는 선긋기 혹은 꼬리 자르기인가 헷갈렸기 때문입니다. 마치 '잘못한 건 저 일부의 이상한 사람들이고 나는 그들과는 달라'라는 메시지로 보였다면 지나친 생각일까요? 마지막으로 SNS에서 이 이미지를 공유하는 사람들은 주변에 믿지 않는 지인이 얼마나 있을까라는 고민이 생겼습니다. 어쩌면 이 행동들은 그저 우리의 자기 위로였던 건 아니었을까요? (저는 우리의 진심을 믿습니다. 다만 그 진심이 꼭 옳은 것인지에 대해선 늘 냉정히 돌아봐야 된다고 생각합니다)

오늘 교회력 본문에서 사도 바울은 자신을 '복음을 전하기 위해 스스로 모든 사람에게 얽매인 존재'가 되었다고 소개합니다. 유대 사람을 얻기 위해서 유대인처럼 살고, 율법을 중요하게 생각하는 사람들을 위해서는 율법을 힘써 지키고, 이방인들과 살아갈 때는 율법 준수가 그들을 불편하게 하지 않고자 율법 없이 살았다는 것입니다. 바울은 이런 방식으로 사람들을 아주 조금이라도 더 구원의 길로 이끌고자 했다고 밝힙니다.

맞습니다. 때로는 우리가 속한 사회와 그 안에서 함께 살아가는 구성원들을 섬기기 위해 우리의 예배나 모임을 포기할 때 '아 이래도 되나?'라는 걱정이 생길 수 있습니다. 당연합니다. 바울도 복음을 전하기 위해 다양한 사람들에게 맞추어 살면서 자신의 본질을 잃어버릴까 걱정했던 것처럼 보이니까요.

그러나 바울이 복음을 전하기 위해 '기꺼이' 자기의 자유를 내어 주었던 것은 오히려 복음의 능력을 믿었기 때문이 아니었을까요? 복음은 유대인의 문화를 따르거나, 율법을 지키거나 지키지 않거나에 좌우되는 것이 아니라는 것이죠. 마찬가지로 오늘날 기독교가 모여서 예배를 하는지의 여부는 복음의 본질과는 크게 상관이 없을지도 모릅니다. 그것을 포기한다고 해서 우리가 가진 복음의 가치가 변질되지 않습니다. 오히려 바울은 우리가 그것을 포기할 때, 아주 적은 사람이라도 얻을 수 있으리라는 사실을 이야기하고 있습니다.

팬데믹 기간에 벌어졌던 교회, 기독교 교육기관 발 감염 사태로 인해 기독교를 향한 주변의 시선은 곱지 않았습니다. 저도 그들을 향해 자업자득이라고, 저럴 줄 알았다고 손가락질하고 싶지만 그럴 수 없습니다. 왜요? 우리가 하나님 안에서 한 가족이요 형제이기 때문입니다. 이 말은 좋을 때만 쓰는 것이 아닙니다. 진정한 우주적인 공(公)교회는 그렇게 필요할 때만 넣었다 뺄 수 있는 편리한 것이 아닙니다. 주님께서 최종적으로 우리를 심판하기 전까지는 누가 진정한 교회이고 아닌지 알 수 없기에 더욱 그렇습니다.

네, 우리는 무너졌습니다. 모두 함께 무너진 것입니다. 그렇기에 목소리를 키우고 힘을 모아 우리를 변호하기보다는 잠잠히 멈추어 주님께서 그러셨던 것처럼 모든 세상의 분노를 묵묵히 받아내야 합니다. 다만 죄 없이 감당하신 우리 주님과 달리, 우리가 지는 것은 우리의 잘못 때문에 당연히 받아야 하는 시대의 십자가라는 것을 기억해야 합니다. 그래서 세상에 대해 달리 할 말이 없는 것이죠.

이제는 잠잠히 우리의 몸을 낮추어 주님께서 다시 살리시는 날을 기다려야 하겠습니다. 우리 스스로를 위해 슬픈 노래(애가)를 지어 부르며 주님의 도우심을 기다릴 때가 되었습니다. 그 기다림 끝에 주님께서 우리 위에 자기의 영광을 다시 보이시는 날까지 저와 여러분의 몸과 마음을 지켜주시기를 주님의 이름으로 기원합니다.

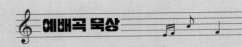

예배곡 묵상

언제까지일까요? 언제까지 더 참담해져야 할까요? 역사를 돌아볼 때, 교회를 향한 비판과 비난의 목소리가 늘 의로웠던 건 아니었습니다. 오히려 불의한 세력이 의로운 교회를 핍박했었죠. 하지만 21세기인 오늘날, 한국 사회에서 교회가 겪는 고초는 우리 스스로가 자초한 것에 가깝습니다. 부당하게 당하는 것이 아니란 말이죠.

팬데믹 기간에 어떤 사람들은 교회를 향한 비난을 편향적이며 정치적인 것이라 의심했고, 이 상황을 은근슬쩍 교회수난사의 끄트머리로 편입시켰습니다. 종교 탄압이라며 예배를 목숨 걸고 지켜야 한다면서 말이죠. 방역 전쟁을 대정부 투쟁으로 탈바꿈시켰습니다. 하나님만 믿으면 다 잘 될 줄 알았던 기복적 신앙은 환난과 고초 속에서 그 치명적인 약점을 드러냈습니다. '복 주시는 하나님이 나한테 이러실 리 없어'하는 오해 속에 많은 이들이 괴로워했습니다.

또 다른 크리스천들은 교회가 이런 취급당할만하다며, 나는 이성적이지만 한국 교회 전체는 갈 길이 멀다며 그 비난에서 본인만 슬쩍 비켜서서 손절을 시도했습니다. 지성 있는 합리적 크리스천임을 자처하며 말이죠. 하지만 이런 건 신앙과는 상관없는 분리주의적 자존심, 바리새인 같은 잘못된 긍지일 뿐입니다.

극심한 어려움과 고초 속에서 크리스천들이 할 수 있는 고백은 무엇일까요? 이번 주는 어려움 속의 크리스천들이 부를 수 있는 노래로 선곡해봤습니다.

🎹 응답하소서 (이대귀, 예언자들, 이대귀 사/곡)

🎵 함께 부르면 좋은 찬양 <두려운 마음 가진 자여>

사실 이 노래를 예배곡이라고 하기는 어렵습니다. 이 곡을 부른 이대귀 님 특유의 읊조리는 독백에 가까운 가사, 특별히 후렴 전후를 구분하기 어려운 노래의 구조는 보통의 회중 예배곡으로 불리기에는 제약이 많습니다. 무엇보다 가사가 너무 많습니다. 그럼에도 이 노래를 선곡할 수밖에 없었던 이유는 다른 데 있지 않았습니다.

바닥으로 곤두박질한 교회의 평판과 시대 흐름을 전제하

는 노래를 찾는 건 사실 불가능합니다. 우리가 교회에서 부르는 노래들은 대부분 앞부분에서 절망적인 상황을 살짝 암시하거나 얕은 시늉에 머무르는 경우가 많고, 후렴에서는 주님이 모든 것을 해결해주신다고 쉽사리 결론짓습니다. 어쩌면 우리는 '애가(哀歌)'를 부르지 말아야 한다는 강박 속에 있는지도 모릅니다. 하지만 어려움과 고통, 하나님의 부재와 침묵속에서 느끼는 절망은 하나님의 백성이 노래하는 여러 동기중 하나입니다. 예레미야애가와 시편 말이죠.

이 노래는 많은 음절과 가사를 활용하면서도 그 가사 하나하나를 소홀히 쓰지 않습니다. '온 땅이 쩍 하고 갈라지고 높은 파도가 몰려와' 같은 가사는 청각과 시각을 자극하는 입체적인 표현으로 몰입도를 높입니다. 외부로부터 겪는 어려움을 생생하게 구현하면서도 동시에 '우리의 나약함 드러내어도 여전히 당신이 필요하지 않습니다'라며 자성하거나 회개하지 못하는 문제를 지적합니다.

그러나 이러한 지적들 뒤에, 이 노래는 섣불리 해결책을 모색하려 하지 않습니다. 정신승리도 용납하지 않습니다. 다만 '당신의 빛을 비추사 주의 묵시를 보게 하소서', '우리의 영혼 깨우사 주의 음성을 듣게 하소서'라고 하나님의 개입을 요청하고 있을 뿐입니다. 내가 어떻게 나서겠다는 결단도, '이럴 때일수록 찬양하면 이기리라'하는 섣부른 결론도 내지 않으려는 조심스러움 속에 잠잠히 그분의 임재를 기다립니다.

인간의 어떤 변호도, 어떤 보호도 필요 없으신 하나님을 두고 그분을 보호하겠다고 나서는 치기 어린 우리의 태도는 그분의 전능함과 신실함을 믿기 때문에 생기는 걸까요, 도리어 믿지 못하기 때문에 생기는 걸까요? '천지를 지으신 분 여호와', '만물의 신음 가운데 계신 주'의 응답을 기다리며 이 노래를 함께 불러보면 좋겠습니다.

묵상 하는 기도	우리가 잘못에도 기꺼이 우리와 함께 수치를 당하시는, 주님의 사랑을 찬양합니다. 땅에 떨어진 주님의 이름을 위해 세상을 더욱 겸손히 섬기며 주님이 회복시키실 때를 기다리겠습니다.

🕯️ 경외의 자리로

📖 **교회력 본문**　　열왕기하 2:1-12, 마가복음 9:2-9

Indescribable, uncontainable,

You placed the stars in the sky and You know them by name

You are amazing God.

말로 다할 수 없고, 담아 둘 수도 없는 분

하늘에 별들을 놓으시고, 그것들의 이름을 아시는 분

당신은 놀라운 하나님이십니다.

이 곡 'Indescribable'은 Passion의 2005년 앨범에서 제가 가장 좋아하는 곡입니다. 원곡은 로라 스토리라는 분이 만드셨고, 크리스 탐린이 자신의 앨범에 수록하면서 널리 알려지게 되었습니다. 제가 이 곡을 좋아하는 이유는 '말로 다할 수 없는, 담아 둘 수 없는, 하늘에 별들을 놓으시고 그것들의 이름을 아시는 분, 놀라우신 하나님'이라는 가사 때문입니다.

'경외'라는 감각을 아십니까? 구불구불한 긴 숲길을 벗어나 갑자기 펼쳐지는 거대한 폭포와 끝없이 펼쳐진 평야 저 멀리서 비구름이 몰려오는 광경을 볼 때, 새카만 밤하늘 아래 쏟아지는 별의 빗줄기 아래 누워있을 때의 감정… 이런 압도적인 자연을 만났을 때 느끼는 감각이 가장 쉽게 만나는 '경외'일 것 같습니다.

이런 의미에서 경외는 아마도 오늘날 기독교인들이 가장 경험하기 힘든 느낌이 아닐까 싶습니다. 아무리 예배당이 크고 넓더라도 드넓은 자연에 비할 수는 없습니다. 비대면으로 드리는 온라인 예배라면 더 하겠지요. 좁은 화면으로 우리를 압도할 만한 무언가를 경험하기 쉽지 않을 테니까요.

그 놀라운 경험은 고린도후서 4장에서 바울이 말하듯, '어둠 속에 빛이 비치는' 것처럼 우리의 마음을 비춰 우리를 예수 그리스도께로 향하게 합니다. 우리는 하나님에 대한 수많은 정의와 그분의 성품에 대한 서술을 익히 들어 잘 알고 있습니다. '하나님은 사랑이시다', '공의로우시다', '신실하시다', '변함이 없으시다', '전능하시다' 등… 그러나 그 모든 성품들을 말로 고백하기 이전에 그분의 진정한 본질, 크고 놀라운 분, 우리의 이해를 초월하는 두려우신 분으로서의 하나님을 경험하는 것이 중요합니다. 그 경험이 우리의 어둠을 깨어 버리기 때문입니다.

엘리사는 스승인 엘리야를 불병거와 불말이 태우고 올라가는 경이로운 장면을 목격한 뒤, 슬픔으로 자신의 옷을 찢습니다. 이것은 스승을 떠나보낸 슬픔일까요? 아닙니다. 우리는 이 비슷한 장면을 이사야 6장에서 찾을 수 있습니다. 웃시야 왕이 죽던 해에 여호와의 임재를 경험했던 이사야는 '망하게 되었다!'라고 외칩니다. 이것은 하나님을 만난 이들의 공통적인 반응입니다. 거룩하신 하나님 앞에 흠 많은 인간이 섰을 때 당연히 느끼게 되는 감각, 하나님과의 본질적 차이를 느끼는 순간, 그것이 바로 '경외'입니다.

바로 여기가 시작점입니다. 그 경외를 경험한 이후에 엘리사는 스승의 겉옷을 주워 담대하게 스승의 자리로 돌아갑니다. 이사야는 제단 숯불을 입에 댄 이후에 '내가 여기 있나이다. 나를 보내소서'라고 외칩니다. 예수께서는 이때부터 제자들에게 '죽으러 왔다'라는 자신의 진정한 사명에 대해 말씀하시기 시작합니다. 경외를 통해 하나님을 향한 두려움을 마주하지 않았다면, 어쩌면 우리 신앙은 아직 시작조차 하지 않은 것일 수도 있습니다.

하나님을 조우한다는 것은 어떤 좋은 감정을 느끼거나 심리적 안정감과 만족감을 얻는 것이 아닙니다. 그분의 거룩하심 앞에서 죄인인 나의 상태를 깨닫는 것입니다. 그렇게 그분과 나 사이의 본질적인 차이를 깨닫고, 그분 앞에 엎드려 항복하는 것이 진정한 시작입니다. 우리의 삶에 그 압도적인 하나님의 현현을 경험하는 순간이 있기를 바랍니다.

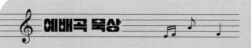

예배곡 묵상

아담이 에덴에서 하나님의 음성을 들었을 때, 모세가 불타는 떨기나무속에서 하나님의 음성을 들었을 때, 광야를 지나던 이스라엘 백성이 하나님의 구름을 보았을 때의 반응을 아십니까? "아담과 그의 아내가 여호와 하나님의 낯을 피하여 동산 나무 사이에 숨은지라"(창 3:8), "모세가 하나님 뵈옵기를 두려워하여 얼굴을 가리매"(출 3:6), "진중에 있는 모든 백성이 다 떨더라"(출 19:16). 하나님의 얼굴을 직접 본 사람들은 모두가 이를 두려워했습니다. 대부분 하나님의 등장이 초자연적인 현상을 동반했기 때문에 이는 당연했습니다.

하지만 이 시대에 우리가 하나님을 경험하게 되는 순간은 언제일까요? 화려한 조명과 세련되게 편곡된 음악 소리가 스피커로 강하게 터져 나올 때 아닌가요? 무언가 장엄하게 만들어진 기독교 영상을 보면서 아닌가요? 요즘 시대에 하나님을 보면서 경외감을 느끼는 건 어쩌면 거의 불가능한 게 아닌지 모르겠습니다. 이런 현상은 내 귀에 편하게 들리고 마음에 거부감 없는 노래에도 반영되는 것처럼 보입니다. 하지만 이번 주 소개하는 곡은 그런 분위기를 거스르려고 노력했던 노래입니다.

▥ 오 주님 주의 이름이 (어노인팅, 6집, 김영진 사/곡)

어노인팅 6집에 담긴 〈오 주님 주의 이름이〉는 하나님의 엄위하심을 잘 표현한 곡입니다. 2006년에 발표된 이 음반은 어노인팅의 여러 앨범 중 제일 주제의식이 뚜렷한 앨범이라고 할 수 있는데요. 매트 레드맨의 책 『엎드림』에서 강한 영감을 받은 이 앨범은 우리의 생각과 인식을 완전히 뛰어 넘으시는, 초월하시는 하나님에 대한 경이로움을 노래합니다.

하나님의 거룩하심을 노래하는 6집 전반부의 정점은 오늘 소개하는 〈오 주님 주의 이름이〉입니다. '주의 이름이 위엄차도다'와 같은 표현을 통해 하나님의 거룩하심을 표현하려고 한 것은 물론 후렴에서는 '누가 주와 같으리 주님 같은 분 없네 저 광대한 우주를 만드셨네'라는 표현으로 그분의 독보적인 정체성을 노래합니다. 진중한 곡의 분위기도 가사의 내용과 잘 어우러집니다.

이 시대 많은 CCM은 물론이고 예배곡에서조차도 성경이 말하는 하나님에 대한 내용보다는 '나를 위로하시는 하나님'을 노래하는 경우가 많습니다. 성경적인 배경이 전혀 없는 뇌피셜임에도 불구하고 그 내용이 성경인 척 흉내 내는 곡들이 범람하고 있습니다.

하지만 하나님의 거룩하심을 억지로 지어내려 하지도 않고, 하나님의 드러나심을 있는 그대로 담아낸 이 찬양을 함께 부르면서 주현절 후 6주, 산상변모주일을 보낼 수 있길 바랍니다.

묵상 하는 기도 우리에게 친밀하시며, 동시에 우주를 다스리시는 광대하신 하나님을 찬양합니다. 주님의 크심을 알고, 나의 작음을 깨달아 언제나 주님을 의지하게 도와주세요.

◇◇◇

사순절

◆
◆

사순절은 몸과 마음을 경건히 하며 그리스도의 수
난과 죽음을 묵상하는 절기입니다. 이 절기는 '재
의 수요일'이라는 날로부터 시작하는데, '기쁨의
날'인 주일을 제외하고 부활절까지 40일 동안 이어
집니다. 이 기간에 우리는 주님의 고난을 묵상하
면서 그저 그분의 고통에만 집중하지 않고, 다가
올 부활을 향해 우리의 시선을 옮기게 됩니다.

🕯 사순절의 의미

📖 교회력 본문	마가복음 1:9-15

이제부터 '사순절'이 시작됩니다. 성경에서 40이라는 숫자가 가지고 있는 상징성, 특히 예수님께서 40일간 광야에서 금식하며 시험 받으신 것이 사순 절기의 중요한 모티브라고 할 수 있습니다. 이 절기는 '재의 수요일'이라는 날로부터 시작하는데, '기쁨의 날'인 주일을 제외하고 부활절까지 40일 동안 이어집니다.

'재의 수요일'은 사순절에 비해 우리에게 널리 알려진 날은 아닙니다. '재'는 성경에서 일반적으로 회개와 관련해 등장합니다(에 6:26; 눅 10:13). 그리고 동시에 죽음과 허무를 떠올리게 합니다. 그래서 재의 수요일에는 성도의 이마에 재를 바르며 '너는 흙에서 나왔으니, 흙으로 돌아갈 것이다'(창 3:19)라는 구절을 통해 우리가 어떤 존재인지를 일깨워 주는 의식을 갖습니다. 이때 또 다른 구절을 이야기해주기도 하는데, 바로 오늘 마가복음 본문 15절의 '회개하여라. 복음을 믿어라' 입니다.

마가복음을 보면 예수께서 성부와 성령의 인증을 받으시고는 곧바로 광야로 쫓겨나십니다. 그리고 바로 40일 동안 광야에서 사단에게 시험을 받으십니다. 여기에서 왜 들어있는지 이해하기 힘든 구절이 나오는데 바로 예수께서 들짐승과 함께 계셨다는 언급입니다.

이 부분에 대해서는 복음서가 그리는 예수님의 이미지에 대해 생각해보면 도움을 받을 수 있습니다. 마가복음은 예수님을 새로운 시대를 가져오시는 분으로 묘사하는데, 바로 그것을 실패했던 이스라엘 백성이 걸었던 길을 다시 걸으시는 모습으로 그려냅니다. 광야에서의 시험에 실패한 이스라엘과 달리, 예수님은 이 시험을 훌륭하게 통과하십니다. 이렇게 볼 때 들짐승은 이스라엘 백성을 괴롭히던 광야의 위험들을, 천사의 시중은 그들을 보호하던 구름기둥과 불기둥을 떠올리게 합니다.

시험이 끝나고 예수님은 '하나님께서 다스리는 새 시대가 가까이 왔다. 회개하고 복음을 믿어라!'고 말씀하십니다. 그렇다면 여기서 말하는 복음은 무엇일까요? 하나님께 순종하는 것에 실패했던 이스라엘 백성과 다르게 예수님께서는 하나님께 온전히 순종하심으로 사단의 세력을 이기셨다는 것입니다. 세상을 뒤덮고 있던 죽음의 그림자, 사단의 다스림이 끝나는 때가 왔다는 것입니다.

따라서 사순 절기에 우리가 계속해서 기억하고 마음에 새겨야 할 메시지는 무엇이겠습니까? 바로 우리의 믿음이 예수 그리스도의 완전한 순종 위에 서 있다는 사실입니다. 우리가 주님 앞에 나아갈 수 있는 근거가 되신 분이 누구인지를 기억해야 합니다. 어둠이 우리를 덮고 있는 듯하지만 죽음과 고통이 우리를 위협하지만 그것들이 예수 그리스도를 통해 이미 무너졌다는 사실을 되새겨야 합니다.

사순절의 핵심은 '고난 체험'이나 '자기 절제'에 있지 않습니다. 사순 절기가 가진 공동체적 금식의 의미를 잃어버린 지극히 개인적인 차원의 '미디어 금식' 또한 과도하게 부각되지 않았으면 합니다. 오직 주님께서 시험을 받으시던 광야, 그 광야에 가득 찬 사단의 시험이 무엇이었는지, 또 오늘날 그 시험은 어떤 형태로 우리를 위협하는지 분별하는 것입니다. 그리고 주님께서 어떻게 그것을 이기셨으며 그 승리가 우리에게 어떤 의미인지를 묵상하는 것이 우리의 사순 절기를 채우는 메시지가 되어야 할 것입니다.

매년 찾아오는 명절은 우리에게 시간의 흐름을 상기시켜 줍니다. 각종 기념일은 기억해야 할 사건을 되짚어 줍니다. 교회력의 절기도 마찬가지입니다. 중요한 사건과 그 의미를 기억하기 위해 절기를 지킵니다. 성탄절이나 부활절, 사순절이 그렇습니다.

교회가 사순절을 지키는 이유는 한 가지, 예수 그리스도의 고난을 기억하기 위함입니다. 그래서 중세 교회는 육식을 금하거나 육체적 쾌락을 금지하는 방식으로 고난에 동참하기 위한 '장치'를 만들었습니다. 그런데 어느 순간 '서순'이 뒤바뀌었죠. 기억해야 할 그리스도의 고난보다 육식을 하지 말아야 하는 장치가 더 앞서기 시작한 겁니다. 사순절 기간에만 육식을 하지 말아야 한다는 일차원적 생각이 사순절 직전에 고기를 맘껏 먹어 두는 사육제, 즉 카니발로 발전되었습니다. 역설적이죠.

절기의 역설은 요즘 시대에도 유효합니다. 간헐적 금식이나 미디어 금식 같은 방법론에 매몰되어서 정작 기억해야 할 그리스도의 고난은 무심히 스쳐 지나가 버리는 때가 많습니다. 그리스도는 동기부여를 위한 장치로 남을 뿐, 의를 행하는 나에게 집중되는 경우가 많은데요. 이번 주에는 우리의 시선을 다시 그리스도의 존재 그 자체에 집중하게 하는 노래를 선곡해봤습니다.

▦ 예수 우리들의 밝은 빛 主は我らの太陽 (長沢崇史 사/곡)

이 노래는 일본 홋카이도 출신의 워십리더 나가사와 타카후미의 곡입니다. 최근 들어서야 〈꽃들도 花も〉와 같은 일본 예배곡들이 한국에 알려져 덜 낯설어졌지만, 일본은 여전히 기독교인 비율이 1% 미만인 사실상 미전도 종족입니다. 고유의 종교이자 문화인 신토(神道)가 지배적이죠. 모든 자연물에 영적인 존재가 깃들어 있다는 애니미즘이 신토의 기반입니다.

그 애니미즘의 정점에 있는 게 일본 창세 신화의 중심에 있는 아마테라스 오오미카미(天照大御神), 즉 태양신입니다. 천황은 그 신의 후손으로 여겨지고요. 일본인들이 보편적으로 가지고 있는 정서를 전제하고 보면 이 노래는 상당히 도발적입니다. 원어 제목부터가 〈주는 우리들의 태양 主は我らの太陽〉이기 때문입니다.

한국어 첫 가사가 안전하게 '예수 우리들의 밝은 빛'으로 번안된 탓에 한국 예배자들은 당연하게 이 노래가 가지고 있는 '기독교적 색채'를 놓칠 리 없지만, 원어에서는 '주'(主)나 '태양'(太陽)같이 모호한 표현을 사용하면서 노래가 진행되는 내내 이 '주'가 누구인지 모호하게 만듭니다. '어둠을 밝히는 진정한 빛'(闇を照らすまことの光)이나 '가라앉지 않는 태양'(沈むことのない太陽)같은 표현은 그 정체성이 뚜렷하지 않습니다.

하지만 갸우뚱하며 노래의 서사를 따라가다 보면 마지막 부분에서 '찬미의 노래, 영원한 빛 예수께'(賛美の歌永久の光 イエスに)라고 선포하게 되는데, 이는 태양신 아마테라스가 태양이 아니라 '주' 예수 그리스도가 진정한 '태양'이라고 선포하는 것입니다. 그리고 그 마지막 선포를 통해 앞서 노래한 빛과 어두움의 대비가 요한복음의 차용이라는 사실을 깨닫게 됩니다. 극적인 효과를 불러일으키는 의도적인 모호함이었던 것이죠.

사실 이런 맥락이나 해석이 없어도 곡 자체가 워낙 좋으니 그걸로 충분합니다. 하지만 마지막에 '영원한 빛 예수'(永久の光 イエス)를 노래할 때까지 꾹 참는 이 노래처럼, 우리도 스스로를 드러내고 위안과 자기 의를 얻으려는 욕망을 꾹 참고 그리스도에게만 집중하는 사순절을 보내면 좋겠습니다. 그러한 마음으로 이 노래를 불러보면 어떨까요?

묵상 하는 기도	고난을 흉내 내고 십자가를 다룬 영상물을 보며 주님의 아픔을 상상하는 것을 멈추겠습니다. 그 대신에 우리를 위해 예수님께서 순종으로 이루신 구원의 결과를 묵상하겠습니다.

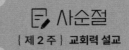
🕯 그리스도인 것을 알리지 말라 하시고

교회력 본문　　마가복음 8:31-38

오늘 본문은 아주 유명한 고백 뒤에 바로 이어지는 이야기입니다. '주는 그리스도시요 살아계신 하나님의 아들'이라는 베드로의 고백은 이 내용을 잘 모르는 사람이라도, 교회의 배너나 장식용 액자에서 한 번쯤은 봤을 것입니다. 그런데 우리는 신앙고백의 '정답'처럼 생각하고 있는 이 말 뒤에 예수님께서 보이신 반응은 잘 기억하지 않습니다. 예수님은 엄중히 경고하시죠. '자기에 관하여 아무에게도 말하지 말라'고 말입니다.

　이상하지 않나요? 왜 예수님은 자신이 메시아임을 밝히지 말라고 하셨을까요? 마가복음에서 예수님은 자신이 메시아임을 밝히지 말라고 곳곳에서 말씀하십니다. 하지만 딱 한 구절, 마가복음 9장 9절에서만 다른 단서를 남기십니다. 변화산에서 내려오시며 '인자가 죽은 자 가운데서 살아날 때까지'는 본 것을 아무에게도 이야기하지 말라고 말입니다. 바로 이것이 예수님이 자신이 메시아임을 숨기시는 이유입니다.

8:29에서 베드로가 말한 '그리스도'는 메시아를 뜻합니다. 그런데 당시 사람들에게 '메시아(구원자)'란 로마의 식민 지배를 군사적으로 몰아내고 진정한 다윗의 왕조를 회복시킬 정치적인 이미지였습니다(다니엘서 7장의 '인자'가 바로 그런 이미지를 뒷받침합니다). 예수님께서 자신이 메시아이심을 숨기시는 이유는 바로 이 때문이었습니다. 그들이 생각하는 메시아와 예수님의 사역이 완전히 달랐기 때문이었습니다.

그래서 예수님은 31절에서 굳이 '인자'라는 표현을 쓰시며 메시아의 진정한 의미를 말씀해주십니다. 인자는 '반드시' 많은 고난을 받고, 장로들과 대제사장들과 율법학자들에게 배척을 받아, 죽임을 당하고 나서, 사흘 후에 살아나야 한다고요. 이처럼 메시아의 진정한 의미는 부활을 통해서만 드러납니다. 바로 힘과 권력이 아닌, '고난과 죽음'이라는 연약한 방법을 통해서 승리하는 메시아였던 것입니다.

그래서 베드로는 이 말을 듣자마자 예수님을 붙잡고 도리어 그분을 꾸짖습니다. '그건 아니라고, 그래서는 안 된다고! 당신은 우리가 꿈꾸는 그 강력한 메시아여야만 한다'고 말이죠(8:32). 그러자 예수님은 베드로에게 이렇게 말씀하십니다. '사단아 물러가라! 네가 생각하는 것은 하나님의 일이 아니

라 사람의 일이다!'

예수님은 자기를 따르는 이들을 모아 놓고 말씀하십니다. 이렇게 뒤바뀐 인자의 의미처럼 예수님을 따르는 이들은 자기를 버리고 자기 십자가를 지고 따라와야 한다고 말이죠. 이 부분에서 우리는 38절의 '나와 내 말을 부끄럽게 여기면 인자도 … 그를 부끄럽게 여길 것이다'라는 부분에 주목해야 합니다. 이 구절은 오늘 나눈 메시아의 비밀을 생각하지 않는다면 잘못 해석할 수 있습니다.

여기에서 예수님의 말씀을 부끄럽게 여긴다는 것을 우리는 흔히 사회, 직장, 학교 등 여러 상황에서 기독교적인 표현, 신앙적 행동을 드러내는 것을 부끄러워하는 태도로 생각합니다. 그래서인지 어디에 가든 기독교인임을 티 내려고 애씁니다. 식사 기도를 하는 것을 가지고 고민하기도 합니다. '나는 하나님을 믿기 때문에 … 이렇게 생각해'라는 식으로 이야기를 시작하기도 하죠. 죄송합니다만 이런 태도들은 오늘 본문과 전혀 상관이 없습니다.

앞서 설명드린 대로 마가복음 전체의 문맥에 따르면 이것은 참된 메시아의 가르침, 진정한 인자의 태도, 자기를 숙이고, 소리를 키우지 않고, 다른 사람에게 자신을 나타내려 애쓰지 않는 그 연약한 메시아의 방식을 따르지 않는 자들을 뜻합니다. 예수 믿는 것을 티 내는 대신, 드러내지 않고 조용히 메시아의 삶의 궤적을 따르는 이들. 그들이 바로 예수께서 부끄러워하지 않으실 사람들입니다.

어떻습니까? 당신은 정말로 기독교인'다운' 삶을 살아가고 있습니까? 이번 주간엔 말하고, 드러내고, 집단으로 행동하는 방식 대신 잠잠히 그리스도를 따르는 것이 무엇인지 고민해보면 어떨까요?

> "예수께서 그들에게 엄중히 경고하시기를, 자기에 관하여 아무에게도 말하지 말라고 하셨다"(막 8:30, 새번역)

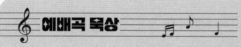

마가복음을 관통하는 긴장이 있습니다. 예수께서 스스로가 메시아인 것을 제자들에게 보이셔야 하면서도 동시에, 그것을 숨겨야 하는 긴장 말입니다. 메시아임이 드러나면 성육신의 궁극적인 목적인 십자가 처형을 달성할 수 없으시기에, 이 긴장은 그 역설과 모순의 다른 이름이라고도 할 수 있겠습니다.

마가복음을 읽다 보면 뚜렷한 그리스도의 무거운 소명과 예수님의 정체에 대해 헛다리를 짚는 게 분명한 제자들의 순진함이 여러 차례 대비됩니다. 어쩌면 예수님과 제자들의 이런 동상이몽은 현대를 사는 우리에게도 동일하게 적용됩니다. 그가 이 땅에 오신 이유, 우리가 해야 할 일은 과연 무엇일까요?

이번 주에는 타락한 피조세계와 인간의 욕망, 하나님의 뜻이 복잡하게 얽힌 매듭을 해결할 그리스도의 메시아적 소명에 집중하는 노래를 선곡해 봤습니다.

🎹 그가 오신 이유 (김준영 사, 임선호 곡)

🎵 함께 부르면 좋은 찬양 〈낮은 곳으로〉

〈그가 오신 이유〉는 마커스 미니스트리의 다섯 번째 앨범에 수록된 곡입니다. 2012년에 발매된 'Our Saviour Jesus Christ'는 어느 곡 하나 버릴 것이 없는 명반이라고 할 수 있는데요, '우리의 구원자 예수 그리스도'라는 주제의식에 꼭 맞는 곡들로 채워진 콘셉트 앨범입니다.

〈그가 오신 이유〉는 이 앨범 가장 중간에 위치합니다. 앨범에 수록되지는 않았지만 그리스도의 십자가에 대한 선포였을 것이 분명한 설교를 뒷받침하면서, '그리스도의 오심' 그 자체를 노래했던 전반부의 흐름을 '그에 반응하는 우리의 찬양과 헌신'이라는 후반부의 주제로 잇는 다리 역할을 합니다.

처음에는 '이 세상 가장 아름다운 순종의 눈물', '온 세상 다시 빛나게 한 생명의 눈물'이라고 노래하며 겟세마네의 성자 예수를 비춥니다. 자칫하면 이어지는 노래에서도 '나를 위해 죽으셨네'라며 자기 위안적 감정에 매몰될 수도 있을 텐데, 이 노래는 그런 여지를 전혀 남기지 않습니다. '죽어야 살게 되고 져야만 승리하는 놀랍고 영원한 신비'와 '지으신 그대로 회복시킨 우리의 창조주 그리스도'라는 깊이 있는 신학적 진술만 이어갈 뿐입니다.

그리고 정점에서 '이제 우리에게 맡겨진 그 소망, 그 사랑, 그 생명'을 언급하며 그리스도의 헌신이 우리에게 맡겨진 것임을 확인합니다. 앨범에서는 '우리의 심령 주의 것이니'라는 찬송가를 이어 부르며 그 고백을 확장하지만 이 확장이 없어도 그 곡에 담긴 메시지 자체로 예수님에 대한 중요한 내용들을 잘 담아내고 있습니다.

그리스도의 희생과 헌신은 반드시 우리의 희생과 헌신으로 이뤄져야 합니다. 성자 예수님의 어깨 위에 올라타 호가호위하는 게 아니라 그의 낮아지심을 본받아 겸손히 섬기고 희생하는 것, 그것이 진정한 그리스도인의 반응이 아닐까 생각합니다.

묵상하는 기도 주님을 따르는 참된 길은 외식이 아닌 예수님의 겸손하신 태도를 배우는 것임을 깨닫습니다. 우리의 내면에서부터 주님의 겸손함이 깊이 자리 잡도록 이끌어가 주시기를 구합니다.

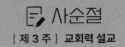

⚱ 의외로 교회에 가져오면 안 되는 것들?

📖 **교회력 본문**   고린도전서 1:18-25

우리는 고린도전서를 많은 경우 '방언, 예언'과 같은 은사에 대한 내용에 집중하거나, 또는 '사랑'에 대한 이야기들에 집중해서 읽곤 합니다. 물론 바울이 많은 부분을 할애하여 은사에 대해 이야기하고 있는 것을 보면, 고린도 교회는 여러 가지 성령의 역사가 있었던 것은 분명해보입니다. 그러나 바울은 고린도전서 3장에서 고린도 교회를 '그리스도 안에서 어린 아이 같다'(1절)라고 표현합니다.

오늘 우리는 꼭 은사주의 계열의 교회가 아니더라도 어떤 능력이나 체험, 성령의 은사를 기대하고 또 그것을 신앙 성장의 잣대로 삼는 경우가 많습니다. 그러나 오늘 바울은 자신이 보낸 편지에서 교회의 성숙함은 겉으로 드러나는 이적이나 능력에 있지 않다고 분명하게 말하고 있습니다.

왜 그럴까요? 고린도 교회는 여러 가지 은사와 기적적인 사건은 나타났지만 오히려 그것들을 가지고 편을 가르고 나뉘어 싸웠으며, 게다가 불륜과 음행, 공동 식사에서 보이는 탐욕, 가난한 이들을 향한 멸시와 같은 도덕적인 문제에 있어서도 세상과 크게 다를 바 없는 모습을 보였기 때문입니다. 그래서 바울이 고린도 교회를 향해 이 편지를 쓴 것입니다.

본문에서 바울은 계속해서 십자가에 나타난 하나님의 지혜와 세상이 말하는 지혜를 대조합니다. 왜냐하면 고린도 교회 사람들에게는 '지혜'에 대한 고정관념이 있었기 때문입니다. 바울은 20절에서 당시 문화권에서 '지혜'를 다루는 대표적인 방식인 '철학자'(현자), '서기관'(선비), '웅변가'(변론가)를 나열하며 그들이 생각하고 있는 지혜와 하나님의 지혜가 근본적으로 다른 것이라고 말합니다.

하나님의 지혜는 유대인에게는 거리끼는 것이고, 이방인에게는 미련한 것이었습니다. 십자가에 달려 죽는다는 것은 유대인에게는 저주를 받은 것이고(신 21:23; 갈 3:13), 이방인에게 구원자란 힘과 정복으로 로마에 평화를 가져오는 자, 곧 로마 황제를 일컫는 말이었습니다. 그렇기 때문에 십자가에 달려 죽은 예수를 살리셔서 만물을 다스리는 구원자로 세우신 '하나님의 지혜'는 당시 문화권의 사람들에게 도무지 이해할 수 없는 '지혜'였던 것입니다.

그래서 바울은 고린도 교회의 사람들에게 '지혜'에 대한 기존 개념을 완전히 부수고 새롭게 세울 것을 요구합니다. 다시 말해 교회 안에 들어오는 사람들은 유대인이건 이방인이건 상관없이 세상에서 자기가 가지고 있던 것을 버리고 완전히 새로운 가치 체계 안으로 들어와야만 한다는 것입니다. 그것은 바로 유대인이 요구하던 메시아의 표징인 '강력한 구원자'도 아니고, 이방인이 요구하는 철학적 '지혜'도 아닌, 연약함으로 승리하는 하나님의 지혜입니다.

이제 우리는 교회 안에 과연 어떤 것들을 가지고 들어왔는지 고민해봐야 합니다. 교회 공동체에 들어온 시점과 상관없이, 우리가 교회 안에서 당연하게 생각했고 그것이 기독교적이라고 의심 없이 받아들였던 '세상적인' 것들은 무엇이 있을까요? 그것이 세상의 가치와 전혀 다를 바 없이 성공을 쫓는 신앙의 모습은 아닌지, 더 높아지고 강해져서 어떤 '영향력'을 펼쳐야 한다는 강박은 아닌지, 세상의 지위가 곧 교회 안에서 그대로 계층이 되어버린 보이지 않는 차별은 아니었는지 냉정히 살펴봅시다.

주여, 우리의 눈을 밝히셔서 우리 안에 세상과 다름없는 모습이 무엇인지 깨닫게 하시고, 그것들을 불편하게 하시며 고치려는 의지와 벗어나려는 용기도 함께 주옵소서. 그 생각을 품는 우리 한 사람 한 사람은 비록 연약하오나, 연약함으로 세상을 이기신 하나님의 지혜를 신뢰하며 기도합니다. 아멘.

반드시 교회 안에 있어야 할 것들을 꼽자면 뭐가 있을까요? 화려한 조명이 날 감싸는 예배당, 정교하게 준비되어 있는 양육 시스템, 부담스럽지 않으면서도 적당히 지성적이며 교훈적인 설교, 효능감을 주는 사역과 봉사들… 현대에 고린도 교회가 존재했다면 아마 시대를 앞서 가고, 다른 교회에 청사진을 제시하는 그런 교회가 아니었을까 합니다. 위에 언급한 여러 요소들을 고루 갖춘, 이른바 '건강한 교회'로 손꼽혔을지도 모릅니다.

하지만 그 모든 것들보다 앞서 교회 안에 있어야 할 건 너무나 당연하게도 '사랑'입니다. 고린도전서 13장이 괜히 사랑장이라고 불리는 게 아니죠. 고린도 교회에는 수많은 자랑거리가 있었음에도 유일하게 부족했던 것이 있었는데, 그건 다름 아닌 바로 사랑이었습니다.

사랑은 우리가 흔히 생각하듯 설레거나 폭발하는 감정적인 상태가 아닙니다. 있는 그대로 그 존재를 인정해주는 것, 다양성과 차이를 포용하는 것입니다. 고린도 교회는 공감과 이해, 즉 사랑하지 못하는 한계에 갇혀 있었던 것이죠. 이번 주에는 '의외로 반드시 교회에 있어야 할' 사랑에 대한 노래를 선곡했습니다.

||||| 주의 사랑으로 사랑합니다

I Love You with the Love of the Lord (James M. Gilbert 사/곡)

♬ 함께 부르면 좋은 찬양 <형제의 모습 속에>

〈주의 사랑으로 사랑합니다〉는 1977년에 발표된 곡으로 이 노래를 모르는 크리스천이 없을 만큼 아주 유명하고 익숙한 노래입니다. 사랑은 하되 '주의 사랑으로' 한다고 전제를 달아 놓는 탓에 너무 부담스럽지도 않은, 그래서 새로운 사람들을 환영할 때 부르는 경우가 많습니다. 때에 따라 '주의 사랑으로 환영합니다' 정도로 바꾸는 융통성도 발휘됩니다.

가사가 적고 때에 따라선 빠르고 경쾌하게 부르기도 해서 짧게 대충 불러 버리고 끝나는 경우가 많지만, 그러기엔 이 노래의 가사는 꽤나 묵직합니다. '주의 사랑으로 사랑한다'는 것은 생각보다 쉬운 일이 아닙니다. 제한 없이 조건 없이 사랑해야 하기 때문입니다.

하지만 이 노래의 힘을 빌려 우리는 그렇게 하겠다고 노래할 수 있습니다. 이 노래는 '주께서 나를 용납하셨던 것처럼(용납하신 만큼) 나도 당신을 용납하겠다'는 의지의 표현입니다. '주의 사랑으로 사랑할게요'(I will love you with the love of the Lord)라는 원어 가사처럼 말입니다.

그렇게 사랑하겠다고 할 수 있는 건 '형제(자매) 안에서 주의 영광을 보기'(I can see in you the glory of the Lord) 때문입니다. 그 안에서 그리스도의 영광, 그러니까 그 안에 살아있는 그리스도의 현현을 보기 때문에, 우리가 같은 속성의 사람임을 인지했기 때문에, 겉모양이 달라도 '사랑'할 수 있는 것이죠.

사람과의 관계가 점점 더 파편화되다 못해 온라인화되어 버린 시대에 손을 뻗어 노래를 불러주는 게 불가능해진 지금, 오히려 우리는 이 노래의 의미를 잘 되새길 기회를 얻은 것인지도 모릅니다. 우리는 어떻게 다른 사람들 속에서 주의 영광을 볼 수 있을까요? 그걸 고민하며 이 노래를 함께 불러보면 좋겠습니다.

묵상 하는 기도	주여, 우리의 눈을 밝히셔서 우리 안에 세상과 다름없는 모습이 무엇인지 깨닫게 하시고, 그것들을 불편하게 하시며 고치려는 의지와 벗어나려는 용기도 함께 주세요.

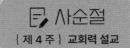

{제 4 주} 교회력 설교

🕯 당신은 시작하셨습니까?

📋 교회력 본문 요한복음 3:14-21

벨기에의 초현실주의 화가 르네 마그리트의 빛의 제국이라는 작품이 있습니다. 맑은 하늘 아래 가로등이 켜진 밤의 풍경이 자리 잡은 현실에서 볼 수 없는 이상한 장면을 그린 작품입니다. 빛이라는 세계가 이미 왔지만, 아직 어둠이 물러가지 않은 그런 세상. 마치 성경이 말하는 '이미' 왔지만 '아직' 이뤄지지 않은 하나님의 나라를 그린 것만 같습니다.

오늘 복음서 본문에서는 니고데모라는 사람이 예수님을 찾아옵니다. 그런데 그 사람이 찾아온 시간을 보면 '밤'입니다. 요한복음은 내내 '빛과 어둠'의 대조를 선명하게 드러내는데요. 이런 측면에서 요한은 니고데모를 '어둠'에 속한 사람이라고 말하는 것입니다. 그가 예수님을 찾아와서 '선생님은 하나님께로부터 오신 분입니다. 그렇지 않으면 그런 표적

123

들을 행할 수 없으니까요'라고 얘기합니다. 이 정도면 솔직히 예수님도 기분 좋아서 빈말로라도 좀 칭찬해주실 법도 한데, 어림도 없습니다.

여러분 혹시 지난번 설교에서 언급했던 '유대인은 표적을 구하고 헬라인은 지혜를 찾으나'라는 말씀을 기억하시나요? 그 말씀처럼 니고데모는 예수님에게서 그 '표적'을 찾았다고 이야기합니다. 그러나 예수님께서는 그 말을 무시하시고 '진정한 표적'에 대해서 말씀하십니다. '다시 태어나야 한다'라는 예수님의 말씀에 니고데모는 아연한 표정입니다. '대체 어떻게 사람이 다시 태어난단 말입니까?' 예수님은 니고데모를 책망하시죠. '너는 선생이면서 이런 것도 몰라?'

요한은 니고데모라는 사람을 아주 부정적으로 묘사합니다. 그는 선생이고 지식이 있는 사람이었습니다. 그리스식으로 지은 그의 이름으로 보아 시대의 흐름에 민감한 사람이었던 것 같으며, 바리새인이며 산헤드린 공회에 소속된 명망있는 사람임에도 예수님을 찾아와 진리에 대한 궁금증을 털어놓을 정도로 깨어있는 사람으로도 보입니다. 그러나 어림도 없었습니다. 예수님은 진짜 답답해 미쳐버릴 것 같다는 반응입니다.

이런 것도 알지 못하느냐?

우리는 성경을 읽을 때 너무 당연하게도 예수님 편에 우리를 놓고 읽는 경우가 많습니다. 이 본문에 등장하는 '하나님께서 세상을 이처럼 사랑하사'라는 구절을 '아, 하나님이 나를 사랑해서 예수님을 보내주셨어'라고 바로 받아들입니다. 하지만 요한은 우리에게 말합니다.

> 너 진짜 아무것도 모르는구나? 이건 네 이야기야. 네가 바로 니고데모야.

우리는 이 구절에서 '이처럼'이라는 말을 놓칩니다. 하나님이 세상을 사랑하셨습니다. 어떻게요? '이처럼'이요. 여기서 '이'가 가리키는 것이 무엇인지 알려면 바로 앞 문장을 봐야겠지요? 바로 '모세가 광야에서 뱀을 든 것 같이', 이처럼 예수님도 들려야 한다는 말씀입니다. 예수님께서 모든 수치와 고통, 죽음을 다 끌어안으시고 뱀처럼 나무에 들려 올려져야만 우리가 살 수 있다는 말입니다. 자기 아들을 이렇게 수치스럽게 들어 올릴 정도로 자기가 만드신 세상을 사랑한다는 말입니다.

하나님께서 보여주실 표적은 오직 십자가에 달린 예수 그리스도 뿐입니다. 하나님의 사랑은 오직 십자가에서만 분명하게 드러납니다. 그 예수 그리스도의 처절한 십자가, 세상의 모든 폭력과 부당한 억압이 한 데 모이는 자리, 온갖 분노와 비난과 저주를 한 몸에 받는 자리, 아무런 죄가 없음에도 그것을 묵묵히 지고 외롭게 죽어가신 저 예수 그리스도의 십자가를 생각하지 않고 고백하는 요한복음 3:16은 공허한 자기만족일 뿐입니다.

사순 절기에 그리스도의 죽으심과 고난을 묵상한다는 것은 바로 이런 의미입니다. 그가 왜 죽으셔야 했는가? 이 문제에 대한 고민 없이 그냥 '하나님이 나를 사랑하셔서'로 건너뛴다면 구원을 아주 잘못 이해하고 있는 것입니다. 예수님은 '이처럼' 매달려서 세상에서 가장 비참하게 죽으셨습니다. 바로 '나' 때문입니다. 그 십자가와 자신을 연결하지 못한다면 그는 오늘 본문의 니고데모와 다를 바가 없습니다. 그리고 너무나 당연하게도, 기독교는 여기에서부터 시작합니다.

예배곡 묵상

사순절을 지나며 우리는 지난 교회력 설교를 통해 그리스도의 십자가가 나 때문에, 나를 위해 존재하는 것임을 살펴봤습니다. '나', '때문', '십자가', '예수 그리스도'라는 키워드로 어떤 곡을 선곡할 수 있을까요?

🎹 예수 나를 위하여

Jesus Shed His Blood for Me (W. H. Doane사/곡)

이 노래는 매우 유서 깊은 노래입니다. 미국의 침례교인인 윌리엄 하워드돈이 작곡한 찬송가인데 무려 20세기 초 조선 말기 새문안교회에 출석하던 김인직 집사의 번역으로 찬송가에 실리게 되었습니다. (조사 중에 알게 된 여담이지만, 김인직 집사님은 미상인 애국가의 작사가 중 한 명으로 추정되는 인물입니다. '대한 사람 대한으로 길이 보전하세'라는 가사가 이분의 작사로 실리게 되었다고 하네요) 그 번역의 결과가 찬송가 144장이었습니다.

번역을 살펴보면 100년도 더 된 번역임에도 불구하고 흠 잡을 데가 거의 없이 완벽합니다. 마치 사도행전 3장에서 베드로가 '너희가 생명의 주를 죽였도다'라고 일갈했던 그 외침이 이 가사에서 들리는 것 같은 기분이 들 정도입니다.

'저 무지한 사람들 메시아 죽였네'(Mad, that mindless mob has willed their messiah's slaying)라며 화가 난 군중을 메시아 살해의 원흉으로 지목하면서도 '예수여, 나의 죄 위하여 보배 피를 흘리니'라고 고백할 수 있는 최소한의 염치와 균형감각이 빛납니다.

사순절-고난주간을 보내는 전통적인 방법인 자괴와 자책, 자해에 가까운 모양에 대한 반작용으로 최근에는 '사순절의 의미'를 되새기자는 메시지들이 많이 나오는 것 같습니다. 건강한 움직임인 것 같습니다. 하지만 반대쪽으로 지나치게 치

우쳐 그리스도의 십자가와 고난을 지나치게 관조적이고 이성적으로 보려는 경향도 주의해야 할 것입니다. 어디까지나 그리스도의 십자가는 '나'로부터 비롯된 '우리'를 위한 것임을 기억하는 사순절 되시기를 바랍니다. 그리고 이 노래가 그 마음을 유지하는 좋은 도구가 되기를 바랍니다.

묵상 하는 기도	십자가의 이야기가 나의 이야기가 되게 하시고, 예수님께서 왜 그 폭력을 대신 받으셔야 했는지를 묵상하게 하소서. 그 십자가의 자리에서부터 다시 한번 신앙을 시작하게 도와주세요.

🕯 우리는 어둠을 지나가고 있습니다

📖 **교회력 본문** 에스겔 37:1-14

오늘 네 곳의 교회력 본문은 공통되게 '죽은 자'의 심상을 다루고 있습니다. 에스겔은 죽임 당한 마른 뼈들로 가득 찬 골짜기에, 시편의 저자는 아주 깊은 구덩이에서(시 130), 로마서는 육신에 속한 사람의 죽은 상태에 대해(롬 8:6-11), 요한복음에서는 나사로의 죽음에 대해(요 11:1-45) 이야기합니다. 성경은 죽음을 긍정하지 않습니다. 죽음은 인간에게 본래 없었던 것이며 언젠가 반드시 정복되어야 할 대상으로 묘사됩니다. 동시에 죽음은 죄의 결과로써 종종 함께 언급됩니다.

교회력 본문 에스겔서의 마른 뼈들은 죽임 당한 자들이라고 언급됩니다. 그런데 이들은 왜, 누구에게 죽임을 당했을까요? 이 본문에서 사용된 '죽임 당한'에 해당하는 단어는 에스겔서 내의 다른 곳(9:6; 21:10…) 등에도 나타납니다. 그런데 그 본문은 이스라엘 백성을 심판하는 장면입니다. 따라서 에스겔 37장의 마른 뼈들은 하나님의 심판을 받아 죽은 자들의 시체, 곧 하나님을 향한 끊임없는 죄와 반역으로 인해 죽은 우리의 모습을 겹쳐 보여주는 것이라고 볼 수 있습니다.

주님은 죄와 사망, 끊임없는 반역으로 인해 죽었던 우리에게 생기와 새 영을 불어넣으십니다. 그리고 이제는 그 영을 우리 가운데 두시겠다고 약속하십니다. 이 약속을 가지고 로마서 8장을 볼 때 우리는 우리 삶에서 언제나 만나는 거대한 아이러니를 비로소 제대로 마주할 수 있게 됩니다. 그것은 바로 우리가 죄를 짓는 존재이면서 동시에 거룩한 하나님의 영이 함께하는, 죽음 가운데 거하면서도 동시에 생명을 가지고 있는 과정적인 상황에 놓여 있다는 것입니다.

우리는 흔히 로마서 8장을 읽으면서 우리가 가지고 있는 육체적인 부분들, 나의 생각, 내 뜻을 완전히 내 삶에서 배제하고자 하는 강력한 충동을 느낍니다. 무언가 더 고귀하고 거룩한, 깨끗한 존재가 되어야만 할 것 같은, 그리고 그것이 기독교 신앙의 핵심이라는 압박감을 받기도 합니다. 그러나 이 로마서 8장에서 바울 사도가 힘주어 말하고자 하는 바는 그런 거룩한 삶을 살아가게 만드는 원동력이자 근거가 되는 분, 바로 에스겔서와 로마서 본문이 말하는 우리 안에 거하시는 새로운 영, 성령 하나님에 대한 이야기입니다.

그러므로 로마서 8장이 말하고자 하는 바는 이것입니다.

우리의 연약함을 돌보시는 성령께서 우리와 함께 하신다. 우리
의 연약함과 불순종과 반역조차도 우리를 살리신 그분의 사랑
에서 끊을 수 없다!

우리는 과정 속에 있습니다. 그렇기에 도중에 겪는 실패는
당연한 것입니다. 완벽한 존재가 되고자 하는 부담, 더 나은
영적 수준을 추구하고자 하는 욕망, 우리 삶을 거룩과 부정
으로 깨끗이 나눠놓고자 하는 강박, 하늘과 땅을 나누고 어
느 한 편에만 거하려는 단순한 생각을 내려놓고, 지금도 우
리 안에서 함께 하시며 우리를 이끄시는 성령님을 신뢰합시
다. 우리의 죽음은, 우리 죄의 깊은 구덩이는, 언젠가 반드시
정복될 것입니다. 하지만 지금 완전하게는 아직 아닙니다.

모든 순간 흔들리고 고민하면서 나의 연약함에 떨며 다시
그분을 찾는, 미련하지만 신실한 반복이 좀 더디게 보일지라
도 착실히 우리를 주님께로 인도하고 있음을 믿으시기 바랍
니다. 다시 한번 위로를 전합니다. 우리는 과정 속에 있습니
다. 나사로를 살리신 생명의 하나님의 은혜가 죄로 인해 매일
죽고, 또 주님께 나아가 다시 사는 우리의 지난한 삶에 항상
함께 하기를 기도합니다.

"주님, 내 소리를 들어 주십시오. 나의 애원하는 소리에 귀를 기
울여 주십시오"(시 130:2, 새번역)

2004년에 멜 깁슨이 제작/감독한 '패션오브크라이스트'는 아직까지도 사순절이 되면 단골로 등장하는 영화입니다. 당시의 상황을 훌륭하게 고증한 영화이지만 수작이나 명작이라고 부르기엔 조금 망설여집니다. 그리스도의 수난을 묘사하는 이 영화의 방식이 너무 직관적이고 노골적이기 때문입니다. 살점과 피가 튀는 잔인한 장면들은 고증에 심혈을 기울인 감독의 역량이 고스란히 담겨 있지만, 그것을 받아들이는 관객들 ─ 아마도 대부분 크리스천일 사람들 ─ 은 수난의 의미와 목적보다 우리의 얕은 감성을 자극할 잔혹함에 집중할 가능성이 높습니다.

이런 일련의 감정들은 즉발적이고 선명한 반응을 이끌어내는 데에는 효과적이지만 그리스도의 고난의 의미와 그것을 받아들이는 우리의 태도에 오해를 불러일으킵니다. 많은 분들이 사순절과 고난주간에 다양한 이름의 금식을 통해 자신을 학대합니다. 원래의 목적과는 다소 달라진, 새벽예배를 고행하듯 참여하는 정서 역시 이런 맥락에서 생겨난 게 아닌가 싶습니다. 이런 상황이 고착되면 십자가의 고난과 유사한 고난을 스스로에게 뿌리면서 정작 삶의 문제에는 손을 놓아버리는 비극이 벌어집니다. 단순히 내 삶을 그리스도의 고난 재방송으로 채워 넣는 것은 하나님의 뜻이 아닙니다. 거대

담론이나 큰 고난을 다루는 게 아닌, 일상의 매 순간마다 겪는 어려움을 어떻게 다뤄야 하는지에 대한 통찰이 우리에게 더 중요할지도 모르겠습니다.

🎹 승리 (강명식, 2집; 삶 The Life, 서성환 사, 강명식 곡)

🎵 함께 부르면 좋은 찬양 〈내 안에 사는 이〉

강명식 2집; 삶 The Life에 수록된 〈승리〉는 이런 지점을 너무 잘 짚고 있습니다. '승리가 무엇인 줄 아는가'라는 물음으로 시작하는 이 노래는 우리가 진짜 다뤄야 하는 자잘한 고난들을 열거합니다. '더 좋고 편한 가능성의 유혹', '하고 싶은 말 그 많고 많은 말', '치열한 자기와의 싸움' 같이 누구나 겪었을 법한 유혹과 시험을 하나하나 묘사한 뒤, 그것들을 '절연히 잘라 버리고', '힘겹게 억누르고', '허옇게 잠재우고', '오직 주님만 내 안에 사시게 하는 것'이 그 유혹을 이기는 진정한 '승리'임을 보여줍니다.

노래 가사의 원작인 서성환 목사의 시어들은 과격하지 않으면서도 충분히 치열하고, 노골적이지 않으면서도 생동감이 느껴집니다. 곡의 멜로디는 그 자체만으로 충분히 아름다우면서도 문장의 호흡을 해치지 않는 조화를 통해 노랫말에 대한 존중을 드러냅니다.

물론 이 노래를 회중곡으로 부르기에는 가사의 내용과 음악적인 면에서 약간의 제약들이 존재합니다. 그럼에도 불구하고 그리스도의 고난을 감히 내 삶에 욱여넣거나 슬픔을 흉내 내는 것에 그치지 않고, 삶의 자잘한 순간 속에서 그리스도를 따라 살겠다는 이 노래의 고백만큼 사순절에 어울리는 노래는 없는 것 같습니다. 사순의 길을 걸으며 '주님만 따라가는 것'을 바라는 분들에게 이 노래 〈승리〉를 추천합니다.

| 묵상
하는
기도 | 주님은 실패한 우리에게 그저 과정 중에 있을 뿐 실패가 아니라 말씀하십니다. 죽으나 다시 사는 신비가 매일의 삶에서 체험되기를 간절히 소망합니다. |

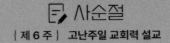
⚱ 우리는 같은 기억을 공유하기 때문에

교회력 본문 마태복음 26:14-27:66

오늘 교회력 본문은 예수께서 잡히시던 날 밤의 이야기입니다. 마태복음의 저자는 제자들과 유월절 식사를 하시고, 유다의 배신이 드러나고, 겟세마네에서 간절한 기도를 올리신후 유다가 이끌고 온 대제사장의 사병들에게 잡히시어 불의한 재판을 받아 십자가에 달려 장사되는 이야기를 숨 가쁘게서술합니다.

그런데 이 죽음의 과정을 지나시는 예수님께서 아주 특징적인 말씀을 몇 차례 하십니다. 그것은 바로 '기록된 대로'(24절), '기록된 바'(31절), '아버지의 원대로'(39절), '성경이 이루어지게'(54절), '선지자들의 글을 이루려'(56절)와 같은 구절입니다. 이는 예수님께서 자신의 고난을 하나님의 뜻을 위하여참고 견디신다는 사실을 보여주는 구절들입니다.

이 말씀은 '유월절'이라는 절기와 맞물려 더 의미 있게 다가옵니다. 왜냐하면 첫 번째 유월절은 이집트에 내린 열 번째 재앙을 피하기 위해 준비한 '어린 양'의 죽음과 관련 있기 때문입니다. 복음서에 나타난 예수님의 행적을 자세히 살펴보면 '진정한 이스라엘'로서 이스라엘이 역사 속에서 걸어온 길을 똑같이 반복하고 있음을 보게 됩니다.

이집트에서 탈출하시고(마 2), 광야에서 시험을 받으시는 등(마 4) 이스라엘과 같은 길을 걸어가시지만, 결정적으로 하나님께 불순종했던 이스라엘과 달리 예수님은 죽기까지 하나님의 뜻에 완전히 순종하셨습니다. 예수님은 이스라엘의 구원 기억을 반복하실 뿐 아니라 더 완전하게 하셨습니다.

그래서 빌립보서 2장 9절은 '그러므로 그를 (살리셔서) 지극히 높이셨다'고 증언합니다. 이 표현은 마치 마태복음의 유대인과 빌라도의 법정에서 내려진 불법적인 판결에 대한 재심을 진행하고 있는 것 같은 느낌을 줍니다. 하나님은 부당한 판결을 받고 죽은 예수를 다시 살리셔서 그분이 옳았음을 만천하에 밝히셨습니다. 하늘과 땅의 모든 것들이 무릎을 꿇도록 그분을 모든 세상의 주인으로 선포하셨습니다.

우리 주님은 이해할 수 없는 고난, 심지어 성부 하나님으로부터 외면을 당하는 죽음의 순간까지도 그분의 말씀을 믿으셨습니다. 자신을 죽은 자 가운데서 일으켜 옳다고 선언하실 것을, 수많은 이들의 조롱과 억울한 배신 속에서도 자기 편이 되어 주실 것을 신뢰했습니다. 그렇게 먼저 걸어가신 신뢰와 순종의 길을 보여주시며 이 길을 따라오라고 우리를 부르십니다.

여러분 혹시 무엇이 우리를 기독교인이 되게 했는지 생각해보신 적이 있으신가요? 가만히 생각해보면 이렇게 이상한 일도 없습니다. 혈통적으로 유대인도 아니고, 시공간적으로도 엄청나게 멀리 와 있는 오늘 우리가 대체 무슨 이유로 하나님의 백성, 아브라함의 후손이라고 말할 수 있을까요? 그 이유는 바로 같은 '구원 기억'을 공유하고 있기 때문입니다. 이집트의 압제에서 이스라엘을 건져내신 하나님, 불의한 죽음에서 예수를 건져내신 하나님의 구원을 믿고 그 기억을 계속해서 함께 고백하고 노래해온 이들을 향해 하나님께서는 '내 백성'이라고 말씀하십니다.

우리가 아무것도 변하지 않는 상황에서 하나님의 구원을 기대할 수 있는 이유, 심지어 내 삶에서 하나님의 도움을 단 한 번도 받은 기억이 없음에도 노래할 수 있는 이유는 우리의 기억이 수천 년 전 이집트를 탈출하던 이스라엘 백성의 유월절 기억과 이어져 있기 때문입니다. 또 부활하신 예수 그리스도와 오늘 우리가 함께하고 있기 때문입니다. 더 나아가 하나님의 말씀을 신뢰하며 수많은 고난과 고통의 시기를 지나 온 믿음의 선배들과 같은 기억을 갖고 같은 길을 걷고 있기 때문입니다.

그렇습니다. 이 고난주간에 우리는 몸으로는 떨어져 있지만 기억은 연결되어 있습니다. 비록 같은 공간에 모이진 못하더라도 우리는 언제나 같은 구원을 공유합니다. 이 믿음으로 오늘 교회력 본문 시편 저자의 고백에 함께 동참합시다.

> "주님의 환한 얼굴로 주님의 종을 비추어 주십시오.
> 주님의 한결같은 사랑으로 나를 구원하여 주십시오"
> (시 31:16, 새번역)

아멘, 주여 속히 우리를 고치셔서 서로의 얼굴을 다시 마주하게 하옵소서.

🎼 예배곡 묵상 ♫ ♪ ♩

이제 사순절의 끝, 곧 고난주간입니다. 그리스도의 수난과 십자가를 다루는 노래들은 대개 둘 중 하나의 노선을 택합니다. 그리스도가 당하는 고난의 원인이 되는 '나의 죄'에 집중하거나, 또는 십자가의 고난과 그 처연함 자체를 부각합니다.

물론 죄 없는 예수님이 우리 죄 때문에 돌아가신 것은 슬픈 일이고 괴로운 사건입니다. 하지만 십자가는 단순히 슬픔과 괴로움의 상징이 아닙니다. 창조 이후 구약으로부터 이어지는 언약의 성취이자, 죄와 사망의 필연성을 해체시키는 하나님의 지혜입니다. 가장 높은 분이 기꺼이 낮아지기를 자처함으로 끝없이 높아짐을 추구하는 악한 세력을 무너뜨리는 하나님의 지혜와 겸손입니다.

이번 주에는 고난주간을 맞이해 그 의미를 잘 다루고 있는 노래를 선곡해봤습니다.

▦ 존귀한 어린 양 Worthy is the Lamb (Darlene Zschech 사/곡)

♫ 함께 부르면 좋은 찬양 〈하나님 어린양 독생자 예수〉

존귀한 어린 양은 힐송의 2001년 앨범 You are My World에 수록된 곡입니다. 이 앨범에 수록된 〈위대한 하나님〉이나 〈영원히〉, 〈예수 좋은 내 친구〉 같은 곡들은 우리말로 번안되어 한국에도 많이 알려져 있습니다.

보통 십자가를 다루는 노래들의 서사는 대개 이런 방향성을 보입니다.

⑴ 나의 죄에 대한 인식

⑵ 갑자기 찾아온 그리스도의 십자가

⑶ 그에 대한 반응으로서의 찬양

하지만 이 곡은 좀 다릅니다. 시작부터 '주님께 감사해'(Thank You for the cross, Lord)라는 말로 이미 십자가 사건이 일어난 상태를 전제하며, 이미 첫 가사에서부터 위에서 말한 3번 단계로 시작합니다.

후렴에 가서는 이 찬양의 반응이 심화됩니다. 십자가의 주인공이 누구인지를 밝히고('존귀한 어린 양 좌정하신 주', 면류관 쓰신 주님', '하나님 아들', '십자가에 달리신 주님', '존귀하신 주'), 그에 합당한 경배를 올려드리는 모습을 보입니다. 멜로디는 감성적이고 극적이지만 가사는 감정의 과잉으로 흐르지 않는 절제된 모습을 보여줍니다.

그렇다고 이 노래가 기계적이고 관조적이지만은 않습니다. 한국어 가사로 번안되지는 않았지만, 후렴 말미에 'The Darling of heaven crucified'라고 고백하는 부분에서 그 어린 양에 대한 애정이 듬뿍 묻어납니다.

그리스도의 고난을 묵상하기 위해 지키는 사순절과 고난주간에 우리는 스스로의 감정과 다소 자의적인 진정성에 매몰되는 경향이 있고, 많은 노래들이 그런 우리의 감성을 지지합니다. 하지만 우리가 집중해야 하는 건 그 고난의 잔혹성과 그로 인한 인간적인 감성의 자극이 아닌 그 고난의 진정한 목적과 의미가 아닌가 생각합니다. 모든 예배 가운데 이것이 명확하게 드러나는 고난주간이 되기를 바랍니다.

> **묵상 하는 기도**
>
> 우리 주변에 고난 받고, 고통 가운데 있는 이웃을 기억합니다. 그들을 위해 기도합니다. 그 사람의 고통을 우리도 나눠 갖게 하시고 마치 내 일처럼 간절히 여기며 기도하게 해주세요.

◇◇◇

부활절

◆
◆

부활절은 예수님께서 십자가에 달려 돌아가신 날로부터 3일째 되는 날에 부활하신 것을 기념하는 절기입니다. 부활절은 단 하루가 아닌, 성령강림주일 전까지의 7주간 전체입니다. 부활의 절기는 그리스도를 따르는 모든 사람들이 그분의 부활에 함께 참여함을 기억하게 합니다. 그런 의미에서 부활절은 교회력의 핵심이라고 할 수 있습니다.

🕯 우리가 갈릴리로 간다면

🟦 **교회력 본문** 마태복음 28:1-10

오늘 교회력 본문인 마태복음 28장은 부활하신 예수께서 앞선 26:32에서 하신 약속대로 갈릴리에서 제자들을 만날 것이라는 말씀을 전해줍니다. 재밌는 것은 다른 복음서와는 다르게 마태복음은 갈릴리에서 제자들이 예수를 만나야 한다는 것을 강조하고 있다는 사실입니다. 왜 마태복음은 부활 이야기의 마지막 장면에서 이토록 '갈릴리'를 큰 소리로 외치고 있는 걸까요? 도대체 갈릴리에 무엇이 있기에 그런 걸까요?

갈릴리는 여러 기록들에서 로마의 지배에 대해 항상 반항하고 저항하는 '말 안 듣는 사람들', '사회 부적응자', '불만 많은 사람들'이 살던 곳으로 묘사됩니다. 예수님도 갈릴리의 나사렛 출신으로 유대 종교 지도자들은 '나사렛에서 선한 것이 날 수 없다'(마 2:23)고 무시했던 지역이었습니다.

그런 의미에서 다른 교회력 본문인 사도행전 10장의 고넬료가 구원을 받은 것은 바로 이 갈릴리가 갖는 의미와 정확하게 연결됩니다. 갈릴리는 기대와 환영을 받지 못하는 지역, 상식적으로 생각해 볼 때 구원에 있어 가장 나중 순위로 밀려나 있을 것이 당연한 지역이었기 때문입니다. 그러나 예수님은 보란 듯이 '당연함'의 바깥에서 주류가 아닌 이들을 불러 모으십니다.

한편 갈릴리는 예수님께서 처음 사역을 시작하시고 제자들을 부르신, 어떤 의미에서는 '시작'의 장소입니다. 반면에 예루살렘은 죽으시고 모든 것을 다 이루신 '끝, 완성'의 자리이자 동시에 심판을 선고받은 '죽음'의 땅으로 묘사됩니다. 모든 이들의 선망을 받는 거룩한 성 예루살렘은 오히려 죽음의 땅이 되고, 천덕꾸러기들의 땅인 갈릴리는 예수께서 새로운 시작을 위해 제자들을 불러 모으시는 생명의 땅이 됩니다. 부활 사건에는 바로 이러한 역전의 의미가 담겨 있습니다. 예수님의 죽으심과 부활로 인해 이 땅에 임하는 새로운 질서는 우리의 상식을 뒤집고, 당연했던 것들을 당연하지 않게 만듭니다.

예수님이 죽으신 후에 숨어 있던 제자들은 밖으로 나아가 담대히 복음을 전하게 되고, 구원 바깥에 있었던 이방 사람들이 오히려 먼저 구원을 받게 됩니다. 이 땅에서 칭찬받고 자랑할 만한 것들이 그분의 부활 앞에서는 부끄러운 것이 됩니다. 폭력과 압제로 만들어진 로마의 평화는 어린 양처럼 죽음을 선택한 예수 그리스도의 약함과 겸손 앞에서 가짜 평화였음이 드러납니다. 찬란하던 예루살렘이 낮아지고 소외당하던 갈릴리가 주목받는 이상한 나라가 바로 부활 이후의 나라, 하나님의 나라입니다. 부활은 바로 그 역전의 신호탄입니다.

부활 후에 제자들을 갈릴리로 부르셨던 예수님은 오늘 우리에게도 동일하게 '갈릴리로 오라'고 부르십니다. 그런데 이 나라에서 살려면 마음의 준비, 바로 '아닌데 그런 척'이라는 강력한 멘탈이 필수 조건입니다. 왜냐하면 이 나라는 '이미 왔지만 아직 오지 않은' 나라이기 때문입니다. 골로새서 3장은 이렇게 부활과 함께 그리스도 안에 숨겨진 우리가 언젠가 하나님의 영광과 함께 나타날 날이 올 것이라고 약속합니다(골 3:3-4). 그러나 그날이 오기 전까지는 예수님의 말씀과 전혀 다른 아이러니한 세상을 살아가야만 합니다.

예수님은 가난한 자가 복이 있다 하셨지만 우리 현실은 돈이 있어야 행복할 수 있습니다. 예수님은 낮은 자가 높아질 것이라 하셨지만, 현실에서는 자기를 낮추면 얕보이고 호구 잡힙니다. 그럼에도 불구하고 예수님의 말씀이 맞다고 굳게 살아갈 수 있을까요? 이것이 갈릴리 사람이 되는 첫 번째 관문입니다.

사실은 살아가면서 돈 많은 이들이 부럽고 좋은 학벌, 직장, 환경, 집이 부럽기도 하고 때로는 그것들이 내게 없음에 상처받기도 합니다. 그렇지 않은 사람이 과연 얼마나 될까요? 하지만 그렇게 갈팡질팡하다가도 그런 마음들을 한 구석으로 밀어내고, 결국 주님을 신뢰하겠다며 나지막이 한 마디 고백하는 우리의 모습에 마음이 울컥해집니다.

부활의 아침은 이미 밝았습니다. 그러나 우리의 삶은 여전히 그대로입니다. 그럼에도 불구하고 우리는 하나님이 다스리신다고 믿고 살아갑니다. 혹시 너무 지쳐서 잊고 있었다면, 다시 한번 갈릴리로 우리의 눈과 발걸음을 돌릴 수 있기를 소망합니다. 부활과 함께 역전된 갈릴리, 우리는 거기로 가는 사람들입니다.

"우리는 속이는 자 같으나 참되고, 무명한 자 같으나 유명한 자요, 죽은 자 같으나 보라 우리가 살아 있고, 징계를 받는 자 같으나 죽임 당하지 아니하고, 근심하는 자 같으나 항상 기뻐하고, 가난한 자 같으나 많은 사람을 부요하게 하고, 아무 것도 없는 자 같으나 모든 것을 가진 자로다"(고후 6:8-10)

우리가 바로 이런 사람들입니다. 살아가면서 절대로 이 사실을 잊지 맙시다.

그리스도가 부활하셨습니다! 하지만 그게 무슨 의미가 있죠? 2천 년 전에 나사렛의 젊은이가 십자가에 달려 죽었다가 다시 살아났다는 사실이 오늘 우리에게 의미하는 바는 대체 무엇일까요? 부활을 통해 그리스도가 영원히 죽지 않고 살아나셨으며 '지금도 여전히 살아계시다는 사실'이야말로 우리에게 의미 있고 유효한 것입니다. 산 자와 죽은 자의 영원한 주인이 되시는 대관식으로써 부활을 바라봐야 합니다. 그분의 '다시 사심'에 대한 경탄은 '살아계심'에 대한 인정으로 반드시 이어져야 합니다.

▥ 살아계신 주

Because He Lives (G. O. Webster 사, William J. Gaither 곡)

🎵 함께 부르면 좋은 찬양 〈충만〉

〈살아계신 주〉는 1971년에 번안되어 1980년대 한국 교회의 부흥기에 많이 불렸던 노래들 중 하나입니다. '살아계신 주 나의 참된 소망 걱정 근심 전혀 없네'라는 희망찬 가사는 '할 수 있다, 하면 된다' 류의 가사처럼 얼핏 보면 단순히 나의 소망이고 힘이신 하나님 덕분에 기쁘고 행복한 삶을 살 수 있다는 내용처럼 여겨집니다. 하지만 원곡의 정서는 우리가 익히 알고 있는 것과는 조금 다릅니다. 제목부터가 다르죠. '그

분께서 살아계시기에'(Because He lives)

한국어 번안 가사는 '그분이 살아계신 덕분에 내게 주어지는 것들'에 집중하지만 원곡의 가사는 이와는 조금 다르게 '그분이 살아계심' 자체에 포커스를 맞추고 있습니다. 원곡 가사의 후렴은 예수 그리스도의 부활을 반복해서 강조하고 이 노래의 메시지가 부활하셔서 살아계신 그리스도를 변증하는 데 있음을 보여 줍니다.

이 노래는 그리스도의 다시 사심을 박제해 놓는 데서 그치지 않습니다. 2, 3절의 가사는 그리스도께서 살아계시기에 불확실한 날을 마주할 수 있으리라는 확신에 차 외치고, 그 싸움과 확신이 죽는 순간까지도 계속될 것임을 노래하고 있습니다. 그리스도의 부활이 단순히 그리스도인의 자존감과 감정적 카타르시스를 주는 데 있지 않고, 부활 소망을 가진 삶으로 우리를 초대하고 있음을 강력하게 어필합니다.

그리스도의 부활을 모욕하는 가장 확실한 방법은 부활한 그리스도를 중심으로 삶을 재편하지 않고, 절기마다 예수님을 다시 빈 무덤에 집어넣었다가 끄집어내는 것을 반복하는 종교적 행습이 아닐까 싶습니다. 오늘날 부활은 어떤 의미일까요? 우리에게 그리스도의 빈 무덤은 무엇을 요구하고 있을까요? 우리는 혹 부활하신 그리스도를 따라 살아가지 않고 그저 절기마다 예수를 빈 무덤에 집어넣었다가 끄집어내는 종교적 행습만 무의미하게 반복하고 있진 않았나요?

오늘 소개한 〈살아계신 주〉를 통해 그리스도께서 내 삶을 다스리시는 참된 주인이심을 우리 모두가 기꺼이 고백할 수 있기를 바랍니다.

| 묵상
하는
기도 | 주님, 세상의 기준 앞에 상처받고 무너진 우리의 마음을 위로해
주시고 부활의 소망으로 다시금 회복시켜 주세요. 우리가 부활과
함께 역전된 갈릴리로 가고 있는 사람들임을 잊지 않겠습니다. |

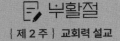
🕯 믿음의 영이신 성령을 받으십시오

📖 교회력 본문　　요한복음 20:19-31

부활절 이후의 교회력의 시선은 이제 성령을 향해 맞춰집니다. 이제 우리는 교회력 본문 속에서 부활 이후의 예수 그리스도의 행적과 함께 그분이 약속하신 성령 하나님의 오심에 대한 이야기를 곱씹어 보게 됩니다. 오늘 교회력 본문인 요한복음 20장에서 부활 후에 제자들에게 나타나신 예수님은 제자들에게 숨을 불어넣으시고 '성령을 받으라'고 말씀하십니다 (20:22). 이 장면은 누구나 창조의 한 장면, 흙으로 아담을 지으시고 생기를 불어넣으시는 그 장면을 떠올리게 합니다.

그렇습니다. 부활 이후에 오시는 성령 하나님은 창조와 밀접한 연관이 있습니다. 그런데 이 창조는 새로운 창조입니다. 성령께서 직접 믿는 사람 안에 거하시며 예수님의 뜻을 따라 살아가도록 우리의 '마음을 새롭게'(롬 12:2)하십니다. 그런데 그 성령을 받으라고 말씀하시면서 뒤 이어 '죄에 대한 용서'를 말씀하십니다(20:23). 왜 여기서 성령과 더불어 '죄 용서'에 대해 언급하시는 걸까요?

그 이유는 '보혜사'로 오시는 성령님에 대해 언급한 요한복음 16장을 보면 어느 정도 알 수 있습니다. 우리는 흔히 이 구절을 예수님이 떠나시고 우리를 돕는 분으로 오실 성령님에 대한 언급으로만 이해합니다. 하지만 본문을 잘 보면 8절에서 성령님이 오시는 이유를 '죄, 의, 심판에 대하여 세상을 책망'하기 위해서라고 언급하고 있음을 알 수 있습니다.

특히 요한복음 전체에서 '죄'란 '믿지 않음'을 의미하는데, 성령께서는 이 세상이 예수님을 믿지 않아(죄에 대하여), 죄 없는 분을 십자가에서 죽게 했으며(의에 대하여), 하나님께서 예수님을 다시 살려 그분이 옳으셨음을(심판에 대하여) 온 세상으로 하여금 깨닫게 하신다는 것입니다. 그렇기에 이 세상 누구도 이 심판에서 자유로울 수 없음을 보여주십니다.

그렇다면 23절은 '너희가 누구의 믿지 않음을 용서하면 그는 용서받을 것이고, 용서해주지 않으면 그대로 남아 있을 것이다'로 읽을 수 있을 것입니다. 뒤 이어 의미심장한 인물이 등장하는데, 바로 의심 많은 '도마'입니다. 믿음 없음에 대해 용서하라고 말씀하시면서, 바로 믿음이 없는 대표적인 인물로 그려지는 도마의 이야기가 등장하는 것은 무슨 뜻일까요? 바로 우리 공동체 안에 있는 믿음 없는 이들을 향한 하나님의 위로인 것입니다. 주님은 우리의 믿음 없음을 아십니다.

요한복음 20장이 말하는 성령의 능력은 바로 '죄 사함의 능력'입니다. 그런데 요한복음은 '죄'가 바로 '믿지 않음'이라고 말하고 있습니다. 이처럼 성령은 우리의 '믿음 없음'을 깨닫게 하시고, 우리를 용서하셔서 다시 믿게 하십니다. 도마와 같이, 또 21장에 뒤 이어 나오는 베드로와 같이 여전히 믿지 못하고 증거를 구하는 우리, 믿음의 실패를 경험하고 낙심한 우리를 성령께서 위로하시고 다시 회복시키십니다. 도마에게 말씀하신 것처럼, '의심을 떨쳐버리고 믿음을 가져라'라고 하십니다.

오늘 교회력 본문 마지막 31절의 말씀은 복음서를 기록한 이유가 예수님을 구원자, 하나님의 아들로 먼저 믿게 하고, 그 이름으로 생명을 얻게 하기 위함이라고 이야기합니다. 그렇습니다. 부활 이후, 교회력의 모든 시간은 고난과 죽음, 부활의 시간을 지나며 움츠러든 우리의 영혼을 성령의 능력으로 조금씩 '회복'시키는 데 초점을 맞춥니다.

주님은 우리를 죽음의 세계에 내버려 두지 않으시고, 생명의 길로 인도하십니다. 부활로부터 성령강림주일까지의 50일 동안, 우리 안에 계신 성령님을 신뢰하면서 우리의 연약함을 하나하나 회복시키시는 그분의 생명을 경험하시기를 축복합니다.

선거에 참여해보셨나요? 선거는 수백, 수천 만의 의견이 열 명 남짓의 사람들로 모이는 압축과정입니다. 그 많은 사람들의 가치관과 신념, 상황과 처지는 투표용지의 붉은 점으로 축약되어 기호로 드러납니다. 투표용지에는 각자의 내밀한 사정이 보이지 않기 때문에 선거는 종종 몰인간적인 것처럼 느껴지기도 합니다. 또 내가 아니면 적이라는 식의 흑백논리에 갇힐 위험도 있습니다.

사도 요한이 쓴 것으로 알려진 요한복음과 요한서신은 마치 선거공보 같습니다. 요한은 독자들에게 빛과 어둠으로 극명하게 갈려져 있는 두 진영 중 하나를 선택할 것을 요구합니다. 흑백논리를 기꺼이 받아들입니다. 독자들 나름의 사정과 상황이 있을 것이 분명한데도, 사도 요한은 모르쇠로 일관합니다. 아주 단호하죠. 이 요구가 보통의 선거와 다른 점이 있다면, 여기에는 뚜렷한 선과 악이 있다는 것입니다. 빛과 어둠. 요한은 우리에게 선택의 여지를 주지 않고, 빛에 속한 자가 되라고 명령합니다. 오늘은 그 명령에 대한 노래를 소개합니다.

▥▥▥▥ 빛으로 (어노인팅 9집, 이지음 사/곡)

♫ 함께 부르면 좋은 찬양 〈주 이름 큰 능력 있도다〉

〈빛으로〉는 어노인팅의 아홉 번째 정규앨범에 수록된 곡입니다. 빠르고 강한 힘 있는 곡조에 담긴 이 노래의 메시지는 빛과 어둠의 선명한 대비입니다. '빛의 자녀들이여', '빛으로 빛으로 빛으로', '이 세대의 어두움, 빛을 이기지 못하리', '우리를 그 빛으로 부르셨네', '어둠은 물러가리라 우리가 이 세상의 빛이 될 때'라는 가사를 반복하며 대비를 더욱 강조합니다.

물론 이 가사는 '너희가 전에는 어둠이더니 이제는 주 안에서 빛이라 빛의 자녀들처럼 행하라"는 에베소서 5장 8절의 차용입니다만 사도 요한이 말하는 빛과 어둠의 대비와 더 결이 맞죠. 오히려 그보다 한 발 더 나가서 우리가 빛이 되어야 한다고 말합니다. 속성, 정체성의 변환을 촉구합니다.

'잠자는 자여 깨어나 죽은 자 가운데서 일어나라'는 후렴도 그리스도인이 부활에 참여하는 것을 다룬 것처럼 보이지만 빛을 깨어난 생명으로, 어둠을 잠과 죽음으로 표현한 것입니다. 빛으로 시작해서 빛으로 끝나는 메시지의 일관성이 눈에 띕니다. 이 노래를 통해 부활에 걸맞은 삶, 빛으로 변한 삶이 되시길 소망해봅니다.

> 묵상 하는 기도
>
> 주님, 우리의 믿음 없음을 회개하며 주의 긍휼을 구합니다. 또한 지체들의 믿음 없음에 긍휼하지 못했던 우리의 모습 또한 회개합니다. 성령께서 부어주실 죄 사함의 능력을 소망합니다.

🕯 기억나게 하시고

📗 **교회력 본문**　누가복음 24:13-35

누가복음의 시작은 '데오빌로'라는 사람에게 예수님의 이야기를 알려주고, 그것이 사실임을 믿게 하려 쓴다고 되어 있습니다. 그리고 누가복음의 마지막 부분에서 예수님은 제자들의 마음을 열어주시며 성경을 깨닫게 하십니다. 오늘 교회력 본문의 예수님도 같은 이유에서 엠마오로 내려가는 두 제자를 찾아가십니다. 하지만 16절을 보면 그들은 '눈이 가려져서' 예수님을 알아보지 못합니다.

'눈이 가려졌다'라는 표현은 복음서 전체에서 아주 중요한 의미를 갖습니다. 주님은 겸손히 자기가 눈이 가려졌음을 인정하는 사람들에게는 구원을 선언하시지만, 자기가 볼 수 있다고 자신하는 사람들에게는 오히려 아무것도 모르고 있다며 책망하십니다. 오늘 본문에서 이 두 사람도 예수님과 관련해서 일어난 이 일들에 대해서 많은 이야기를 하지만 정작 그분을 알아보지는 못합니다. 한술 더 떠서, '어떻게 거기서 일어난 일을 모를 수 있냐'며 예수님을 다그치고, 예수님의 부활을 전한 여성들의 이야기까지 술술 풀어냅니다.

그때에 예수님께서 말씀하십니다. '미련하고 선지자들이 말한 모든 것을 마음에 더디 믿는 자들이여!' 강한 책망과 함께 예수님은 두 제자에게 구약 성경에서 자신을 두고 말한 내용을 풀어서 설명하시기 시작합니다. 그러다 함께 하게 된 저녁 식사 자리에서 예수님이 직접 잡히시던 그 유월절 밤 식사 때와 똑같이, 다시 한번 빵을 찢으시자 제자들은 드디어 그분의 말씀을 기억하게 됩니다. "내가 고난을 받고 죽임을 당하고 제삼일에 살아나야 하리라…"(눅 9:22)

누가 우리에게 이런 일을 하십니까? 사도행전 2장은 성령을 받아 너무나 담대하게 구약 성경을 가지고 예수 그리스도의 죽으심과 부활에 대해 이야기하는 베드로의 모습을 보여주고 있습니다. 그렇습니다. 예수님께서 약속하신 바로 그 성령께서 우리로 하여금 하나님의 말씀을 믿고 깨닫게 하십니다. 그런데 말씀을 깨닫는다는 것은 무슨 뜻일까요? 저는 어쩌면, 성령께서 우리 마음에 말씀을 통해 역사하시는 이유는 희미해져 가는 우리의 기억을 되살려내어 다시금 우리를 뜨겁게 하시려는 것이 아닐까라고 조심스럽게 생각해 봅니다.

시편 116:11에서 시인은 몹시 두려워 '믿을 사람 아무도 없다'라고 말했던 때가 있었음을 고백합니다. 우리는 어떤가요? 우리의 일상은 대체로 우리에게 호의적이지 않아 보입니다. 먹고살기 위해 하는 일은 때로 우리의 자존심을 짓밟습니다. 때를 맞춰 돌아오는 청구서는 내 모습을 마치 쳇바퀴에 올라탄 생쥐처럼 느껴지게 합니다. 그리고 믿었던 사람들은 웃으며 내 마음에 비수를 꽂습니다. 결국 중요한 때 내 편이 되어주지 않습니다. 이런 일상 속에서 우리가 붙잡은 예수 그리스도는 여러 사건들로 덧칠해지고 희미해져 갑니다.

바로 그때 성령께서는 그 유월절 밤, 차가운 공기를 타고 흐르는 적막을 깨웠던 '와삭'하고 빵 찢는 소리를 우리 마음에 들려주십니다. 처절한 실패감을 안고 엠마오로 내려가던 제자들의 마음을 다시 뜨겁게 하신 바로 그 순간을 우리 안에 재현하십니다. 그렇게 구원의 기억을 새롭게 하시고 다시 일상으로 나갈 힘을 얻게 하십니다. 이것이 성령의 역사입니다. 성령의 역사는 놀라운 기적을 일어나게 하는 힘이 아닙니다. 두려워하고 실패하는 우리, 내일 다시 저 괴로운 일상으로 나가야만 하는 우리에게 견딜 수 있는 하루치 힘과 용기를 공급하는 것입니다.

저는 이 본문을 볼 때마다, 우리 주님이 '츤데레'가 아닐까 하는 불경한 생각이 들곤 합니다. '미련한 자야!'라고 혼내시는 줄 알았는데 일일이 하나하나 성경을 풀어 설명해주시고, 밥도 안 먹는다고 하다가 결국 같이 먹어주시는 다정함을 발견합니다. 우리를 그 선하신 주님께로 인도하시는 성령님을 의지합시다. 그분이 오늘도 내일도 다시 우리를 살리실 것입니다.

"길에서 그분이 우리에게 말씀하시고, 성경을 풀이하여 주실 때에, 우리의 마음이 뜨거워지지 않았습니까?"(눅 24:32, 새번역)

은혜가 필요한 순간, 여러분 안에서 이 이야기가 또다시 경험되기를 축복합니다.

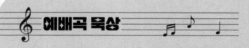

예배곡 묵상

21세기를 사는 우리에게 부활은 낯선 것이 아닙니다. 영화와 소설은 부활의 개념을 익숙한 것으로 만들어왔습니다. 사경을 헤매다 돌아오는 주인공들을 보면서 우리는 부활을 극적이긴 하지만 어렵지 않게 받아들입니다.

하지만 그리스도의 부활, 성경이 말하는 부활은 특별합니다. 그리스도의 부활 안으로 들어간 자들은 삶의 목적과 방향이 재조정되기 때문입니다. 그리스도의 제자들은 부활의 주님을 만나고 삶이 완전히 뒤바뀌었고, 우리 역시 마찬가지입니다.

그렇기 때문에 우리의 노래는 부활이 가진 기적의 측면만을 다루는 것으로는 부족합니다. 이전과 다른 삶을 살겠다는 결단을 반드시 수반해야 합니다. 이번주에는 부활을 노래하며 동시에 삶으로의 의지를 담아낸 노래를 소개합니다.

▌▌▌▌ 굳게 닫힌 돌문을 열고 (어노인팅 예배캠프 2016, 전은주 사/곡)

〈굳게 닫힌 돌문을 열고〉는 부활에 관한 대부분의 주제를 다루는 좋은 곡입니다.

첫 번째는 '부활에 대한 묘사'입니다. 곡의 처음 '굳게 닫힌 돌문을 열고 죽음을 이기셨다'는 표현은 로마 병사들이 힘겹게 육중한 돌문을 굴려 무덤을 봉인한 것을 상상하게 만들고, 마침내 그 돌문이 열린 부활의 아침으로 우리를 데려다줍니다. 부활을 가장 확실하게 드러내는 빈 무덤을 언급하는 동시에 그 문이 어쩌다 열린 것이 아닌, 누군가가 열었다는 것을 암시합니다.

두 번째는 그 문을 직접 여신 '부활의 주님에 대한 찬양'입니다. 후렴은 '사망권세 이기고 승리하신' 예수께서 '온 땅의 왕 주의 주'이시며 '언제나 온 땅 다스리네'라며 그리스도의 주권을 찬양합니다. 부활이 단순히 초자연적인 현상임을 보여주는 것이 아니라, 예수 그리스도가 곧 살아계신 하나님이신 것을 드러내는 믿을만한 증거임을 선포합니다.

마지막은 그 부활로부터 시작된 '부활생명을 가진 자의 삶'입니다. 굳게 닫힌 돌문을 열고 온 땅을 다스리시는 주님의 부활을 바라볼 때 우리는 비로소 '절망이 몰려올 때도', '우리의 인생이 덧없고 불안해도' 주를 바라볼 수 있습니다. 브릿지에서 '주의 죽으심과 함께 죽고 주의 사심과 함께 살리'라는 고백은 부활이 사망권세를 이겼음을 기뻐하는 데서 그치지 않고 우리가 사는 삶이 그리스도와 함께 누리는 부활생명임을 선포합니다.

부활을 기뻐하고 그리스도의 주되심을 선포하며, 동시에 우리의 삶을 변화시키는 이 곡을 통해 우리의 부활생명을 노래하는 한 주 되시기를 바랍니다.

> **묵상하는 기도**
>
> 주님, 당신을 만나고 느꼈던 그 설렘을 다시 기억나게 해주세요. 계속해서 말씀하시고 기억나게 하시는 당신의 목소리에 늘 귀 기울일 수 있도록, 우리의 마음과 환경을 다스려주세요.

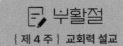
🕯 사도행전에서 읽는 구원의 참 뜻

📖 **교회력 본문**　　사도행전 2:42-47

부활 후 성령강림주일까지의 50일을 교회력에서는 '기쁨의 50일'이라고 부릅니다. 이 기간 동안에는 특별히 교회력 본문으로 '사도행전'을 함께 읽습니다. 왜 그럴까요? 제 생각은 이렇습니다. 앞선 설교들에서 성령께서 우리에게 기억을 회복시키신다는 이야기를 기억하시나요? 그런데 기억이란 단순히 과거의 것만이 아닙니다. 사실 기억은 우리로 하여금 미래를 보게 하는 힘이 있습니다. 기차를 타고 가다가 바깥 풍경을 본 적이 있나요? 풍경에 산자락이 완만하게 시작되는 것을 보면 누구나 '아, 높은 산이 보이겠구나'라고 생각할 수 있을 것입니다.

　주님께서 우리에게 구원의 기억을 주셔서 우리의 기억을 새롭게 하시는 이유는, 우리로 하여금 이제는 구원의 기억을 가지고 새롭게 미래를 겨눠 볼 수 있도록 하시기 위함이 아닐까요. 마찬가지로 성령강림주일을 기다리며 기쁨의 50일 동안 공동체가 사도행전을 함께 보는 이유도, 성령으로 인해 세워진 교회 공동체가 어떻게 세상을 향해 나아갔는지를 보고 우리네 교회의 미래를 그려보기 위함이 아닐까 생각합니다. 여러분은 사도들의 기록을 통해 어떤 미래를 보고 있나요?

오늘 사도행전의 이야기는 우리들에게 성령의 능력으로 성장해 가는 1세기 교회 공동체의 모습을 보여주고 있습니다. 흔히 교회 안에서 우리는 1세기 교회의 모습을 본받자고, 또는 그런 부흥이 다시 오기를 기원하는 설교나 기도를 흔히 접합니다. 아니, 1세기까지 갈 것도 없이 1907년 경에 있었다고 전해지는 평양대부흥 운동이라던가, 또는 7-80년대 산업화 시대의 한국 교회가 엄청난 속도로 양적인 성장을 했던 이야기를 종종 언급하기도 합니다. 그러나 그것이 오늘 교회력 본문의 이야기와 정말로 맞닿아 있을까요?

사도행전이 전해주는 1세기 교회의 모습은 우리가 들어왔던 '부흥'의 그것과는 사뭇 다른 분위기를 보여주고 있습니다. 여러분 왜 우리는 하나님의 '도'를 믿지 않는 이들에게 전해야 할까요? 우리가 전해야 할 바로 그 '도'란 대체 무엇입니까? 교회력 복음서 본문인 요한복음은 '나는 양들이 생명을 얻고 또 더 넘치게 얻게 하려고 왔다'(10:10)라고 말하고 있습니다. 또 교회력 사도서간 본문인 베드로전서는 '우리가 죄에는 죽고, 의에는 살게 하시려는 것입니다'(2:24)라고 말합니다.

우리가 전해야 할 바로 그 '도'의 핵심은 우리를 억압하고 있었던 '죄'의 지배가 끝났고, 대신에 예수님의 '의로운' 다스림이 시작되었다는 것입니다. 그리고 그 의로운 다스림이 우리에게 생명을 주고 살아가게 한다는 것입니다. 다시 말해 구원은 사람을 살리는 데 그 목적이 있다는 사실입니다. 만약 사도행전이 우리가 말하던 식의 '양적인 부흥'을 말하고 있었다면, 41절의 믿는 자의 수가 약 삼천 명이나 늘어났다는 데서 멈췄을 것입니다. 하지만 사도행전은 그 믿는 이들이 교회 안에서 어떤 삶을 살게 되었는지를 비춥니다. 교회는 예수님의 본을 따라가는 사도들의 삶을 배우고, 함께 빵을 찢으며(성찬을 나누며) 하나님을 기억하고(서로 교제하고) 기도했습니다. 그리고 47절은 이렇게 말합니다. '구원받는 사람을 날마다 더하게 하시니라'

우리들은 어느 순간부터 진정한 성령의 능력을 놓치고 있었던 것인지도 모릅니다. 성령의 능력은 숫자가 아니라 생명에 있습니다. 적어도 사도행전이 보여주는 그 생명은 교회당마다 사람들이 그득한 풍경을 보여주는 것 같진 않습니다. 대신에 죄의 삶에서 의의 삶으로, 죽음에서 생명으로, 단절에서 소통으로, 외로움에서 공감으로, 두려움에서 평안으로, 배고픔에서 배부름으로, 바깥에서 집으로, 흩어짐에서 모임으로, 슬픔에서 기쁨으로. 사도행전은 이렇게 단순히 숫자가 아닌, 구원의 참 의미를 경험한 이들이 교회 안에서 매일같이 태어나고 있었음을 보여주고 있는 것입니다.

교회에서 소모되고, 피폐해지고, 지치고, 상처받고, 이용당하고, 외로워지고, 차별받고, 말문이 막히는 것이 아니라 교회 안으로 들어온 사람들이 선한 목자이신 그분의 생명을 얻고 살아나기를. 우리를 사랑하셔서 먼저 생명의 길을 여시고 그 본을 보여주신 우리 주 예수 그리스도를 통해 간절히 소망합니다.

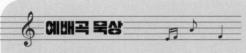

예배곡 묵상

▐▐▐▐▐▐ 비전 (예수전도단 8집, 고형원사/곡)

'요즘은 ○○○ 같은 직업이 비전 있지' 같은 말속에 담긴 '비전'이라는 단어가 원래부터 많이 사용됐던 건 아닙니다. 오래 전부터 사용된 건 더더욱 아니고요. '내다보이는 장래의 상황'이라는 사전적 의미는 비전의 열 번째 뜻으로 등재되어 있거든요. 그렇다고 영어의 vision을 직역한 표현도 아닙니다. 사실 이 말은 90년대 말 외환위기로 인한 고된 현실에서 눈을 돌리게 할 미래 지향적 신앙언어로 한국 교회에 퍼지기 시작했던 일종의 교회 방언입니다.

오늘 소개하는 이 노래가 발표되고 나서부터 '비전'이라는 희망의 언어는 전국에 있는 각 교회로 퍼져 나갔으며, 당시 유명했던 어느 댄스가수가 1999년에 같은 이름의 노래를 발표하면서 이 단어는 교회 바깥에서도 생명력을 갖게 되었습니다.

　그런데 대체 '비전'이란 뭘까요? '내다 보이는 장래의 상황'이라는 국어사전의 정의는 매우 모호한 것입니다. 보통 교회에서 '비전'이라는 개념은 '1인 1영혼 구원', '말씀으로 승리하는 교회' 같은 목회비전이나 목회자나 선교사와 같이 개인의 장래희망이나 소망을 이야기할 때 사용됩니다. 단순히 전망뿐 아니라 개인과 집단의 희망이 담겨있기도 합니다.

　하지만 아이러니하게도 이런 '비전' 붐을 불러일으킨 이 노래에서 말하는 비전은 조금 다릅니다. 무엇보다 이 노래 가사에 '비전'이라는 단어는 등장조차 하지 않습니다. 그래서 제목 자체가 노래와 동떨어진 인상을 줍니다. 하지만 도리어 그 지점에서 이 곡이 지니고 있는 가치가 드러납니다.

　이 노래에서 말하는 비전은 예언이나 계시에 가깝습니다. '십자가에서 쏟으신 그 사랑'이라는 표현에서 이 노래의 시점이 십자가의 사건 이후임을 알 수 있습니다. '각 나라와 족속 백성 방언에서'라는 요한계시록(7:9)의 인용은 이것이 계시록의 시선임을 보여줍니다. 그리고 노래의 후렴은 그 '각 나라에서 온 아무라도 능히 셀 수 없는 큰 무리'가 부르는 노래로 이어집니다. 이 노래는 섣불리 개인의 욕망과 신앙을 섞지 않고, 개인의 바람을 성경적인 표현으로 정당화하려는 시도조차 하지 않습니다. 우리가 보좌 앞에 모이고, 구원받고, 경배하는 것을 담백하게 노래할 뿐입니다.

이 곡이 말하는 '비전'이 바로 이것입니다. 우리의 욕망과 안락이 아니라 모든 사람이 구원에 이르는, 하나님을 찬양하는 그 관계론적 정점에 있는 경배의 순간이 반드시 찾아올 것이라는 소망 말입니다. 따라서 이 노래의 제목은 〈비전〉이 마땅합니다.

"구원은 보좌에 앉아 계신 우리 하나님과 어린 양의 것입니다"

(계 7:10, 새번역)

> **묵상하는 기도**
>
> 다가올 하나님 나라를 앞서 바라봅니다. 단절에서 소통으로, 외로움에서 공감으로, 두려움에서 평안으로, 고통에서 회복으로, 죽음에서 생명으로 들어오는 허다한 무리들을 바라보게 하소서.

🕯️ 눈에 보이지 않는 우상들에 대하여

교회력 본문   사도행전 7:55-60

오늘 교회력 본문 사도행전에 등장한 스데반은 지금 자기를 신성모독으로 고발한 이들 앞에서 무엇이 진정 하나님을 모독하는 것인지를 이스라엘의 이야기를 통해 보여주고 있습니다. 유대 종교 지도자들이 세운 거짓 증인은 특히 예수님께서 이 거룩한 곳, 바로 성전을 허물라고 말했던 것과 율법에 대해 새로운 해석을 내놓은 것을 증거로 삼아 스데반을 공격하고 있습니다. 하지만 스데반은 자신의 결백을 주장하는 대신에 그들이 붙잡고 있는 것들이 왜 잘못된 것인지를 차근차근 설명해주고 있습니다.

이야기의 핵심은 이것입니다. 아브라함, 이삭, 야곱, 요셉 그리고 모세에 이르기까지 하나님께서 어떻게 이스라엘을 이끌어 오셨는지, 그리고 이스라엘 백성은 어떻게 계속해서 하나님께 반항했는지를 이야기합니다. 그리고 그들이 성전이라는 우상을 숭배하고 있으며 여전히 조상들처럼 하나님께 반역하고 있다고 선언합니다. 그런데 그 순간 스데반은 하나님의 영광과 하나님 우편에 계신 예수님을 보게 됩니다.

이것은 좀 충격적인 대비입니다. 그들이 그렇게 목을 매고 권위를 지키기 위해 애쓰는 성전에는 이제 영광이 없고, 오히려 십자가에 달려 죽은 예수님께서 하나님 우편에서 그 충만한 영광 가운데 계신다는 것이죠. 그리고 이 성전에 대한 사형선고를 전달한 스데반은 분노한 회중들의 폭력에 의해 세상을 떠나게 됩니다. 도대체 그들은 무엇을 섬기고 있었던 것이었을까요?

당시 성전을 놓고 맹세하면 지킬 필요가 없지만, 성전에 '금'이나 '제물'을 걸고 맹세했다면 반드시 지켜야한다는 가르침이 있었습니다. 이는 성전의 주인이신 하나님은 안중에도 없고 그 안에 얽힌 금품에만 관심이 있었던 당시의 부패한 종교인들의 민낯이었습니다. 이에 대해 예수님께서는 율법학자들과 바리새파 사람들을 이렇게 책망하셨습니다. '어리석고 눈먼 자들아! 어느 것이 더 중하냐? 금이냐? 그 금을 거룩하게 하는 성전이냐?'(마 23:17)

이런 면에서 우상숭배를 타 종교의 신적 존재를 믿는 것으로만 생각한다면 큰 오해입니다. 우리는 하나님을 믿는다고 하면서도 동시에 다른 무언가를 하나님처럼 섬길 수 있습니다. 그것은 때로 어떤 사람이 될 수도 있고, 자신이 하는 일이나 지지하는 정치적 이데올로기가 되기도 하며, 집단의 유서 깊은 전통이 될 수도 있습니다. 무엇이 되었든, 그 대상이 개인이나 집단 안에서 절대화되고 모든 것에 우선하는 가치로 자리 잡으면 그곳엔 결국 우상숭배가 가진 파괴적인 결과가 나타나게 됩니다.

사람을 사랑하고 그들에게 복 주기를 원하시는 하나님은, 우상을 섬기는 이들이 자기들이 만들어낸 대상에게 오히려 착취와 억압을 당하리라는 사실을 아셨습니다. 우리 하나님은 고대로부터 제사라는 이름으로 행해진 수많은 살인과 그 제물을 충당하기 위해 벌어진 종교 전쟁, 성전이라는 이름 아래 행해진 착취와 수탈, 종교적인 학대, 신앙이라는 이름으로 강요되는 폭력, 전통이라는 이름으로 아무런 반성이나 의문 없이 내려온 의무들에서 우리가 자유롭게 되기를 원하십니다. 하나님은 우리를 사랑하셔서 구원하셨지, 또 다른 짐을 지어주고자 하지 않으셨습니다.

"수고하며 무거운 짐을 진 사람은 모두 내게로 오너라.
내가 너희를 쉬게 하겠다"(마 11:28, 새번역)

이미 영광이 떠난 성전 안에서 종교지도자들은 그 빈 영광을 채우기 위해 수많은 규칙과 율법으로 성전의 권위를 높이고자 애썼습니다. 어쩌면 우리도 중요하지 않은 것들을 위해, 하나님의 영광과 전혀 상관없는 것들을 지키기 위해 수많은 신앙의 규칙과 훈련들을 만들어 내고 있는 건 아닐까요. 우리가 스스로 만들어낸 영광에 눈이 멀어 제대로 주변을 보지 못하는 것은 아닐까요.

하나님을 따르는 삶이 여러분을 더 자유롭고 건강하게 가꾸어 갈 수 있기를, 즐거움과 기쁨으로 순종하는 길이 될 수 있기를, 우리의 선한 목자가 되신 예수 그리스도의 이름으로 축복합니다.

🎼 예배곡 묵상

현대 예배를 보면 전통적인 예배 영향 아래 있는 사람들은 모던워십을 메시지가 부실하다며 폄하하고, 반대로 모던워십의 영향을 받은 젊은이들은 전통예배가 고루하다며 몸서리를 칩니다. 혹자는 이런 예배에 대해 서로 다른 생각들의 충돌이 흡사 전쟁 같다고 해서 '예배 전쟁'이라는 표현을 쓰기도 합니다. 예배, 특히 예배음악에 대한 견해 차이는 세대와 지역, 교단을 기반 삼아 뿔뿔이 흩어져 드러나는 것 같기도 합니다.

이런 분열을 봉합하기 위한 여러 시도들이 있었습니다. 찬송가를 편곡하거나, 전통적인 악기나 연주를 도입해서 세대 혹은 문화적 차이를 극복하려는 노력들 말입니다. 이런 상황에서 성경의 텍스트를 그대로 가사에 담아내는 '스크립처송'의 가치는 더욱 빛이 납니다. 다양한 가치 판단 속에서 성경은 우리에게 늘 분명한 기준을 제시하기 때문입니다. 오늘은 교회력 본문 요한일서 4장을 담고 있는 스크립처송을 찾아봤는데요. 공교롭게 제목까지 똑 닮은 두 곡을 발견할 수 있었습니다.

▐▐▐▐▐ 사랑은 여기 있으니 Love is Here

(J-US, Love Never Fails, LAB·김지은·방민우·전원 사, 방민우 곡)

첫 번째 곡은 제이어스의 〈사랑은 여기 있으니〉입니다. 이 노래는 2016년에 발매된 'Love Never Fails'에 수록된 곡인데요. 요한일서 4:10, 19을 적절하게 한 문장으로 풀어낸 도입부(사랑은 여기 있으니 내게 찾아오셨네 그가 먼저 날 사랑하사 아들 보내주셨네)를 시작으로 그 사랑이 온 세상을 비추며, 동시에 영원까지 승리한다고 노래합니다.

▐▐▐▐▐ 사랑은 여기 있으니 Here is Love

(이길승, 2집; 아버지, 이길승 사/곡)

두 번째로 소개하는 싱어송라이터 이길승의 〈사랑은 여기 있으니〉는 전형적인 스크립처송이라고 볼 수 있습니다. '사랑은 여기 있으니 우리가 하나님을 사랑한 것이 아니요 오직 하나님이 우리 죄를 위하여 화목제로 그 아들을 보내셨음이라'는 가사는 요한일서 4:10을 통째로 옮겨 놓은 것이고, 2절도 약간의 대구만 있을 뿐 16절을 그대로 옮겨 놓았습니다.

두 곡이 참조한 요한일서 4장의 주제는 "사랑하는 자들아 우리가 서로 사랑하자"(7절)와 "하나님을 사랑하는 자는 또한 그 형제를 사랑할지니라"(21절), 즉 서로 사랑하라는 명령입니다. 하지만 두 곡 모두 '하나님의 사랑'을 다룹니다. 짧은 노래에 성경 한 장의 내용을 꼼꼼히 담는다는 게 결코 쉬운 일이 아닌 것 같습니다. 그래도 이렇게 성경 말씀을 직접 가사로 사용한 귀한 곡들이 창작되고 있어 반갑고 감사합니다. 이러한 '성경적인 노래'가 더 많이 창작되고 불려지기를 바라봅니다.

묵상하는 기도 주님 아닌 그 어떤 것도 나의 우상이 될 수 있음을 겸손히 고백하게 하소서. 나의 모든 것을 더욱 겸손히 의심하게 하시고, 늘 두려운 마음으로 나 자신과 주변을 점검하게 해주세요.

🕯 내가 다시 올테니, 이 땅에 있거라

📖 **교회력 본문**　사도행전 17:22-31, 요한복음 14:15-21

사도행전의 저자는 아테네에 도착한 바울이 '격분'했다고 이 야기합니다. 무엇이 그를 그렇게 화나게 했을까요? 그것은 도 시 전체에 가득한 신의 형상들 때문이었습니다. 성경은 바울 이 불타오르는 분노와 함께 광장에서 만나는 사람들과 날마 다 토론을 벌였다고 이야기합니다.

제 생각에 아마도 바울이 가장 견딜 수 없었던 건 그가 전하는 '예수 그리스도'조차 도시의 만신전(panteon: '모든 신들' 이라는 뜻의 헬라어)에 속한 수많은 신들 중에 하나로 이해하 는 태도였을 것입니다. '알지 못하는 신'마저 빼놓지 않고 섬 기며 수많은 신들을 포용하는 아테네의 분위기 속에서 바 울은 그저 '이유 없이 화난 외국인', '좀 이상한 사람', '새로운 사상을 전하는 사람' 정도로 보였을 것입니다.

그러나 바울이 전하는 이야기 중에는 그 포용력 있는 아테네 사람들마저도 품지 못하고 비웃은 내용이 있었으니, 바로 '부활'에 관한 이야기였습니다. 바울이 격분하며 날마다 토론을 벌인 이유입니다.

지금이야 우리는 성경의 이야기에 익숙하기 때문에 '부활'이 그렇게 이상하게 생각되진 않습니다. 그러나 바울 당시의 로마인들은 죽음을 '육체라는 감옥에서 영혼이 해방되는 것'으로 생각했기 때문에 바울이 전하는 얘기를 이해할 수 없었습니다. '아니 기껏 벗어났는데 다시 육체로 살아난다고? 굳이 왜?' 이런 식인 거죠.

오늘 교회력 복음서 본문에서 예수님은 죽음을 앞두고 제자들에게 '나는 너희를 고아처럼 버려두지 않고, 너희에게 다시 오겠다'(요 14:18)라고 말씀하십니다. 앞서 언급했듯이 당시 사람들에게 육체는 벗어나야 할 감옥이었습니다. 그러나 예수님께서는 '너희를 데려가겠다'라고 말씀하지 않으시고, '다시 오겠다'라고 약속하십니다. 이것이 만신전의 신들과 예수님의 가장 큰 차이점입니다. 바로 우리의 육체를 벗어나야 할 감옥이 아닌, 하나님의 성령이 우리와 영원히 함께 하시는 장소로 이해하신 것입니다.

부활은 결코 우리의 눈을 이 세상을 벗어나 도달하는 어떤 도피처, 또는 피안의 세계로 돌리지 않습니다. 부활의 참뜻은 이 세상을 이해하는 새로운 방식을 받아들이는 데 있습니다. 그것은 비록 악하고 더러운 일들이 많고, 이해할 수 없는 슬픔이 닥쳐오고, 갑작스러운 이별과 고통을 경험하지만 하나님이 세상을 포기하지 않았다는 사실을 믿고 계속 살아가는 것입니다. 이 땅을 더러워하지 말고 버리지 말아라, 여기서 계속 살아가라는 메시지입니다.

바울이 그랬던 것처럼 우리도 부활하신 예수님께서 말씀하신 세계와 눈에 보이는 세상의 경계선에서 경험하는 부조리 때문에 분노하게 됩니다. 하나님께서 말씀하신 부활의 세계, 승리의 세계, 정의와 평화의 세계는 대체 어디에 있는가 하고 말이죠.

제자들은 성령이 오시기까지 50일 동안 다락방 안에서 이런 질문들에 대한 답을 기다렸습니다. 부활하신 주님이 떠난 그때, 여전히 핍박과 두려움이 존재하는 세상에서 고작 120여 명 밖에 되지 않는 보잘것없는 그들이 과연 무엇을 할 수 있었을까요?

우리도 이 50일 동안 그들과 마찬가지로 우리의 자리에서 간절히 성령의 응답을 기다립니다. '주님, 언제까지 입니까?', '이 땅에서 어떻게 살아가야 합니까?', '우리에게 희망은 있습니까?', '부활하신 주님과 내 삶이 대체 무슨 관계가 있습니까?'라고 말이죠.

이 기다림 속에서, 이해할 수 없는 삶의 문제들 속에서도 우리 모두의 입에서 그분을 향한 간구와 노래가 멈추지 않기를 소망합니다. 이 한 주간에 다가올 여러 가지 기쁘고 슬픈 일상 속에서도 성령 하나님을 잊지 않고 기대할 수 있기를 바랍니다.

부활하셔서 세상을 다스리시는 정의로우신 하나님의 아들, 다시 오실 우리 주님 예수 그리스도의 이름으로 모두를 축복합니다.

🎼 예배곡 묵상 🎵

전 세계를 휩쓸었던 어느 바이러스가 '코로나19'라는 이름을 얻기 전, 그것은 2020년 초까지는 '우한 폐렴'이라 불렸습니다. 중국정부는 바이러스의 근원지로 지목된 우한을 봉쇄했고 아시아의 많은 나라들은 중국인의 입국을 금지해야 한다고 주장했으며, 유럽의 몇몇 나라에서는 아시아인을 바이러스라고 부르며 자국 내 아시아계 이민자들에게 폭력을 가하기도 했습니다. 세계는 혐오와 차별의 연쇄반응으로 인해 아수라장이 되었습니다. 팬데믹 기간은 정말이지 끔찍한 시기였습니다.

지금도 그 상황을 완전히 벗어났다고 말하기는 이릅니다. 여전히 특정 인종을 향한 증오범죄는 끊이지 않고 있습니다. 많은 사람들이 증오범죄에 노출될까 두려워하며 잠자리에 눕습니다. 우리는 인종뿐만 아니라 세대 간, 정치적 성향 간 그리고 다양한 계층 간의 차이로 대립하고 분열하는 시대 속에 살고 있습니다. 누군가는 어디에 소속되어 싸우고, 누군가는 그 싸움 사이에서 이리저리 방황합니다. 반면에 이방인 고넬료를 기꺼이 교회 커뮤니티 속으로 끌어안았던 베드로의 결단과 언어의 방화벽이 무너져버린 초대교회의 파격을 지금 우리에게서 찾기는 꽤나 어렵습니다.

🎹 Welcome Song
(WELOVE, WELOVE WELCOME HOME, 김강현 사/곡)

이러한 갈등과 다툼과 분열의 시대에 위러브에서 발표한 〈Welcome song〉은 기꺼이 '우릴 향한 주 사랑 차별 없네'라고 노래합니다. '세상 가운데서 환영받지 못한 자', '다른 이들에게 외면당하는 자', '모든 실패와 벽을 넘으신 주의 사랑' 같은 가사들은 그리스도의 사랑이 모든 이들에게 차별 없이 내리는 것임을 명확하게 이야기합니다. '주 사랑 안에서' 비로소 '자유를 외치'고, '하나로 연합'할 수 있음을 노래하는 〈Welcome song〉의 메시지는 팬데믹 시기를 넘어 지금까지도 적실합니다.

사실 이 노래는 위러브의 노래 중 잘 알려지지 않은 곡에 가깝습니다. 노래의 박자나 분위기가 기존에 들어왔던 예배곡과는 다소 상이합니다. 가사의 내용도 그렇고요. 그런데 오히려 이 낯섦이 이 노래의 가치를 드높입니다. 교회 밖에서 벌어지는 차별, 교회 안에서도 일어나는 갈등의 원인을 조금은 뼈아픈 가사로 다루지만, 비판하는 데 그치지 않고 그 해결책인 그리스도의 사랑까지 제시하니 말입니다. 이 노래의 낯선 분위기를 이해하고 익숙해지려는 노력을 기울인다면 그것이야말로 이 노래의 가치를 드러내는 일이 아닐까 싶습니다.

부활의 영이 자녀들과 노인들, 남자와 여자를 갈랐던 신분의 벽을 무너뜨렸고, 베드로에게 말씀하신 하나님의 영이 이방인과 유대인의 인종·문화적 갈등을 봉합했듯이, 우리 안에 동일하게 거하는 부활의 영, 그리스도의 옷이 우리를 하나 되게 하실 것을 소망해 봅니다.

**묵상
하는
기도** | 하나님 나라를 소망하는 부활의 참 뜻을 늘 잊지 않게 해주세요. 다시 오실 그리스도와 이 땅에 도래할 완전한 하나님의 통치를 갈망하는 자로 살아가게 하소서.

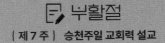
하나님 우리와 영원히 함께 하시네

교회력 본문 사도행전 1:6-14

오늘 교회력 본문 사도행전 1:8은 '성령님을 통해 얻게 될 권능'에 대해 이야기합니다. 우리는 대체로 이 권능을 어떤 영적인 능력이나 힘으로 이해하고 여러 가지 훈련을 통해 이 능력을 얻고자 합니다. 그러나 사도행전에서 말하는 '권능'은 그런 것이 아니라, 요한복음 17:11에서 예수님께서 기도하신 '삼위 하나님과의 하나 됨'을 뜻합니다. 이 말씀은 성령 하나님을 통해 성경 전체가 말하는 '내가 너희와 함께 하겠다'라는 하나님의 약속이 이루어질 것을 의미합니다.

"내가 내 성막을 너희 중에 세우리니 내 마음이 너희를 싫어하지 아니할 것이며 나는 너희 중에 행하여 너희의 하나님이 되고 너희는 내 백성이 될 것이니라"(레 26:11-12)

예수님의 이름을 통해서도 이 약속을 확인할 수 있습니다.

"보라 처녀가 잉태하여 아들을 낳을 것이요 그의 이름은 임마
누엘이라 하리라 하셨으니 이를 번역한즉 하나님이 우리와 함께
계시다 함이라"(마 1:23)

그럼 하나님은 대체 어떤 방법으로 우리와 함께 하실까
요? 눈에 보이지 않는 분이 우리와 함께 한다는 이야기가 대
체 어떤 의미가 있는 걸까요? 우리는 예수님의 부활과 승천
에서 그 실마리를 찾을 수 있습니다. 혹시 부활하신 예수님
의 '몸'에 대해 생각해 본 적이 있으신가요? 도마에게 상처에
손을 넣어보라 하신 것을 보면, 주님은 부활하실 때 그 상처
와 아픔을 간직하신 채로, 그리고 그 몸 그대로 부활하셨다
는 것을 알 수 있습니다.

승천하셔서 우리를 위해 중보하시는 예수님의 몸은 성경
의 기록을 따르면 찢기고 상처 입은 그대로이십니다. 피조물
의 채찍에 뜯기고 창에 찔려 움푹 파인 상처와 제자들에게
배신당하고 억울한 판결을 받고 조롱과 욕을 당하신 기억을
그대로 갖고 계십니다. 이것이 바로 '함께하심'의 핵심입니다.

하늘 보좌에서 우리를 위로하시는 예수님은 우리와 전혀
관계없는 차가운 신이 아닙니다. 사람을 사랑하다 못해 그
사람의 아픔을 깊이 경험하고 그 고통에 공감하는 '사람이

되신 예수님', 이것이 하나님께서 우리와 함께 하시는 방식입니다.

우리가 믿는 하나님은 우리를 아십니다. 믿었던 사람에게 배신당하고 아파하는 우리의 마음을 아십니다. 윗사람에게 폭행과 폭언을 당하는 우리의 몸과 마음을 아십니다. 철저히 혼자 남은 외로운 그 자리에서 홀로 울면서 기도하는 것이 무엇인지를 아십니다. 갈릴리의 일용직 노동자였던 그분은 억울하게 알바비를 떼이고도 하소연할 곳이 없어 답답한 것이 무엇인지를 아십니다. 가장 절망스러운 순간 가장 사랑하던 이에게 외면당하는 고통을 아십니다.

인간의 가장 어두운 밤이 무엇인지를 아시는 분이 바로 위로자이신 예수님이십니다. 그런 예수님이 우리를 위해 중보하십니다. 하나님께서 우리를 아신다는 말은 '그냥 하는 말'이 아니라, 삶의 깊은 경험에서 우러나오는 진심 그 자체이십니다. 하나님은 정말로 '사람'이 되셨습니다.

고통과 불안 속에서 우리는 때론 십자가를 부수고 내려와 슬퍼하는 제자들을 구해주시는 강력한 예수님을 기대합니다. 그러나 예수님은 그 대신에 묵묵히 고통의 자리를 지키십니다. 진짜 사람이 되어 영원히 우리와 함께 하기 위해, 그 고통을 피하지 않고 그 몸에 전부 받아들이십니다. 왜요? 우리와 상관있는 사람이 되기 위해, 우리의 불안에 참여하기 위해, 우리 인생에 진심으로 함께 하시기 위해서입니다.

우리의 불완전한 삶에 함께 하시는 것을 영광스럽게 여기시는 분, 그러기 위하여 승천하시고 성령을 보내시는 분, 충만한 사랑 그 자체이신 예수 그리스도께서 우리와 영원히 함께 하십니다. 그 '권능'을 매일 기억하고 경험하시기를 예수님의 이름으로 축복합니다.

예배곡 묵상

티키타카는 축구에서 짧은 패스로 이뤄지는 유기적인 플레이를 가리키는 말입니다. 요즘은 꼭 축구가 아니더라도 일상생활에서 합이 잘 맞으면 '티키타카가 잘 된다'고 이야기합니다.

삼위 하나님께서도 상호 간에 티키타카하시는 모습을 볼 수 있습니다. 성경 전반에 걸쳐 그 흔적이 나타나지만, 그리스도의 승천과 오순절 성령강림을 다룬 사도행전 1, 2장이야말로 '신적 티키타카'의 정점입니다.

실점위기에서 공을 걷어낸 성자와 성령이 공을 주고받으며 칭의의 하프라인을 넘습니다. 성자는 성령의 강림을 약속하고 성령은 성자가 그리스도인 것을 보증하며, 전방으로 넘어온 공이 이제 제자들과 우리에게 넘겨집니다. 우리는 과연 이 게임에 잘 동참할 수 있을까요?

||||||| 이것이 영원한 삶

(어노인팅, 예배자의 노래 2집, 김재우·전은주 사/곡)

> "영생은 곧 유일하신 참 하나님과 그가 보내신 자 예수 그리스
> 도를 아는 것이니이다"(요 17:3)

예배자의 노래 2집을 통해 발표된 이 곡을 들으면 요한복음
의 말씀이 떠오릅니다. '영생'이라는 딱딱한 한자어 대신 '영
원한 삶'이라는 표현을 사용했습니다. '영생'이라는 익숙한 단
어를 '삶'으로 바꿨을 뿐인데, 막연한 미래의 일이 아닌 오늘
의 순간까지도 포괄하는 개념으로 느껴집니다.

이 영원한 삶은 '태초에 관계가 있었다'는 말의 삼위일체
적 변주, 곧 '영원한 사귐'에 기반한 것입니다. 예수님께서 아
버지와 서로 안에 거하셨던 사귐처럼, 예수님은 제자들도 그
사귐 안에 들어오기를 원하셨습니다. 이 곡은 요한복음 14
장에 나오는 예수님의 기도가 우리에게 '초대'가 되어 그분을
누리는 삶, 그분 안에 거하는 영원한 삶으로 자라나는 것을
노래합니다.

인격적인 사귐이란 서로의 존재를 있는 그대로 용납하고
품어주는 것을 말합니다. 하지만 우리는 때때로 교회 안에서
스스로를, 또 서로를 기능적으로만 소비하는 때가 있음을 발
견합니다. 하지만 성부 하나님과 성자 예수님이 서로를 존재

그대로 사랑하시며 사귐을 가지셨듯, 우리 또한 '날 지으신 대로, 날 부르신 대로' 주님과 사귀는 것을 경험하고, 서로를 있는 그대로 사랑하는 사귐을 가질 수 있음을 이 노래를 통해 발견할 수 있으면 좋겠습니다.

다시 처음 상황으로 다시 돌아가보자면, 결국 성자와 성령의 티키타카로 칭의의 하프라인을 넘어 우리에게 온 공은 이제 우리와 하나님의 연합의 크로스, 친밀한 교제의 헤더를 통해 성화와 영화의 득점으로 이어집니다. 성삼위 하나님의 팀워크가 모든 믿는 자들의 팀워크로 확장되고, 그것이 우리의 구원이 될 수 있기를 소망합니다.

묵상 하는 기도	주님, 고통과 불안 속에서 우리와 함께하시는 하나님을 바라봅니다. 우리의 연약함을 체휼 하시는 주님, 그렇게 하심으로 우리와 함께하시는 주님을 찬양합니다. 감사합니다. 그리고 사랑합니다.

◇◇◇

성령강림절

비축제기간
(삼위일체주일 – 성령강림 후 마지막 주)

성령강림절은 오순절 날에 모인 성도들에게 성령께서 강림하신 것을 기념하는 절기입니다. 성령강림절기는 대림절 전까지 약 6개월의 기간으로 교회력에서 가장 길며, 성령강림주일 바로 다음 주일인 삼위일체주일부터 대림절 직전까지 6개월의 기간은 특별한 절기들이 포함되지 않아 '평주일' 혹은 '비축제 기간'이라고도 불립니다. 비록 특별한 절기들이 없어 다소 평범해보일 수 있는 기간이지만, 비축제기간은 성령의 강림으로 시작된 교회가 성장해 나가는 시간을 의미하는 중요한 기간입니다.

🕯 성령님, 우리 눈을 열어주소서

교회력 본문   사도행전 2:1-21

지금은 어떤지 잘 모르지만, 저는 기타를 처음 배울 때 G코드 곡들을 먼저 배웠습니다. 기타를 가르쳐 줬던 교회 형이 연습하라고 했던 곡이 바로 〈마지막 날에〉였습니다. '마지막 날에…'로 시작되는 가사는 '예언, 환상, 꿈'에 대한 기대를 다루고, '성령이여 우리에게 임하소서'라는 요청으로 마무리됩니다.

이때까지만 해도 저는 이 노래처럼 성령이 우리 안에는 평소에 안 계시거나 약해져 있다가, 우리가 기도나 찬양을 하면 성령이 다시 우리 안에 들어와서 충만해지는 식으로 이해했었습니다. 그러나 우리 생각과 다르게, 오늘 사도행전 2장에서 선지자 요엘을 인용하여 말씀하신 성령의 강림은 '마지막 날'에 이루어지는 다시 반복되지 않을 처음이자 마지막,

단 한 번의 유일한 사건으로 소개됩니다. 그렇다면 이 '마지막 날'이란 대체 어떤 뜻일까요?

'마지막 날', 또는 '종말'이라는 말을 우리는 예수님이 다시 오시고 최후의 심판이 이루어지는 인류 역사, 또는 창조 세계의 마지막으로 이해합니다. 하지만 예수님 당시의 사람들은 이 '종말'을 어느 한 '순간'이 아닌 '기간'으로 이해했습니다. 이스라엘 민족은 바벨론 포로기 이후 계속해서 외세의 침략과 식민 지배를 받으며 고통받았던 시기를 '악의 시대' 또는 '이 시대'라고 불렀고, 구원자가 와서 그 악한 지배자들을 다 몰아내고 새롭게 이스라엘을 다스릴 그때를 '마지막 날' 또는 '올 시대'라고 불렀습니다.

그래서 요엘 선지자가 말한 '마지막 날'은 구원자가 와서 악한 세력들을 몰아내고 선한 다스림을 회복하는 시대, 곧 그 새로운 시대의 시작을 가리키는 것입니다. 오늘 교회력 사도행전 본문에서 베드로 사도는 사람들에게 그날이 왔고, 성령의 오심이 그 시대의 시작을 알리는 신호탄이라는 사실을 구약 성경을 통해 알려주고 있는 것입니다. 따라서 성경이 말하는 '마지막 날'이란 미래에 올 어느 한순간이 아닌 바로 예수님의 오심으로부터 지금까지의 모든 날을 말합니다. 다시 말하자면, 우리는 지금 종말을 살아가고 있는 것입니다.

이어서 베드로 사도는 사람들에게 '예수의 이름으로 세례(침례)를 받고, 죄 용서를 받으라'고 권면하고 그러면 '성령을 선물로 받을 것'이라고 약속합니다. 그렇습니다. 베드로 사도의 말씀처럼 성령 하나님은 우리가 부를 때마다 오고, 우리가 뭔가 거룩한 삶을 살지 않으면 떠나는 분이 아니십니다. 우리의 영적인 상태에 따라 흔들리는 그런 분이 아니라는 것입니다.

앞서 말씀드렸듯이 성령 하나님은 창조로부터 우리와 함께 있고 싶어 하시는 하나님의 뜻을 이루는 분입니다. 성령 하나님은 예수 그리스도를 믿는 모든 자와 함께 하시며 결코 떠나지 않는 분이십니다. 우리의 어떠함과 상관없이 우리와 함께 하시며, 우리를 돌보시며, 매일을 살아갈 능력과 용기, 그리고 생명을 불어넣으시는 분이십니다.

베드로 사도는 설교의 마무리에서 '이 비뚤어진 세대에서 구원을 받으라'고 이야기합니다. 진정한 성령의 능력은 바로 여기에 있습니다. 예언을 하고, 환상을 보는 등의 특별한 무언가를 성령의 능력이라고 생각하지 않으셨으면 좋겠습니다. 성령의 능력은 다락방에 숨어 있던 제자들을 밖으로 뛰쳐나가게 하는 것입니다. 세상에 대하여 담대함을 갖도록 하는 능력입니다. 비뚤어진 세상으로 나아갈 용기를 주는 것입니다.

제자들을 둘러싼 환경은 성령께서 오시기 전과 전혀 달라진 것이 없었습니다. 여전히 예수님을 못 박은 이들이 존재하고, 로마의 식민 지배는 끝나지 않았고, 그리스도를 따르는 제자들의 수는 여전히 소수였습니다. 그러나 성령께서 제자들 안에 함께 하시며 그들이 보는 풍경을 바꾸어 놓으셨습니다. 세상을 보는 새로운 눈, 관점을 열어 주신 것입니다.

다소 안타깝지만 이처럼 우리가 믿음을 가졌다 한들 우리를 둘러싼 환경이 극적으로 변하는 일은 거의 없을 것입니다. 그래서 때로는 우리의 신앙이 그저 정신 승리하는 것에 그치는 것은 아닌지 고민이 됩니다. 그러나 성령께서 제자들의 눈을 뜨게 하셨던 것처럼 오늘 우리에게도 새로운 시각을 허락하고 계심을 믿으시기 바랍니다.

성령께서는 비록 당장 문제가 해결되지는 않더라도, 삶의 무게에 짓눌린 우리가 새로운 길을 발견하도록 도와줄 것입니다. 그래서 수많은 실패로 굳어진 생각이 풀려 새로운 미래를 꿈꾸게 될 것입니다. 그렇습니다. 삶의 익숙함과 막막함을 뚫고 신선한 빛을 비춰주시는 분, 새로운 시대를 여시는 하나님의 영, 성령 하나님의 역사가 저와 여러분의 삶에 분명히 나타날 것을 믿습니다.

성령이 오셨습니다. 그리고 그 성령이 우리와 영원히 함께 하십니다.

찬양을 인도하고 선곡하는 사람이라면, 또 교회력에 맞춰서 선곡하려는 사람이라면 의외로 곤란해지는 절기가 왔습니다. 바로 이번 주, 성령강림주일입니다. 수많은 노래가 있지만 성령에 관한 노래를 찾을 때 발견하게 되는 건 하나같이 목소리를 높여서 '성령이여, 어서 오소서'라고 갈구하는 정서의 곡들 뿐인 경우가 대부분입니다.

회중 예배에서 성령을 '부르면 오고, 부르지 않으면 오지 않는 비인격적인 존재'로 격하하는 우를 범하지 않기 위해서 고를 수 있는 곡은 제한적입니다. 가뜩이나 적은 찬양 중 신학적 오류를 피하면서 동시에 깊이 있는 메시지를 담은 곡을 찾기란 쉽지 않습니다. 하지만 우리에겐 방대한 믿음의 유산이 있는데 바로 찬송가입니다. 이번주는 찬송가 한 곡과 거기에서 영감을 얻은 한 곡을 소개합니다.

🎹 빈들에 마른 풀같이

Showers of blessing (Daniel Webster Whittle 사/곡)

성령과 관련된 곡 중에서 제일 잘 알려진 곡은 아마 찬송가 183장 〈빈들에 마른 풀같이〉일 겁니다. 쉬운 리듬과 친숙한 멜로디, 과격하지 않은 가사들이 지금 시대의 정서와도 어긋나지 않아 많이 불리는 것 같습니다.

이 노래에는 특별한 점이 있는데 바로 원곡에는 '성령'을 암시하는 가사가 전혀 없다는 것입니다. 제목도 직역하면 '복이 내리는 것'이 전부고 '주님이 약속한 성령'이나 '성령의 단비', '갈급한 내 심령 위에 성령을 부으소서'와 같은 가사는 원어 가사에는 없고 거의 한국어 창작에 가깝습니다.

원곡자가 안다면 당혹스러울 일이겠지만, 이미 한국의 크리스천들에게 수십 년간 불려온 맥락에서 성령이란 말을 덜어내는 건 불가능합니다. 이미 오래도록 한국 교회 안에서 불려오면서 수백만의 고백을 대변해온 공로를 인정하지 않을 수 없으니까요. 오히려 성령이 한번 강림하시면 모든 게 다 해결될 것처럼 말하는 우악스러움이 느껴지지 않는다는 점에서 유익합니다. 단지 앞에서 언급된 것처럼 성령 하나님께서는 우리의 호출에 따라오고 가시는 분이 아니기에, 우리의 간구에 따라 '내려와야 하는 무언가'란 인식에 빠지지 않도록 주의하며 부르면 좋겠습니다.

🎹 성령을 부으소서 (모던힘스, 이대귀 사/곡)

이대귀의 〈성령을 부으소서〉는 위 찬송가의 가사를 차용한 곡입니다. 찬송가 183장의 가사를 거의 그대로 인용했지만, 동시에 감각적으로 재해석된 멜로디가 매력적입니다. 이대귀의 곡들이 대체로 그러하듯, 가사의 양이 적지 않습니다. 하지만 이미 익숙한 찬송가의 가사와 매끄러운 멜로디를 따라

가다 보면 그다지 어렵지 않게 따라 부를 수 있습니다. 후렴 가사에는 '온전한 경배와 찬양하게 하소서'라든지 '주님의 나라를 우리 보게 하소서'같이 현대 예배곡에서 많이 활용되는 가사가 담겨 있어서 다른 곡들과 함께 불러도 위화감이 거의 들지 않습니다.

매일, 매주 수십 곡의 예배곡이 발표됩니다. 그런데 특정 절기를 맞이하게 되면, 정작 중요한 신앙적/신학적 주제를 다룬 곡들을 찾기가 의외로 어렵습니다. 이번 성령강림주일처럼 말이죠. 하지만 의외로 시간을 들여 잘 찾아보면 숨겨진 보물들이 많습니다. 수많은 노래들 속에서 우리에게 필요한 건 새로운 노래가 아닌 우리의 부지런함과 성경에 근거한 올바른 신앙의 (신학적) 눈이 아닐까 생각해 봅니다.

묵상
하는
기도 | 주님, 진정한 성령의 능력을 구합니다. 미움과 증오를 넘어서는 사랑, 길이 보이지 않는 상황 너머를 감사하며 긍정할 수 있는 믿음을 간절히 구합니다. 참된 성령의 은사를 사모합니다.

🕯 성령 안에서
우리는 연결되어 있습니다

📖 **교회력 본문**　　고린도후서 13:11-13

강단에 선 목사님의 양손이 높게 올라갑니다. 벌써 내 몸은 장의자 끝자락에 반쯤 걸쳐있습니다. '이제는…' 됐습니다! 조금만 기다리면 이제 곧 예배가 끝납니다. '주 예수 그리스도의 은혜와… 하나님의 사랑하심과… 성령의 교통이… 우리 모든 ○○교회 성도들 머리머리 위에 이제부터 영…원토록 있을지어다… 아멘…' 아멘을 마치기 무섭게 나는 뛰쳐나갑니다. 전도사님이 그런 나를 불러 세웠지만 어림없습니다. 이제 나는 자유입니다!

오늘 교회력 본문 고린도후서 13:13은 민수기 6:24-26과 함께 매주 예배 때마다 늘 듣는 성경 구절입니다. 어쩌면 요한복음 3:16보다 더 많이 들었을지도 모르죠. 바로 주보의 맨 마지막에 자리 잡은 '축도'입니다. 축도는 그 이름 때문에

'복을 비는 기도'로 생각하기 쉽지만 사실은 기도보다는 '선언'에 가깝습니다. 다시 말해 '복 주세요'가 아니라 '이미 복을 주셨습니다'라는 뜻입니다.

예배를 마치고 돌아가는 이들에게 우리는 이미 하나님이 주신 복을 누리고 있는 존재라는 사실을 다시 한번 기억하게 하는 것입니다. (축도하는 목사님이 복을 주는 것이 아닌, 이미 주어진 복을 상기시키는 것임을 꼭 기억하면 좋겠습니다) 그래서 설교문 처음에 등장한, 축도와 함께 뛰쳐나간 친구도 사실 그 복에서 빠진 것은 아닙니다. 누군가 그 친구에게 이 사실을 알려 주면 좋겠네요.

자, 그렇다면 축도를 통해 우리가 기억하게 되는 '하나님의 복'은 무엇일까요? 오늘 교회력 본문에서는 '예수 그리스도의 은혜', '하나님의 사랑', '성령의 사귐'이 우리와 함께 있을 것이라고 말합니다. 짧은 시간에 이 세 가지를 다 설명하기는 불가능하기에 간단히 이렇게 이야기하려고 합니다.

성부 하나님은 사랑의 시작이시고,
성자 예수님은 그 사랑을 우리에게 은혜로 주셨고,
성령님은 우리와 함께 하시며 시작된 사귐을 계속 지키신다.

성부 하나님은 사랑 그 자체이십니다. 그리고 그 넘치는 사랑으로 예수님을 사랑하십니다. 동시에 성령님은 그 사랑을 잇는 끈이 되셔서 영원토록 서로를 사랑하시고, 서로를 통해 만족과 기쁨을 누리십니다. 우리가 이 삼위일체, 세 분으로서 하나이신 하나님의 관계를 말로 다 설명할 수는 없겠지만, 분명한 것은 하나님은 이 사랑의 관계로 우리를 초청하고 계신다는 사실입니다. 이것이 축도가 선언하는 우리를 향한 '복'입니다.

고린도 사람들에게 쓴 바울의 편지는 사실 걱정과 책망으로 가득 차 있습니다. 고린도 교회는 여러 기적과 은사가 많이 나타나고 경제적으로 부유했던 겉모습과는 다르게, 속으로 파벌, 우상 숭배, 음행 등 여러 가지 심각한 문제를 안고 있었기 때문이었습니다. 그런 걱정 가득한 편지 마지막에 바울은 교회가 받은 복이 무엇인지를 다시 알려주고 있습니다. '우리는 하나님의 사랑으로 서로를 사랑하기 위해 초대받았다'고 말이죠.

우리도 기억하면 좋겠습니다. 우리가 모이는 이유는 예배 모임에 참석하기 위해서가 아니라 서로를 사랑하기 위해서입니다. 우리가 직접 만나기 어려운 팬데믹 상황 속에서도 서로를 향한 관심과 기억의 끈을 놓지 않았던 것처럼 말입니다.

바울이 그 먼 곳에서 고린도의 성도들을 위해 편지를 전한 것처럼, 우리도 우리의 사귐을 지키시는 성령님을 믿고 서로를 향해 사랑을 전합시다. 카톡, 전화, SNS, 이모티콘, 선물도 가능하겠지만 무엇보다 서로 만날 수 있다면 더 좋겠지요! 우리가 비록 몸은 떨어져 있지만 성령 하나님의 하나 되게 하시는 끈이 지금도 저와 여러분, 그리고 삼위 하나님을 연결하고 있음을 믿으시기 바랍니다. 본문의 한 구절로 이야기를 맺겠습니다.

"끝으로 말합니다. 형제자매 여러분, 기뻐하십시오. 온전하게 되기를 힘쓰십시오. 서로 격려하십시오. 같은 마음을 품으십시오. 화평하게 지내십시오. 그리하면 사랑과 평화의 하나님께서 여러분과 함께 하실 것입니다"(고후 13:11, 새번역)

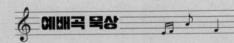

예배곡 묵상

사도신경은 비록 성경에 나오는 것은 아니지만 주기도문만큼이나 잘 알려져 있습니다. 몇몇 교단에서는 성경에 나오지 않는다는 이유로 성경만큼의 권위를 두지 않으려 합니다만 신경이 만들어지게 된 이유와 그 공로를 생각하면 함부로 폄하되어선 안 되는 공교회의 소중한 신앙의 유산입니다. 반면에 사도신경을 자주 외우는 대다수 교단의 상황도 어떤 의미에선 많이 다르지 않습니다. 그 의미를 묵상하기보다 기계적으로 읊는 것에서 그치는 때가 많으니까요.

초기 교회는 다양한 이유와 경로로 공격을 받았습니다. 그중 가장 매서웠던 것이 초기 이단의 신학적인 공격이었습니다. 그들 중에는 그리스도의 성육신을 부정하거나, 인간인 예수가 신의 아들로 입양되었다고 주장하는 사람들도 있었습니다. 마구잡이로 일어나는 이단들 속에서 초기 성도들은 자신들이 믿는 바를 정리해야만 했고, 그것이 신경(creed)이 되었습니다.

사도신경이 다루고 있는 여러 이슈 중 가장 중요한 것은 단연 삼위일체입니다. 애초에 딱 떨어지게 명확한 논리로 설명할 수 있는 교리가 아닙니다. 이 개념에 대해 물을 때 '제대로' 대답할 수 있는 기독교인은 그리 많지 않을 겁니다.

이런 연유로 우리가 부르는 노래 중 삼위일체를 다루는 노래는 많지 않습니다. 교리 자체를 설명하는 것은 고사하고 성부, 성자, 성령이 각기 다른 노래에 파편적으로 존재하는 경우가 많고, 혹 한 노래 안에서 설명하고 있다 하더라도 '삼위의 하나님, 아바, 성령, 예수'하면서 슬쩍 언급하는 게 고작입니다. 우리가 부르는 삼위일체에 관한 찬양이 '찬양, 성부, 성자, 성령'하는 이 곡뿐이어야 할까요? 뭔가 새롭게 삼위일체를 노래할 수 있지 않을까요?

🎹 지극히 높으신 주 King of Kings

(Brooke Ligertwood, Jason Ingram, Scott Ligertwood 사/곡)

오늘 소개하는 〈지극히 높으신 주〉는 2019년에 발표된 힐송의 28번째 앨범에 수록된 곡입니다. 이 노래는 삼위일체의 의미를 다루기 위해서 반드시 기계적으로 '삼위일체'라는 단어를 넣지 않아도 된다는 걸 보여준다는 점이 좋습니다.

'소망 없고 빛도 없는 어두운 세상'을 바라보며 시작하는 노래는 곧바로 '예언하신 약속대로 말씀이 육신 되어 하늘 영광 버리시고 이 땅으로 오셨네'라고 고백하는데, 이는 요한복음의 세련된 변주입니다. 말씀이 계셨던 태초로부터 시작되는 이 노래는 그리스도의 십자가와 부활을 다루고는, 성령이 다스리는 교회의 시작과 복음의 영원성을 선포하는 데까지 이릅니다.

네 절로 이뤄진 노래를 관통하는 후렴은 삼위 하나님에 대한 경배로 채워져 있습니다. 'Praise the Father / Praise the Son / Praise the Spirit three in one' 한국어 가사에서는 '찬양하세 우리 주 삼위일체 하나님'으로 축약되긴 했지만, 복음의 시작부터 십자가, 부활, 교회로 이어지는 모든 구속의 역사가 삼위일체 하나님의 주권 속에서 이뤄졌음을 강조합니다.

예배를 '하나님의 계시'와 '인간의 반응'이라는 관점에서 볼 때, 이 노래는 아주 좋은 예배곡이라고 할 수 있겠습니다.

1-4절에는 계시적인 '복음'을 담아내고, 후렴에서는 경배의 반응을 담아내고 있으니 말입니다.

우리의 노래는 우리의 신앙과 신학을 반영합니다. 매년 절기가 되면 우리는 몇 년, 아니 몇십 년 동안 반복되었던 노래를 한 번 더 반복합니다. 전통이라고 생각할 수도 있겠습니다만 이런 현상은 우리가 부르는 노래가 한정적이라는 반증이 될 수도 있겠습니다.

우리는 무슨 노래를 부르고 있습니까? 무슨 노래를 불러야 할까요? 회중의 분위기를 고려하고 음악적으로 어울리는지를 고민하는 것도 중요하지만 어떠한 메시지와 내용이 담겼는지를 숙고하는 일도 중요한 것 같습니다. 성경 말씀을 묵상하듯 예배곡 역시 묵상하며 부를 수 있기를 소망해 봅니다.

묵상 하는 기도	서로를 너무나 사랑하셔서 그 사랑 안에 완전히 하나로 존재하시는 하나님, 그 사랑에 초대받은 우리도 지체와 이웃을 사랑하고 이 관계로 그들을 초대할 수 있게 해주세요.

기적 없이 산다는 것

교회력 본문   마태복음 9:35-10:5, (9-23)

'기적이 일상이 되는 삶'이란 말을 들어보신 적이 있으신가요?

저는 정말 진심으로, 마음 깊이 이 말이 이루어지길 바랐습니다. 그러나 오랜 시간 곰곰이 생각해보니 '기적'이란 곧 '비일상', 다시 말해 일상이 망가져야만 얻을 수 있는 기회였습니다. 일상의 파괴가 없이는 기적이 요청되지 않습니다. 그렇게 생각하자 저는 이 말이 너무 무섭게 들렸습니다. 오늘 본문이 보여주는 신약의 풍경은 바로 이런 기적이 요청되는 '비일상'으로 가득 차 있습니다. 귀신 들린 사람들, 병과 장애를 가진 사람들, 식민지의 억압, 굶어 죽는 사람들…

예수님께서는 그런 유대의 여러 도시와 마을을 다니시며 하나님 나라가 왔음을 가르치심과 동시에 그 증거로 사람들의 병과 약함, 즉 그들의 삶을 고쳐주십니다. 이 광경은 선지자 이사야가 한 말과 깊은 관련이 있습니다.

"주님께서 나에게 기름을 부으시니, 주 하나님의 영이 나에게 임하셨다. 주님께서 나를 보내셔서, 가난한 사람들에게 기쁜 소식을 전하고, 상한 마음을 싸매어 주고, 포로에게 자유를 선포하고, 갇힌 사람에게 석방을 선언하고, 주님의 은혜의 해와 우리 하나님의 보복의 날을 선언하고, 모든 슬퍼하는 사람들을 위로하게 하셨다"(이사야 61:1-2, 새번역)

예수님께서 누가복음 4장에서 하나님 나라의 복음을 전파하는 사역을 시작하실 때 이 말씀을 그대로 인용하십니다. 예수님께서 마지막 날(세상의 끝이 아니라고 앞서 말씀드렸죠)에 오셔서 시작하신 일은 죄의 권세에 사로잡혀 포로가 된 사람들을 자유롭게 풀어주시는 것이었습니다. 성경에는 귀신을 쫓아내거나, 병을 낫게 하는 등의 다양한 기적이 등장합니다. 그럼 오늘 우리도 성경에 나오기 때문에 똑같은 기적을 기대해야 할까요? 이런 기적들이 오늘날 동일하게 일어나야 하는 걸까요?

결론부터 말하자면 아닙니다. 복음서의 기적, 특히 귀신 쫓음과 치유는 반드시 하나님 나라의 복음 선포와 함께 연결지어 등장합니다. 왜냐하면 이 두 가지 기적은 '하나님 나라'

가 오는 것을 의미하는 아주 상징적인 표현이기 때문입니다. 다시 말해 복음이 닿는 곳마다 악한 세력이 물러가고 하나님 나라의 다스림이 임하고 있다는 것을 시각적으로 보여주는 표현이 바로 '귀신 쫓음'과 '치유'의 기적이라는 것입니다.

성령은 이처럼 새로운 시대의 시작을 알리는 분이십니다. 우리도 잘 알지 못했던, 우리를 짓누르고 있던 무거운 짐과 묶임을 풀어주시고 자유롭게 하십니다. 지금 저와 여러분을 묶고 있는 것은 무엇입니까? 학자금 대출인가요? 사회적 지위, 인간관계, SNS, 다른 사람의 평판, 좋은 직장이나 학벌, 가지지 못한 것들에 대한 욕망… 무엇이 우리의 일상을 흔들어 놓습니까?

그것이 무엇이든 성령께서는 그때와 마찬가지로 지금 오늘도 우리를 붙잡고 놓아주지 않는 것들로부터 우리를 자유롭게 하십니다. 구원은 그날 이미 시작되었고 지금도 계속되고 있습니다. 바로 이것이 기적입니다. 파괴된 일상이 회복되기 시작했다는 '사인'(sign)인 거죠. 이제 중요한 것은 우리 삶의 태도입니다. 자유롭게 살 것인가, 아니면 계속 묶여서 살 것인가.

맞습니다. 사실 우리 중 누가 이런 삶의 문제들에서 완전히 자유롭다고 말할 수 있을까요. 성령께서 우리를 세상의 권세에서 자유롭게 하셨다지만, 결국 우리는 다시 세상으로 들어가 살아야 합니다. 그러나 놀랍게도, 이 모순적인 상태야말로 성도의 빛나는 삶 그 자체입니다. 우리가 이런 반 쪽짜리 존재임을 항상 잊지 않으면서, 동시에 성령이 우리를 자유롭게 하셨다는 사실을 믿고 살아가는 것, 그것이 바로 '성령님과 동행한다는 것'의 참된 의미입니다.

예수를 믿어도 변한 것이 없다며 자책하지 마시길 바랍니다. 우리를 묶고 있던 족쇄가 풀린 지 얼마 되지 않았으니까요. 여전히 몸은 무겁고 옛 버릇이 계속 나올 것입니다. 우리는 자유에 익숙해지는 과정 중에 있습니다. 포기하지 말고 우리를 묶고 있던 것에서 계속 자유롭기를 연습합시다. 우리가 기대했던 그런 기적은 없을지언정, 성령님께서 우리와 함께 하시니까요!

"너희는 맥 풀린 손이 힘을 쓰게 하여라.
떨리는 무릎을 굳세게 하여라.
두려워하는 사람을 격려하여라"(이사야 35:3-4a, 새번역)

하나님을 내 삶의 주인으로 여기는 사람의 가장 큰 특징은 '의연함'인 것 같습니다. '내게 능력 주시는 자 안에서 내가 모든 것을 할 수 있다'고 했던 사도바울의 고백을 떠올려봅시다. 고난과 핍박에도 사도 바울은 묵묵히 그 길을 걸어가며 '우리는 낙심하지 않는다'고 선언했습니다. 환경과 상황에 지배를 당하지 않고 버텨내고야 마는 바울의 삶이 그 선언에 힘을 싣습니다.

바울은 같은 맥락에서 '항상 기뻐하라'고 명령합니다. '다시 말하니 기뻐하라'고 말하는 데살로니가전서는 비록 교회력 본문에 해당되지는 않으나, 고린도후서의 '낙심하지 않음', 빌립보서의 '의연함'과 맥이 닿아 있습니다. 이번 주는 의연함에 가까운 '기쁨'을 노래하는 곡을 선곡해봤습니다.

🎹 기뻐하라 (주찬양, 11집: 전신갑주를 취하라!, 강명식 사/곡)

사실 오늘 소개하는 〈기뻐하라〉는 회중 예배곡으로 적합한 곡이 아닐 수 있습니다. 예배 곡으로 불릴 것을 고려해서 만들어진 곡도 아니고, 아주 잘 알려진 노래도 아닙니다. 그러나 회중이 떼창으로 부르기에 어려운 요소가 무색해질 만큼 가사가 정말 훌륭합니다.

'기뻐하라'라는 주제 아래, 성경에 흩어져 있는 여러 격려와 권면의 구절을 한데 모아 하나의 스토리로 엮어낸 이 노래의 가사는 그 성경적 출처가 여러 곳임에도 매우 일관된 메시지를 전달합니다.

처음에는 '아무리 힘겨워도 가야 할 이 길 때론 너무 멀어 보여'라는 개인적인 고백으로 시작합니다. 도저히 힘을 낼 수 없는 어려운 상황들을 나열하지만 거기에 매몰되어 '내가 얼마나 힘든지'를 증명하거나 전시하지 않는 담담한 톤을 유지합니다.

노래의 화자가 낙심하지만 좌절하지 않을 수 있는 것은 성경의 약속과 위로를 찾았기 때문입니다. '피곤한 무릎 일으켜 세우고'(히 12:12), '독수리 같이 날아 오르게 새 힘 주시네'(사 40:31), '선한 싸움 다 마치는 날 나 친히 주를 만나 뵈리라'(딤후 4:7-8), '얼굴과 얼굴 마주하는 그날'(고전 13:12) 같이 성경이 말하는 약속과 위로의 가사들은 작곡자가 고난 가운데도 하나님의 말씀을 바라보고 이해하려고 했다는 흔적입니다.

이런 맥락 끝에서 후렴에 계속해서 등장하는 '기뻐하라'는 명령은 단순히 감정적인 고조를 이야기하는 데서 그치지 않습니다. '고난 더할수록', '눈물과 인내로', '싸움 치열할수록'이라는 조건들은 이 '기쁨'이 '버티고 견디는 정서'를 담고 있음을 넌지시 드러냅니다. 눈물과 인내로 기뻐하다니요!

이 곡은 성경 구절을 그대로 옮겨놓은 스크립처송은 아니지만, 스크립처송만큼이나 성경적인 기반을 가지고 있는 좋은 곡이라 할 수 있습니다.

이 시대에 수많은 사람들이 낙이 없다고 이야기합니다. 힘들고 암울한 여러 국내외적 상황들은 우리들의 맘을 더욱 기쁨에서 멀어지게 합니다. 신앙생활 역시 마찬가지입니다. 팬데믹은 교회의 많은 것들을 앗아갔습니다. 많은 교회들이 다시금 그것들을 복구하느라 정신없지만 예전과 같은 상황으로 돌아가기는 녹록지 않아 보입니다.

이때 우리에게 필요한 것이 바로 의연한 기쁨이겠죠! 아무리 힘겨워도 가야 할 길, 싸워야 할 싸움을 승리로 이끄는 기쁨을 이 노래를 통해 함께 고백해보면 좋겠습니다.

묵상
하는
기도

날마다 기적을 베푸시는 주님을 찬양합니다. 우리가 믿음으로 감사함으로 그 기적을 더 많이 누리기를 원합니다. 그리고 그 기적이 내가 아닌 지체와 이웃을 위한 유익이 되길 소망합니다.

슬픈 노래를 부르도록 설득하시는 하나님

교회력 본문 예레미야 20:7-13, 로마서 6:1b-11

'애가'라는 성경의 노래를 혹시 알고 있나요? 보통 우리는 교회에서 부활, 승리, 회복, 구원과 같은 이야기를 주로 다룹니다. 하지만 의외로 성경에는 그런 승리의 이야기만큼이나 패배와 슬픔, 아픔과 고통에 대한 이야기가 많이 등장합니다. 애가는 바로 그런 이야기들을 담은 노래입니다.

오늘 교회력 본문은 그 '애가의 선지자'인 예레미야의 이야기입니다. 특히 예레미야는 이스라엘의 멸망을 예언했다는 이유로 감옥에 갇혀 이 노래를 부르고 있습니다. 앞 절에서 당당하게 심판을 선포했던 선지자가 바로 여기, 홀로 갇힌 자리에서 불안함과 억울함을 노래하고 있습니다.

어떠신가요? 예레미야의 빠른 태세전환을 보면서 마음이 편해지는 건 저뿐일까요? 우리가 일상에서 닮고 싶은 건 잡혀가면서도 당당한 예레미야이지만, 실제로 경험하는 건 갇히고 나서 한껏 찌질해진 예레미야의 모습인 경우가 대부분입니다.

여기서 우리가 성경을 읽을 때 어디에 초점을 맞춰 읽어왔는지를 한 번 생각해 볼 필요가 있습니다. 우리는 대체로 성경이 전하는 승리의 메시지와, 성경 인물들의 성공적인 삶에 초점을 맞춰 읽는 경향이 있습니다. 현실의 삶이 이렇게나 팍팍한데 성경에서라도 가슴 시원한 이야기를 보고 싶은 건 어쩌면 당연합니다.

하지만 성경은 우리가 보기 싫어하는 그 삶의 뒷골목으로 계속해서 우리를 이끌어갑니다. 성경에 등장하는 영웅들의 뒷모습을 자꾸만 보여줍니다. 우리가 숨기고 싶어 하는 인생의 어두운 면을 일부러 부각시킵니다. 하나님은 그렇게 우리를 설득하십니다. '이것이 사람이다'

이처럼 '사람다움'이란 자기의 한계를 인정하는 것에서 출발합니다. 우리가 듣는 이야기의 대부분은 '살아남은' 사람들의 이야기입니다. 우리 주변에는 이야기를 남기지 못한 사람들이 훨씬 많고, 어쩌면 저와 여러분도 그중 하나일 수 있습니다. 그래서 하나님은 우리에게 영웅적인 존재가 되라는 이야기 대신, 그들의 연약한 모습을 낱낱이 공개하시며 우리가 하나님이 필요한 존재임을 설득하십니다.

로마서 6장이 말하는 '하나님과 연합한 사람'이란 바로 이런 사람입니다. '죄'라고 하는 자신의 한계를 인정하고 겸손하게 하나님의 도움을 구하는 사람. 삶에서 자신을 강하게 포장하기보다 하나님 앞에서 자기 마음속에 있는 것들을 토해 놓을 수 있는 사람. 그리고 그 실천을 '애가'라는 이름의 기도로 솔직하게 말할 수 있는 사람 말이죠.

세상은 우리에게 스스로 강해지라고 이야기합니다. 약점을 잡히지 말고, 자기 감정을 드러내지 말고, 강하고 냉철한 자신을 연기하라고 말합니다. 그러나 그것은 하나님께서 창조하신 인간의 본래 모습이 아닙니다. 한계를 인정하고 그 한계 너머에서 오는 하나님의 도움을 구하는, 철저히 하나님과 결속된 관계. 그것이 성경이 말하는 인간의 참모습입니다.

억울한 일을 당하고 한참 지나서야 '아! 아까 이렇게 말할걸!'이라고 아쉬워하는 당신, 쏟아지는 말들에 한 마디 대들지도 못했던 당신, 어쩔 수 없이 모든 불합리를 버텨내고 있는 당신과 우리에게 복이 있습니다.

"애통하는 자는 복이 있나니…"(마 5:4)

우리의 신음을 들으시는 주님 응답하소서. 우리를 건져내어 주시고 보호하여 주옵소서. 그리고 우리에게 악하게 대하는 자들을 심판하여 주옵소서.

환경의 지배를 받지 않고 내 팔의 힘과 목소리

느끼는 감정과 상관없이 내 마음 기뻐하기로 결심을 했네

2000년대 국민 찬양이었던 〈나 기뻐하리〉의 가사입니다. 고난 중에도 감사하고 어려움 중에도 찬양하는 게 그리스도인의 본분이기에 이 노래처럼 우리가 부르는 노래에는 기쁨을 표현하는 가사가 많습니다. 가끔 슬픔을 노래하는 것 같다가도 '그래도 나는 기뻐할 거야!'로 마무리하는 노래들이 많습니다.

그렇지만 계절이 바뀔 때마다 들려오는 부고, 뉴스의 메인을 장식하는 강력범죄, 쉴 틈 없이 비어가는 통장, 불분명하고 불안정한 미래… 오늘의 우리는 기뻐할 일보다 한숨지을 일들이 더 많은지도 모릅니다.

의외로 교회와 예배는 우리의 슬픈 감정에 무관심합니다. '뭐라고? 너 지금 기뻐하지 않을 거야? 주님이 너를 구원해 주셨는데?'하면서 마치 채근하는 것 같을 때도 있습니다. 그래서 어떤 때는 교회 안에서 슬픔이 용납되지 않는 것처럼 느껴지기도 합니다.

이번 주에는 속은 새카맣게 타들어가면서도 예배당에 들어서면 애써 웃음을 지어내야 하는 이 시대의 예레미야들을

위한 곡들을 생각해봤습니다.

🎹 주의 나라 (WELOVE ON THE RIVER, 김강현 사/곡)

우리의 삶이 이렇게나 팍팍하지만 성경은 때때로 우리의 슬픔이 한시적이며 제한적일 거라는 위로를 던져줍니다. 자신이 사랑하고 지금껏 성실히 쌓아올린 것들이 무너지고, 그래서 절망에 빠진 우리들에게 선지서는 좋은 위로가 됩니다. 언젠가는 반드시 임할 하나님의 나라를 바라보게 하기 때문입니다.

〈주의 나라〉는 이사야 40장을 이 시대 청년세대의 시선으로 풀어낸 좋은 곡입니다. '너희는 위로하라 내 백성을 위로하라'는 명령으로 시작하는 40장을 단순히 차용하는 데서 그치지 않고, 하나님의 통치가 임해야 할 이 땅을 '불합리한 현실'이라는 뚜렷한 가사로 받아냅니다. 그래서 하나님의 나라를 먼 미래에 전시해두는 게 아니라 지금 우리가 불합리하다고 느끼는 현실로 호출해냅니다. 주의 나라가 슬픔이 가득한 이 땅 위에 이뤄지리라는 확신이야말로 우리의 슬픔을 희석시켜 줄 수 있을 것입니다.

명확하게 현실을 인지한 후에 터져나오는 '주의 나라 뜻이 이뤄지리'라는 고백은 그래서 폭발력을 가집니다. 이 고백은 '우릴 통해' 주가 일하신다는 확신과 헌신으로 이어지며 선지서의 예언을 우리 삶으로 안착시킵니다.

▥ 나 어디 거할지라도 (꿈이있는자유 3집; 아침묵상, 한웅재 사/곡)

'외롭고 험한 길에 내 믿음 연약해져도 기다려주실 수 있는 주님' 같은 가사는 쉽게 써지는 게 아닙니다. 단순한 가사들이 메시지의 흐름보다는 곡의 음악적 분위기에 맞춰 배치되는 현대의 찬양들은 이런 솔직함을 담아낼 여유가 없습니다. 사실 꿈이있는자유 3집에 실린 〈나 어디 거할지라도〉는 원래는 예배곡이 아니었지만 어노인팅의 예배캠프 앨범에 담기면서 예배곡으로 불릴 가능성을 얻었습니다. 자신의 믿음이 흔들리는 가운데서도 신실한 하나님을 의지하는 이 노래의 메시지는 수수하고 담백한 곡조와 원곡자의 목소리에 너무도 잘 어우러집니다. 강하고 확신에 찬 선포와 감사를 노래하는 찬양곡들 사이에서 이 노래를 부르면 어떨까요? 연약한 믿음도 보듬고 위로해주시는 하나님의 마음에 더 큰 감동과 은혜를 누릴 수 있지 않을까요?

▥ 날 기억하소서 (Lembra Senhor, Ana e Edson Feitosa 사/곡)

2000년대 초 브라질의 Toque No Altar라는 팀이 발표한 이 곡은 남미워십 LAMP에 의해 한국에 소개되었습니다. 시중에 발표된 곡 중에 애가에 제일 가까운 곡을 꼽으라면 저는 주저없이 이 곡을 꼽습니다. '간절히 불러 봐도 침묵만이 다시 내게 되돌아 오네'라는 가사에 담긴 정서는 예레미야의 그것과 매우 닮았습니다.

이사야 49:15-16에서 모티프를 얻은 가사는 좌절과 절망 중에 있는 이들에게 하나님의 약속과 함께 희망을 제시합니다. 하나님께선 당신의 손바닥에 새긴 우리의 이름을 결코 잊지 않으시고, 침묵과 어둠 가운데서도 멈추지 않는 우리의 외침을 결코 외면하지 않으십니다. 고난 중에 이 메시지가 우리 모두의 소망이 되기를 바라봅니다.

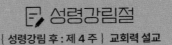

🕯 시험은 끝이 아니라 과정이니까

📗 **교회력 본문**　　창세기 22:1-14

저는 20대에 아주 큰 고민이 있었습니다. 바로 '하나님이 나를 저 먼 오지에 선교사로 보내시면 어떡하지?'와 같은 고민이었습니다. 지금 생각해보면 좀 어이없는 고민처럼 느껴지지만, 장래의 진로를 고민하던 열심 있는 20대 교회 청년으로서는 아주 심각한 주제였습니다. 내 계획과 전혀 정반대의 선택을 요구하시는 하나님, 그런 하나님의 모습 앞에서 여러분은 어떤 결정을 내리실 건가요?

그런 면에서, 오늘 교회력 본문 창세기 22장은 성경에서 가장 받아들이기 힘든 내용 중 하나입니다. 너무나 오랜 기다림 끝에 하나님의 선물로 얻은 아들 이삭을 번제로 바치라는 하나님의 명령, 그리고 거기에 (성경 구절 사이사이에 어떤 이야기가 숨어 있는지 우리는 모르지만) 덤덤하게 순종하는 아브라함과 이삭, 마침내 등장해서 이야기를 좋게 마무리하시는 하나님.

우리는 이 이야기를 최대한 해피엔딩으로 읽어내려고 노력합니다. 그러나 과연 이 이야기를 그렇게 덮어놔도 좋을까요?

우리가 성경을 읽을 때 주의해야 할 것 중 하나는 성경이 우리와 시간적, 공간적으로 아주 멀리 떨어진 이야기라는 사실입니다. 다시 말하면 100년 전 조선 사람들이 지금의 우리와 문화적으로 완전히 달랐던 것처럼, 수천 년 전 성경의 무대였던 지역과 거기 살았던 사람들의 문화, 생각 역시도 지금 우리와 완전히 달랐을 것이라는 말입니다. 이 사실을 생각하지 않고 성경을 읽으면 우리의 문화적, 도덕적 기준으로 성경의 이야기를 판단하는 오류를 범하기 쉽습니다.

또 한 가지 중요한 점은 그런 문화적인 큰 차이가 있다는 것을 생각하고, 무리하게 그 당시의 사건을 지금 우리의 삶에 일대일로 적용하려고 하지 말아야 한다는 것입니다. 다시 말해 '하나님이 내 아들을 바치라고 하면 어떡하지'나 '하나님이 나의 가장 소중한 것을 달라고 하면 어떡하지'와 같은 고민들에 아브라함 시절 때와 같이 반응해선 조금은 곤란할 수 있다는 말입니다.

"… 무엇이 부족한 것처럼 사람의 손으로 섬김을 받으시는 것이 아니니"(행 17:25)

성경 곳곳에서 하나님은 당시 가나안의 흔한 제사 문화였던 '인신 공양'(사람을 제물로 바치는 것)에 대해 극렬한 분노와 반대를 보이십니다. 뿐만 아니라 하나님은 아브라함을 가나안으로 보내셔서 그 땅의 파괴하고 착취하는 문화들 가운데 하나님의 선한 다스림을 전하십니다. 그런 하나님의 큰 계획과 성품을 볼 때, 이 사건은 쉽게 이해하기 어려운 것이 사실입니다.

하지만 성경이 쓰였을 당시 사람들이라면 이 이야기는 크게 받아들이기 어려운 이야기는 아니었을 것입니다. 오히려 인신 제사를 받지 않으시는 하나님의 모습을 보면서 더 놀랐을지도 모릅니다. 어쩌면 하나님은 가나안 사람들이 제사를 드리던 그 높은 산에서 '인신 제사'를 취소하심으로써 그들에게 하나님이 어떤 분이신지를 보여주고 있는 것은 아닐까요? '더 이상 자기 행복을 위해 다른 사람을 희생시키지 말아라!'라고 말이죠.

오늘 본문에서 쓰인 '시험하다'라는 히브리어는 보통 '그 사람의 진정한 모습을 드러내는 것'을 의미합니다. 이 말은 광야에서 이스라엘 백성의 속 마음을 드러내실 때, 또 다니엘이 왕의 진미를 거절하면서 자신을 시험해보라고 할 때에 쓰인 표현입니다. 따라서 중요한 것은 '하나님이 왜 이삭을 바치라고 했을까'에 대한 고민이 아니라, '하나님을 향한 우리의 진정한 속마음은 어떤가'에 대한 고민이어야 하지 않을까요?

우리는 하나님이 선하신 분, 인자와 자비가 풍성하신 분, 사랑 그 자체이신 분, 우리를 구원하시고 세상 끝 날까지 지키시는 분이라고 머리로는 잘 알고 있지만 막상 삶에서 닥치는 크고 작은 문제들 앞에선 이를 쉽게 잊어버리고 눈앞의 문제에만 매몰되어 버립니다.

하지만 그래도 괜찮습니다. 우리가 하나님의 약속을 잊더라도 하나님은 결코 잊어버리지 않으시니까요. 오히려 그 문제를 통과해가는 과정을 지켜보시며 우리의 속마음을 완성시켜가고 계심을 기억하면 좋겠습니다. 우리는 하나님의 큰 계획 속에서 지금도 만들어져가고 있습니다. 저와 여러분이 아직 '과정' 중에 있음을 잊지 않기를, 그리고 '성장'에 조급해하지 않기를 기도합니다.

"여호와의 말씀이니라 너희를 향한 나의 생각을 내가 아나니 평안이요 재앙이 아니니라 너희에게 미래와 희망을 주는 것이니라"(렘 29:11)

우리가 부르는 노래는 우리의 신학(신앙)을 반영합니다. 신학을 따로 공부하지 않았더라도, 우리가 생각하는(원하는) 하나님의 모습과 인간의 모습을 담고 있는 노래를 자연스럽게 좋아하게 됩니다. 이와 관련해서 우리는 과연 어떤 노래를 부르고 있는지 확인을 해보면 좋겠습니다.

먼저 좋아하는 찬양 한 곡을 고르고 그 노래의 가사를 검색해 봅시다. 다음에는 가사 속에서 '나/우리'라는 단어가 얼마큼 나오는지 찾아봅시다. 많은 곡들을 살펴보면 '나/우리'라는 단어가 전혀 나오지 않는 노래는 찾기가 쉽지 않았습니다. 이런 경향은 최근에 발표된 노래일수록 강합니다.

우리가 좋아하는 노래에 너무 당연하게 '나'가 들어가 있고, 또 그렇지 않은 곡을 찾기가 힘들다는 건 우리가 어느새 신앙의 중심부에 '나'를 욱여넣는 것에 익숙해져 있다는 방증인지도 모릅니다. 우리는 하나님의 창조를 노래하며 그 창조가 '내게 어떤 의미가 있는지'를 따지고, 그리스도의 십자가를 떠올리면서도 '나를 향한 사랑의 크기를 가늠'하며, 성령의 역사를 보면서도 '내 삶에서의 효용'을 따져보는 경우가 적지 않습니다.

물론 그것이 결코 나쁜 것은 아닙니다. 신앙은 먼저는 하나님과 나 사이에 일대일의 관계입니다. 나에게 베푸신 은혜와 그로 인한 나의 감격을 찬양하는 것은 당연합니다. 하지만 이것에만 과도하게 함몰될 때 어쩌면 하나님이 아닌 '나님'에게 찬양하는 건 아닌가 싶기도 합니다. '나'와 '우리'를 언급하지 않고서는 좋은 노래를 만들 수 없는 걸까요?

🎹 온 땅은 주님의 성소 (어노인팅, 예배캠프 2019, 전은주 사/곡)

글을 쓸 때 무언가가 눈앞에 그려지도록 그 대상의 구체적인 특성(색, 모양, 감촉, 소리, 냄새, 맛 등)을 기술하는 방식을 묘사라고 합니다. 〈온 땅은 주님의 성소〉는 묘사하듯 하나님의 창조세계를 표현한 가사가 인상적인 곡입니다.

특별히 '온 하늘을 수놓은 저 별들', '푸르고 푸른 하늘빛', '표현 못 할 색으로 옷 입은 나무', '높은 하늘을 나는 저 새들', '들에 피어난 작은 꽃들' 같이 피조물 하나하나를 살펴보는 데 공을 들입니다. 현대의 예배곡들이 이러하기가 쉽지 않은데, 이 곡은 도리어 〈주 하나님 지으신 모든 세계〉 같은 고전적 찬송가의 현대적 변주로 보일 정도입니다.

후렴에서는 찬송가와 조금 다른 노선을 택합니다. 〈주 하나님 지으신 모든 세계〉는 '내 영혼이 찬양하네'(Then sings my soul, my Savior God to Thee)라며 하나님을 노래하는 자신을 언급하는데 반해, 이 곡은 끝까지 자신의 존재를 감추고 '영광의 주 다스리시네', '공의의 주 다스리시네', '인자와 진실이 주 앞에 있으니'라는 가사를 통해 도리어 피조물이 자신의 창조주이신 하나님께 집중하고 그에 합당한 찬양을 돌릴 것을 명령하고 선포합니다. 자신의 감정적 고백이 없기에 자칫하면 건조할 수도 있는 가사입니다.

그러나 창조주이시며 예배의 근원이신 하나님을 향한 고백이 담긴 가사는, 비록 개인의 감정이나 개입이 없더라도 충분히 은혜롭고 따뜻합니다. 앞서 여러 이미지를 통해 다룬 것처럼 창조세계에서 드러나는 하나님의 지혜와 능력은 우리를 감동시키기에 충분합니다. 그로 인해 우리의 감정이 고조되지 못할 이유가 없습니다. 원곡자의 신학적(신앙적) 의도가 잘 담긴 곡이라 생각합니다.

'나'를 앞세우며 노래하지 않으면서도 충분히 마음을 다해 하나님을 노래할 수 있을까요? 네, 충분히 가능합니다. 이 노래가 그 증거입니다.

| 묵상
하는
기도 | 주님, 당신의 은혜와 사랑을 너무나 자주 망각하며 살아갑니다. 부끄럽고 죄송합니다. 부디 우리의 연약함을 긍휼히 여겨주세요. 그리고 조금 염치없지만, 그 연약함 앞에 자책하고 조급해하지 않도록 도와주세요. |

🕯 거기, 사람이 있습니다

📖 **교회력 본문** 요한복음 7:45-52, 13:31-35

'존재의 부정'

여러분은 거기 있지만 없는 것 같은 취급을 받아 본 적이 있
나요? 집단 따돌림, 자리를 빼 버리는 회사, 태움 당하는 간
호사, 무시당하는 아르바이트생, 여러 가지 이유로 차별당하
는 소수자, 비정규직, 학력으로 서류 컷 당하는 지원자…

예수님 당시에도 그런 사람들이 있었습니다. 바리새인, 종
교 지도자들에게서 '율법을 알지 못하는 이 무지렁이들은 저
주받은 자들이다'(요 7:49)라고 눈앞에서 존재를 부정당하던
사람들, 갈릴리의 촌놈들, 사마리아의 개들이라고 불리며 천
대 받는 이들이 있었습니다.

"그들이 대답하여 이르되 너도 갈릴리에서 왔느냐 찾아 보라 갈

릴리에서는 선지자가 나지 못하느니라 하였더라"(요 7:52)

당시 기준으로 율법을 지킨다는 것은 정말 어려운 일이었

습니다. 마치 수능 변형 기출문제처럼 여러 갈래로 빈틈없이

가지를 친 율법의 조항들을 지키기 위해서는 일단 '글'을 읽고

쓸 줄 알아야 했고, 또 정결 규례를 '제대로' 지키기 위해서는

일정 수준의 재산이 필요했습니다. 그러나 당시 인구의 97%

가 문맹이었고, 하루 한 끼를 먹기도 힘들 정도로 가난했던

사람들이 대다수였던 상황에서 그들이 말하는 〈율법〉이란

정말 까마득히 먼 나라 이야기였을 것입니다. 그런 사람들에

게 과연 '율법'이 '하나님의 법'이었을까요?

오히려 율법은 지배자들에게 저들과 나를 나누는 경계선

이 되었고, 약자들을 지배하기 위한 수단으로 사용될 뿐이었

습니다. 그런데 예수라는 새파랗게 젊은 사람이 무엄하게도

그 경계선을 허물고, 한술 더 떠서 율법은 원래 그런 것이 아

니라고 가르치고 다니니 얼마나 꼴 보기 싫었을까요? 예수님

은 그들의 그런 고집 센 마음에 대해 오히려 심판 날 소돔보

다 더 큰 심판을 받을 것이라고 책망하셨습니다.

그리고 뒤이어 '수고하고 무거운 짐 진 자들아 다 내게로

오라. 내가 너희를 쉬게 하겠다'라고 말씀하십니다. 주님의 초

대에는 차별이 없습니다. 누구도 일부러 따돌림당하거나 그

존재를 부정당하지 않습니다. 율법은 사람들에게 무거운 짐을 지우고 기준에 미치지 못하는 자들을 탈락시키지만, 예수님은 그러지 않으십니다. 그저 율법의 아주 밑바닥에 있는 정신, 바로 '사랑'의 짐을 지라고 하십니다.

주님은 우리에게 '서로 사랑하라'(요 13:34)는 새로운 율법을 주십니다. '혼자'가 아닌 '서로'입니다. 이 말은 본문의 바리새인들처럼 다른 이를 무시하거나 없는 사람 취급하지 말고, 그 존재를 인정하고 받아들이라는 뜻입니다. 마음속으로 '급'을 나누지 말라는 뜻입니다. 다른 사람을 착취하거나 갑질하지 말라는 뜻입니다.

"유대 사람이나, 그리스 사람이나, 차별이 없습니다. 그는 모든
사람에게 똑같이 주님이 되어 주시고, 그를 부르는 모든 사람에
게 풍성한 은혜를 내려주십니다"(롬 10:12, 새번역)

이야기를 마치며 이렇게 기도하고 싶습니다.

선하신 주님, 차별과 무시 가운데
고통받는 이들이 있다면 건져내어 주시고,
용납과 사랑을 경험할 수 있도록
좋은 공동체로 인도하여 주옵소서.
오늘 우리도 경계를 만들고 지키는 데 애먼 힘을 쓰기보다는

서로를 인정하고 받아들이는 덜 무거운 짐을 지게 하소서.

그리하여 우리가 스스로 만든 감옥에서 벗어나게 해주십시오.

예수님의 이름으로 기도합니다. 아멘.

예배곡 묵상

이번 주 교회력 본문 중 마가복음 5장에는 야이로의 딸과 12년 된 혈루증 환자, 두 명이 등장합니다. 두 사람은 예수님에 의해 회복되었다는 공통점이 있지만, 두 사람이 서 있는 자리는 사뭇 달랐습니다.

혈루증 환자는 투병생활 12년 동안 자신을 여러 의사에게 보이며 재산을 탕진했고, 율법에 따라 그 주변에는 아무도 없었습니다. 예수님을 둘러싼 수많은 사람들 속에서 그는 도리어 더 고독했습니다. 회당장의 딸은 달랐죠. 존경받는 아버지 덕인지 그의 침상 주변에는 '사람들'이 있었음을 마가는 수차례 증언합니다. 회당장이 매년 선거로 뽑히는 직책임을 감안하면 재정적인 어려움도 크지는 않았으리라 짐작합니다.

두 사람은 다른 삶의 궤적을 그리며 다른 조건을 가졌지만, 그리스도를 통해 새로운 공동체, 즉 하나인 제자 공동체로 편입될 수 있었습니다. 태어나면서부터 주어진 조건들이 그리스도를 통해 모두 무효가 됐습니다. 그리스도가 주시는 넉넉한 은혜로 이들은 모두 '균등'해졌습니다. 그리스도를 따르는 공동체도 역시 이런 방향을 유지합니다. 고린도후서 5장에서는 사도 바울이 연보의 목적을 '균등하게 하려 함'이라고 설명합니다.

제한 없이 은혜와 능력을 모든 사람들에게 쏟아부어 주실 수 있는 예수님처럼은 아니지만, 이런 예수님의 풍성함을 어떻게든 본받으려는 노력들이 고린도후서 행간에 나타납니다. '타인의 부족함을 나의 넉넉함으로 보충하는 태도'는 순전히 그리스도인이기 때문에 가능한 행동입니다. 그들의 나눔을 통해 그들은 그리스도의 임재를 재현한 것입니다.

▥ 사랑의 나눔 있는 곳에 Taizé: Ubi Caritas

이런 맥락에서 우리가 부르는 노래 중에 보충하여 균등하게 하는 원리, 그 가운데 하나님이 계심을 드러내는 곡이 있어 선곡했습니다.

오늘 소개하는 〈사랑의 나눔 있는 곳에〉는 1940년대 프랑스에서 시작된 떼제공동체에서 부르는 노래입니다. 떼제공동체는 라틴어로 된 노래를 부르는 경우가 많아 보통 가톨릭의 영성수단으로 이해되는 경우가 많은데, 초교파를 지향하고 있는 공동체이고, 이미 〈사랑의 나눔 있는 곳에〉는 한국 교회 내에서도 많이 불리고 있습니다.

떼제에서 부르는 곡들은 노래가 짧고 쉬워서 여러 차례 반복하며 묵상하듯 부른다는 특징이 있습니다. 이 노래도 마찬가지입니다. 원곡의 가사를 번역하면 대략 이렇습니다. '사랑과 나눔이 있는 곳, 하나님이 계신다(Ubi caritas et amor, Deus ibi est)'

우리가 사랑하고 나누는 것이 하나님의 임재, 즉 그리스도의 은혜를 드러내는 가장 확실한 방법임을 이 노래는 이야기합니다. "우리가 서로 사랑하면 하나님이 우리 안에 거하신다"는 요한일서의 인용이기도 합니다.

음악을 비롯한 여러 요소들이 점점 더 정교해지고 화려해지는 현대의 예배곡들 사이에, 8마디 밖에 되지 않는 노래는 이른바 '축복송' 류의 노래를 제외하면 거의 찾아보기가 힘듭니다. 게다가 잘 불려지지도 않습니다. 그래서 오히려 이렇게 짧지만 명확한 노래의 가치가 더 빛나는 것 같습니다.

묵상
하는
기도

선하신 주님, 차별과 무시 가운데 고통받는 이들이 있다면 건져 내어 주시고, 용납과 사랑을 경험할 수 있도록 좋은 공동체로 인도해주세요.

🕯 내가 바뀔 수 있을까요?

📖 **교회력 본문**　　마태복음 13:1-9, 18-23

'사람은 바뀔 수 있을까요?'

이 문제에 쉽게 답할 수 있는 사람은 아마 그리 많지 않을 것입니다. 일단 저만 봐도 과거의 제 모습과 지금을 비교해보면 여러모로 나아진 것 같은 부분이 있는 반면에 동시에 여전히, 아니 예전보다 더 나빠진 모습도 발견하게 됩니다.

　오늘 교회력 마태복음 본문은 우리 마음의 변화의 필요성을 이야기하는 설교로 많이 사용되는 본문입니다. 아마 다들 한 번쯤은 '우리의 돌밭 같은 마음을 좋은 땅으로 만들어야 합니다'라는 식의 설교를 들어 보셨으리라 생각합니다. 그러나 이 본문을 자세히 읽어보면 놀라운 반전을 발견하게 됩니다.

그것은 바로 마태복음 13장 어디를 찾아봐도 '너희 마음을 좋은 땅으로 변화시켜라' 같은 식의 명령을 발견할 수 없다는 사실입니다. 그저 이 본문은 사람의 마음을 길가, 돌밭, 가시덤불, 좋은 땅으로 나누어 비유할 뿐입니다. 그리고 그 비유의 숨은 뜻을 나중에 제자들에게 따로 설명하십니다.

그 내용은 이렇습니다. 이 비유에서 '씨'는 하나님 나라의 말씀입니다. 그리고 밭은 그 말씀을 듣는 사람의 마음입니다. 길가, 돌밭, 가시덤불은 그 말씀을 듣고도 하나님 나라가 가까이 왔음을 깨닫지 못하는 사람들을 의미합니다. 하지만 좋은 땅, 곧 말씀을 듣고 깨닫는 사람은 백 배, 육십 배, 삼십 배의 결실을 냅니다. 숫자는 중요하지 않습니다. 백 배든 삼십 배든, 아무튼 엄청나게 많은 결실을 맺었다는 뜻이기 때문입니다.

여기서 우리가 꼭 기억해야 할 것이 두 가지 있습니다. 하나는, 이 이야기에서 말하는 결실은 '하나님 믿어서 받는 현실에서의 상이나 대가'를 의미하지 않는다는 것입니다. 그 말은 곧, 여기서 말하는 결실은 하나님 나라의 확장을 의미한다는 뜻입니다. 혹시 겨자씨의 비유를 기억하시나요? 맞습니다. 아주 작은 겨자씨가 커다란 나무가 되는 것처럼, 이 비유 역시도 작은 씨앗이 만드는 하나님 나라에 대한 이야기이지, 결코 도덕적인 권면이 아닙니다.

다른 하나는 이 이야기의 핵심이 '땅의 상태'에 있는 것처럼 보이지만, 사실은 '씨'가 가진 '성장의 능력'에 초점을 맞추고 있다는 사실입니다. 예수님이 심으신 하나님 나라 복음의 씨앗은 새, 태양, 가시덤불에 방해받을 정도로 약해보이지만, 결국에는 풍성한 열매를 맺고 말 것임을 보여주고 있습니다.

그러므로 중요한 것은 우리의 '노력'이 아닌, 하나님의 말씀이 가진 능력을 '신뢰'하는 것입니다. 내가 어떤 땅인지 궁금해하고, 더 나은 땅이 되기 위해 노력하는 것보다 우리 안에 심기셔서 결국 열매를 맺게 하시는 하나님의 능력을 의지하라는 것입니다.

세상은 우리에게 '더 나은 사람'이 되고 나아가 '완벽한 사람'을 추구하라고 말합니다. 그러나 주님은 그런 초월적인 인간이 되라고 우리를 몰아세우지 않습니다. 왜냐하면 주님은 우리를 '기능'으로 써먹기 위해 부르지 않으셨기 때문입니다. 잊지 마십시오. 하나님의 계획은 우리와 '관계'(소통)하는 데 있다는 사실입니다.

그래서 기독교는 처음부터 '내 안의 잠재력'으로 승리하는 것이 아닌, '내 안의 절망'을 직면하고 우리의 절망적인 한계 바깥에서 오는 구원자인 예수 그리스도를 의지하는 것이라고 말합니다. 내가 왜 변하지 않을까 자책하며 쳇바퀴 돌리듯 자신을 괴롭히는 대신에, 예수님의 크신 능력과 그분의 신실하심 때문에 절대 우리를 포기하지 않으신다는 성경의 기록을 믿으시기 바랍니다.

"나는 그리스도를 위해서 약해지는 것을 만족하게 여기며, 모욕
과 빈곤과 박해와 곤궁을 달게 받습니다. 그것은 내가 약해졌
을 때 오히려 나는 강하기 때문입니다"(고후 12:10, 공동번역)
"주님께서 친히 말씀하시기를 내가 결코 너를 떠나지도 않고, 버
리지도 않겠다"(히 13:5, 새번역)

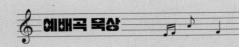

예배곡 묵상

개구리가 뒷다리를 잔뜩 움츠리는 건 더 멀리 뛰기 위한 준
비단계라고 합니다. 간혹 우리가 부르는 노래가 이렇다는 느
낌이 들 때가 있습니다. 앞부분에서는 우리의 실패와 낮음을
고백하는 것 같다가, 후렴에서 표정을 싹 바꾸고는 성공과
승리를 선언하는 노래들이 많습니다.

어떤 노래들은 그 간극이 심해서 '바보야! 내가 실패를 말
했던 건 승리를 자랑하기 위함이었다'고 말하는 것 같을 정
도입니다. 모든 노래가 그런 악의를 가지고 만들어진 것은 아
니겠습니다만 우리의 약점을 시종일관 노래하는 곡은 찾아
보기 힘듭니다. 나도 모르는 사이에 그런 노래는 부르지 말

자고 협약이라도 맺은 것처럼 말이죠..

〈낮은 자의 하나님〉에서 말하는 '낮은 자'는 사실 가장 낮은 마음을 가진 '나'이고, 〈새 힘 얻으리〉에서 말하는 '약한 자'는 사실 주를 바라는 '우리'를 가리킵니다. '약한 사람이 난 강하다고 말할 수 있게 한다'(let the weak say, 'I am strong')는 〈거룩하신 하나님〉의 원 가사가 한국어로 번역되면서 '내가 약할 때 강함 주고'로 바뀐 것도 우리 찬양의 자기 위로적, 자기 중심적 경향과 무관하지 않은 것 같습니다. 우리의 약함은 강해짐을 극대화하기 위한 극적 장치로 꽤 자주 이용됩니다.

하지만 성경의 입장과 바울의 태도는 그런 경향과는 거리가 멉니다. '자신의 약한 것들 외에는 자랑하지 않겠다'는 고백, '약한 그때에 강하다'는 진리를 선포합니다. 약함을 강함으로 치장하거나 눈속임하지 않고, 그 자체를 선언하는 것이야말로 성경적인 태도일 것입니다.

🎹 나의 약함은 나의 자랑이요

(브라운워십, 잔치 THE FEAST, 이승호 사/곡)

🎵 함께 부르면 좋은 찬양 〈거룩하신 하나님〉

브라운 워십의 노래 〈나의 약함은 나의 자랑이요〉는 고린도후서 12장에 나오는 바울의 고백을 모티프로 한 노래입니다. 이 노래의 가장 큰 장점은 고린도후서를 인용하되, 성경구절을 그대로 옮기지 않은 부분의 가사에도 인용한 성경 구절의 어감과 운율을 유지한다는 데 있습니다. '나의 약함은 나의 자랑'이라는 바울의 고백은 '나의 실패는 나의 간증', '나의 아픔은 나의 영광', '나 가난함은 나의 상급', '나 미련함은 나의 자랑', '나 쓰러짐이 나의 고백' 같이 변주되면서도 섣불리 그 약점들이 변화되었다고 단언하지 않습니다. 바울이 했을 법한 고백입니다.

앞서 언급했듯이 찬양에 '나'가 등장해서 중심이 될 때 자칫 빠질 수 있는 자기 부인과 자기 연민에 대한 우려가 전혀 없지는 않지만, 그 약함을 강한 것으로 치환하지 않는 가사의 안전장치 덕분에, 우리는 이 찬양을 통해 바울의 고백에 동참할 수 있게 됩니다. 강해짐을 극대화하기 위한 장치로서의 약함이 아닌, 말 그대로 순전히 '그냥 약함 그대로의 모습'을 통해 그리스도의 능력이 드러나길 소망해 봅니다.

묵상 하는 기도	주님, 우리의 마음 상태에 절망하기보다 우리를 인도하시고 반드시 자라게 하실 하나님의 능력에 시선을 고정합니다. 우리를 포기하지 않으시는 하나님의 사랑을 더욱 의지하게 해주세요.

하나님을 만나는, 만났던 곳에서

교회력 본문 창세기 28:10-19a

성경에서 '투쟁'이라는 말이 가장 잘 어울리는 사람을 꼽으라면 저는 바로 '야곱'이 생각납니다. 그는 태어나면서부터 쌍둥이 형의 뒤꿈치를 잡고 나올 정도로 '첫 아들'이라는 자리를 얻기 위해 투쟁했습니다. 고대 근동의 부족 문화에서 '첫 아들'이 된다는 것은 중요한 의미를 가지는데, 이는 집안의 모든 권리와 대표성, 재산의 상속이 첫째에게만 주어지기 때문입니다.

그런데 저는 계속해서 그 자리를 얻기 위해 투쟁하는 야곱의 모습에서 왜인지 모를 동질감을 느낍니다. 왜냐하면 사실 우리도 우리의 자리를 얻기 위해 계속 싸우고 있으니까요. 나의 자리, 언제라도 돌아올 수 있는 곳. 그 안정감을 얻기 위해 우리는 계속해서 무언가와 싸웁니다.

하지만 아이러니하게도 자신이 있을 곳을 얻기 위해 싸우던 야곱은 그토록 원하던 '첫 아들'의 지위를 얻었지만, 결국 무리한 투쟁 끝에 생존을 위해 자기 고향을 떠나야만 하는 상황에 놓입니다. 안정을 얻기 위해 싸웠지만 오히려 안정되지 않는 우리의 삶과 오버랩되어 보입니다.

좋은 대학에 가면 삶이 나아질 거야.
좋은 직장에 들어가면 삶이 안정될 거야.
좋은 집에 살면 행복해질 거야.
좋은 사람을 만나 결혼하면 외롭지 않을 거야.

우리는 이러한 것들을 얻기 위해 투쟁하고 그 과정에서 많은 이들이 탈락합니다. 운 좋게 이것들을 얻은 사람들도 이를 평생 유지하기는 쉽지 않습니다. 그래서 더 나은 것, 더 큰 안정감을 추구하며 계속해서 투쟁을 이어갑니다.

야곱은 이제 신붓감을 찾으라는 명분으로 고향에서 쫓겨나 홀로 외로운 여행을 시작합니다. 그러던 중 하란으로 가는 길 어느 한 곳에서 노숙을 하게 되죠. 돌 하나를 베개로 삼고 잠이 들었는데 하늘의 계단에 서 계신 하나님을 꿈속에서 만나게 됩니다. 그 꿈 속에서 이삭으로부터 받은 첫 아들의 축복을 지켜 이루어 주겠다는 하나님의 약속을 받고 꿈에서 깨어납니다.

여기서 중요한 것은 야곱의 반응입니다. 만약에 여러분 꿈에 하나님이 나타나서 약속을 했다면 어떤 기분이 들까요? 저는 흥분과 기쁨으로 복권을 사러 달려 나갈 것 같습니다. 하지만 야곱은 기뻐하는 대신 엄청난 두려움에 사로 잡혀 '여기가 하나님의 집이구나'라고 말합니다. 그리고 그곳을 거룩하게 기억하는 작은 의식을 치릅니다.

집을 떠나오며 느꼈던 야곱의 두려움은 하나님이라는 더 큰 존재에 대한 두려움으로 바뀌었습니다. 그런데 놀라운 것은, 두려움의 대상이 하나님으로 바뀌자 야곱은 이전에 두려워했던 것들을 더 이상 두려워하지 않게 됩니다. 대신에 하나님을 믿고 그 하나님을 섬기겠다는 약속을 합니다. 내 생각의 한계를 넘는 이해할 수 없는 큰 존재를 만나 그분 앞에 엎드리는 것. 하지만 그 두려움에도 불구하고 그분을 따르고자 하는 마음이 생겨나는 것. 우리는 이런 반응을 '경외'라고 합니다.

내가 진정 두려워해야 할 대상이 누구입니까? 야곱이 돌베개를 세우고 거기에 기름을 부은 것은 이 날의 경험을 잊지 않기 위해서였습니다. '하나님을 만난다'는 것은 바로 이런 뜻입니다. 내가 돌아갈 곳이 어디인지, 내가 기억해야 하는 분이 누구인지를 잊지 않기 위한 하나의 '기억점'(save point)을 세우는 것입니다.

삶에서 나를 두렵게 하는 수많은 일들이 몰려올 때, 기름을 부었던 돌베개를 기억하고, 하나님과의 만남을 기억하는 것. 다시 말해 내가 정말 두려워해야 하는 분이 누구인지를 기억하는 습관이 우리를 다른 두려움과 싸워 버틸 수 있게 하는 힘이 됩니다.

여러분의 삶에 어느 기억, 어떤 경험이 야곱의 돌베개와 같이 세워져 있나요? 여러분은 두려움이 올 때 돌아갈 곳이 있습니까?

예배곡 묵상

'하나님 나라'는 흥미로운 개념입니다. 예수님이 '하나님 나라가 가까이 왔다'고 직접 말씀하셨을 때만 해도 그 의미는 꽹장히 직관적이었을 게 분명합니다. 당시 피지배 민족인 유대인들에게 하나님 나라는 기존의 나라인 로마제국이 붕괴되고 도래하는 새로운 메시아의 나라로 받아들여졌습니다.

하지만 시간이 흐르면서 하나님 나라는 '죽으면 가는 내세' 정도로 곡해되기도 했다가, 현대에 이르러서는 이도 저도 아닌 개념이 되어버렸습니다. 세속 국가를 대체하지도 못하고 그렇다고 아예 피안으로 미루기에는 애매한, 어정쩡한 개념이 되어버렸습니다.

'너 지금 죽어서 천국 갈 수 있느냐'는 덜 다듬어진 질문도, '하나님 나라 확장을 위한다'면서 비기독교인들을 향해 퍼부어지는 혐오와 폭력도 '하나님 나라' 개념에 대한 오해에서 비롯된 것입니다. 하나님 나라에 대한 오해는 '하나님이 이 땅을 다스리신다는데 왜 현실은 시궁창이냐'는 문제의식에서 더 증폭됩니다. 이곳에서 여전히 우리는 아프고, 슬프고, 불편하고 괴롭습니다.

그가 다스리는 그의 나라에서

(마커스, Kingdom of God, 김준영 사, 송은정 곡)

〈그가 다스리는 그의 나라에서〉는 2013 마커스 라이브워십 음반에 수록된 곡입니다. 예배실황을 담은 라이브 음반인데, 이 곡은 스튜디오에서 녹음한 버전으로 수록되어 있습니다. 노래는 아이들의 목소리로 시작됩니다. 마치 예수님께서 아이들을 불러 가까이하시고 하나님의 나라가 아이들과 같은 이들이 것임을 말씀하시는 장면이 연상됩니다.

하지만 아이들의 맑은 목소리와는 다소 이질적인 '하나님 나라는 어떤 곳일까 아픔과 슬픔이 없는 나라인가요 하지만 이곳은 그렇지 않은 걸'이라는 도입부의 가사는 시궁창 같은 현실에 내뱉는 신음 같은 느낌이 듭니다. 실제로 적지 않은 크리스천들이 이런 스탠스를 유지합니다. '하나님 왜 아무것

도 안 하세요, 이럴 바에는 나 좀 데려가세요'라는 말도 서슴
치 않는 이들도 있습니다.

우리가 부르는 노래 중 상당수가 이런 식으로 현실을 도
피합니다. '죄 많은 이 세상은 내 집 아니네'라며 하나님 나라
를 버리고 갈아탈 환승역 정도로 생각합니다. 하지만 이 곡
에서는 '하나님 나라는 이곳'이라 선언하고 '우리가 하늘과 땅
의 통로'라며 우리의 시각을 전환합니다. '이 땅에서 하늘 뜻
을 품고 사는 자들', '믿음으로 하늘 뜻을 보여주는 자들', '보
내어진 자리에서 (하늘 뜻에) 동참하는 자들', 즉 성도들을 통
해 하나님 나라가 이뤄지고 있음을 역설합니다.

'하나님이 세상을 지으사 회복하고 통치'하시는 하나님 나
라는 '하늘과 땅의 통로'인 우리를 통해 세워진다는 사실을
확인합니다. 마침내 '주님이 이곳에 나타나 오시는 날' 완성
될 것이라는 선언은 우리를 향한 응원과 위로입니다.

우리는 여전히 현실을 보면서 한숨짓지만 포기하지 말고
우리 앞에 놓인 삶을 묵묵히 살아내야 한다고 다독입니다.
이를 악 문 희망이 '세상과 우리는 완전하게 변할 거야'라는
짧은 가사 속에 담겨 있습니다.

어긋난 인간관계, 하루가 멀다 하고 마주하는 경제적 어
려움, 불투명한 미래, 굳어버린 것 같은 신앙… 이런 인생 속
에 하나님은 어디에 계실까요? 하나님 나라는 온 걸까요? 오
긴 할까요? 이렇게 묻는 우리에게 이미 예수님께서는 말씀하

셨습니다.

"하나님의 나라는 눈으로 볼 수 있는 모습으로 오지 않는다.

'보아라, 여기에 있다' 또는 '저기에 있다' 하고 말할 수도 없다.

보아라, 하나님의 나라는 너희 가운데에 있다"

(눅 17:19-20, 새번역)

묵상 하는 기도	우리가 돌아갈 영원한 집이 있고 우리가 안길 영원한 품이 있음에 감사합니다. 하나님을 두려워함이 우리에게 참된 평안과 유익임을 믿습니다. 높으신 주님을 찬양합니다.

🕯 이끄심의 확신

📖 **교회력 본문**   열왕기상 3:5-12, 로마서 8:26-39

저는 어렸을 때 꿈이 '솔로몬'처럼 지혜로운 사람이 되는 것이 었습니다. 그래서 솔로몬의 지혜를 달라고 기도했고, 혹시 오늘 꿈에 하나님이 나타나셔서 솔로몬처럼 내게 질문을 하시지 않을까 두근거려 보기도 했습니다.

솔로몬의 이 유명한 이야기는 우리가 알던 것과는 좀 다른 부분이 몇 가지 있습니다. 첫 번째, '일천번제'는 천 번 제사를 드린 것이 아니라 '천 마리의 제물을 바친 것'이라는 사실, 두 번째, 솔로몬이 구한 '지혜로운 마음'은 히브리어로 '듣는(깨닫는) 마음'이라는 사실입니다. 그런데 이 '듣는 마음'은 히브리어로는 '의로움을 분별하는'으로도 읽을 수 있습니다.

오늘 본문의 배경을 조금 더 이야기하자면, 사실 솔로몬은 위대한 왕 다윗의 뒤를 잇기엔 세력 기반이 부족했습니다. 일단 첫 아들도 아니었고, 부정한 관계로 얻은 밧세바의 자식이었기 때문에 정당성도 부족했습니다. 그래서 실제로 아도니야가 쿠데타를 일으키기도 했었지요. 그렇기 때문에 사실은 긴 수명, 왕의 재산, 정적들의 숙청과 같은 것들이 왕권을 강화하기 위해 꼭 필요했었습니다. 그러나 그는 당시 이방 왕들이 취했던 그런 수완을 대신에 '의로움'을 분별하는 능력을 구했습니다. 솔로몬의 이 말은 하나님께서 원래 바라셨던 다스림의 방법과 딱 맞는 것이었고, 이스라엘이 나아가야 할 올바른 방향이었습니다.

하나님께서 솔로몬의 대답을 마음에 들어 하신 이유는 열왕기의 테마와 관련이 있습니다. 열왕기의 주제는 '누가 진정한 왕인가?'에 대한 끊임없는 질문입니다. 이제 갓 청동기 문명에서 철기 문명으로 넘어가는 상황의 부족 국가인 이스라엘은 철기 문화를 가진 당시 가나안의 도시 국가들을 보면서 그 나라들의 발전된 문화와 시스템을 동경했습니다. 그러나 이것은 모세와 여호수아를 통해 하나님께서 계속 경고하신 부분이었죠.

이스라엘 사람들은 눈앞의 이익을 좇아 '의로움'으로 다스리시는 왕인 하나님을 버리고 이방 사람들과 같이 강력한 왕을 요구했습니다. 그래서 사실 성경은 사울, 다윗, 솔로몬을 본받아야 할 인물이라고 말하지 않습니다. 사무엘, 열왕기, 역대기에 나오는 왕들은 '하나님 왕'을 버리고 '인간 왕'을 택한 이스라엘의 선택이 얼마나 어리석고 잘못된 결정이었는지를 보여주고 있습니다. 결국 왕정 시대의 결말은 북이스라엘과 남유다가 차례로 멸망하는 것으로 끝이 납니다.

자, 그렇다면 솔로몬에게 던지는 이 하나님의 질문, '의로운 왕이 누구냐?'라는 질문에 오늘 말씀을 듣는 저와 여러분은 어떻게 대답할 수 있을까요? 여러분은 무엇을 원하십니까? 아니, 누구의 다스림을 원하십니까? 솔로몬에게 하신 질문은 사실 '소원을 말해봐'가 아니라 '누구의 다스림을 받을래?'라는 질문인 것입니다.

로마서 8:26은 '성령도 우리의 연약함을 도우신다'라고 이야기합니다. 우리와 함께 영원히 거하기를 원하셨던 의로운 왕이신 하나님은 그 일을 성령 하나님을 통해 이루십니다. 하나님의 백성 안에 거하시며 삶의 모든 순간마다 의로운 길로 인도하시는 성령 하나님을 통해 우리는 솔로몬이 구했던 그 지혜를 동일하게 누리고 있는 것입니다. (그러고 보니 저는 기도 응답을 이미 받은 셈이네요)

그리고 누구도 그 다스림에서, 그 사랑에서 우리를 끊을 수 없습니다. 심지어 나의 실패마저도 우리를 이끌어 가시는 하나님의 다스림을 멈출 수 없습니다. 한 때 '구원의 확신이 있는가?', '당신은 지금 죽어도 천국에 갈 수 있는가?'와 같은 질문이 유행했습니다. 심지어 '구원파' 같은 이단은 '구원받은 날짜와 시간'까지 알지 못하면 제대로 구원받지 못한 것이라고까지 이야기하기도 했습니다.

그러나 성경이 말하는 '확신'은 내가 구원받았는지의 여부에 대한 확신이 아닙니다. 왜냐하면 구원은 전적으로 하나님께 달린 일이기 때문입니다. 우리가 어떻게 할 수 없는 일을 어떻게 확신하나요? 대신에 성경은 로마서 8:26에서 말하는 것처럼 '하나님께서 믿는 자들을 세상 끝날까지 지키시고 거룩한 길로 이끌어 가신다'라는 '이끄심(견인)의 확신'을 말하고 있습니다.

우리가 지금 구원받았는지 아닌지는 우리에게 달린 일이 아닙니다. 그것은 구원의 주인이신 하나님께 완전히 맡겨 드리고, 대신 그분의 약속인 '내가 너의 하나님이 되고, 세상 끝 날까지 너희와 함께 하겠다'라는 말씀을 믿고 그분의 이끄심과 인도를 믿으며 살아가는 것이 우리가 할 수 있는 일입니다. 그것이 바로 오늘날 '하나님의 다스림'을 따라 사는 것 아닐까요?

사람이기 때문에, 흔들리는 존재이기 때문에 매일같이 상황에 따라 우리의 믿음이 요동치는 것은 당연합니다. 그러나 그 모든 순간에 솔로몬이 그랬던 것처럼 '듣는 마음'이라는 지혜를 구하면서 하나님의 다스림을 따라갈 수 있기를 바랍니다. '지금' 실패했을지라도 '계속' 하나님께서 우리를 이끌어 가심을 믿고 '또다시' 의롭게 살고자 하는 용기를 우리 안에 계신 성령님께서 공급해주실 것입니다.

"그러나 우리는 이 모든 일에서 우리를 사랑하여 주신 그분을 힘입어서 이기고도 남습니다"(롬 8:37, 새번역)

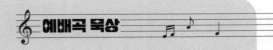

🎹 우리는 주의 움직이는 교회

(홀리원, 우리는 주의 움직이는 교회, 김현철 사/곡)

주일학교를 다녀본 크리스천이라면 강대상에 올라갔다가 선생님한테 호되게 혼난 경험이 있을 겁니다. 강대상에 있는 의자는 더더욱 가까이 가면 안 될 것 같은 분위기 속에서 신앙생활을 해왔을 테고요. 오래도록 교회의 건물과 그 안에 있는 물건들은 거룩한 것으로 여겨졌습니다. 아마 '거룩과 세속'의 개념을 아이들에게 가르치는 가장 효과적인 방법이었을 겁니다.

그 덕분에 교회라는 간판이 붙은 곳을 신성한 곳으로 여기는 태도는 아이들 뿐 아니라 성인들에게서도 발견됩니다. 팬데믹 기간 동안 한참을 닫혀 있던 교회가 다시 그 문을 열을 때, 현장예배에 참여하는 많은 크리스천들은 예배를 드릴 수 있다는 사실 이전에, 교회 건물에 들어갈 수 있다는 것을 꽤나 감격적으로 여겼습니다. '성전을 지킬 수 있게 되었다'면서 말입니다.

그러나 그리스도의 십자가 사건 이후 성소와 지성소를 가르는 휘장이 찢어지고, 건물로서의 성전의 개념은 사라져버렸습니다. 대신 성령이 거하시는 처소로서의 '몸'이 성전이 되었고, 그리고 그리스도의 이름으로 모이는 '모임'인 '교회'가 성전을 대체했습니다. 교회는 건물이 아닙니다. 그 사실은 팬데믹 기간에 우리에게 더욱 새롭게 다가왔습니다.

과연 어디가, 누가 교회인가를 묻는 질문이 다시금 우리에게 주어졌습니다. 홀리원의 〈우리는 주의 움직이는 교회〉는 이 질문에 대답하는 듯한 노래입니다. 제목부터 '우리는 … (그냥) 교회'라고 모호하게 표현하지 않고, '움직이는 교회'라고 함으로써 교회가 땅에 고정되어 있는 건물이 아니라는 것을 선언하죠. 후렴에서 이어지는 '나의 노래로 주님의 성전을 지으리', '두 손 들어 주님의 보좌를 만들고' 같은 가사들은 성전이 어느 한 장소에 귀속되어 있지 않고, 예배하는 개인이 곧 교회라는 것을 드러냅니다. '그룹 날개 사이에 임하신 것처럼 내 위에 임하소서'라는 가사는 구약의 성전 개념이 신약의 교회 개념으로 전환된 것을 한 문장 안에서 간명하게 정리합니다.

이 노래의 장점은 단순히 '우리가 교회다'라는 사실을 확인하는 데서 그치지 않는 데 있습니다. '하나님 우리가 이곳에 섰으니 이 땅을 치유하소서'라며 시선을 교회 바깥으로 돌려

이 땅의 회복과 치유를 노래하기도 하고, '어디에 있든지 주를 높이는 우리가 있는 그곳이 모두 교회임'을 노래합니다.

　우리에게 필요한 것은 '내가 서 있는 이곳에서 하나님을 예배'하는 것입니다. 장소와 환경을 뛰어넘어 교회로 살아가는 우리 모두가 되었으면 합니다.

묵상 하는 기도	주님의 이끄심을 구합니다. 주님의 다스리심을 갈망합니다. 언제나 주님을 바라보고 주님께로 돌아갈 수 있는 용기를 구합니다. 주님을 향한 영원한 간절함을 구합니다.

🕯 주님의 식탁에는 차별이 없습니다

📖 **교회력 본문**　　이사야 55:1-5, 시편 145:8-9, 14-21

마태복음 14:13-21

우리가 가장 먼저 떠올리는 '최후의 만찬'의 이미지는 아마도 레오나르도 다 빈치의 작품이 그리는 풍경이 아닐까 싶습니다. 하지만 12명의 남성이 긴 식탁에 앉아있는 묘사와는 달리, 실제 유대인의 식사 풍경은 음식을 빙 둘러 비스듬히 기대어 누운 자세로 먹는 다소 느긋한 분위기였다고 합니다. 특히 이때 아마도 남성뿐만 아니라 여성을 비롯한 다른 여러 제자들이 함께 있었을 것이라고 합니다(헬렌 본드).

재미있게도 복음서 곳곳에서 우리는 식사와 관련된 에피소드를 만나게 됩니다. 예수님은 베들레헴(히브리어로 빵집)에서 태어나셨고, 먹을 것으로 시험도 당하셨고, 가나의 혼인 잔치에서는 물을 포도주로 바꾸셨으며, 부활하신 다음에는 베드로를 찾아가 빵과 물고기를 구워 아침밥을 먹이기도 하셨습니다. 이 외에도 먹을 것과 관련된 이야기가 많지만, 그 중에서도 가장 유명한 사건은 아마도 '오병이어'의 기적이 아닐까 싶습니다. 왜 이렇게 예수님은 '먹이는 사역'을 많이 하셨을까요? 그 이유는 구약 곳곳에서 찾아볼 수 있는데 특히 오늘 교회력 구약 본문인 이사야 55장은 이렇게 기록하고 있습니다.

"너희 모든 목마른 사람들아, 어서 물로 나오너라. 돈이 없는 사람도 오너라. 너희는 와서 사서 먹되, 돈도 내지 말고 값도 지불하지 말고 포도주와 젖을 사거라"(사 55:1, 새번역)

또한 시편 145편은 이렇게 말합니다.

"만물이 모두 주님만을 바라보며 기다리니, 주님께서 때를 따라 그들에게 먹거리를 주신다"(시 145:15, 새번역)

구약 성경이 그리는 마지막 때 메시아의 중요한 이미지 중 하나는 자기 백성을 먹이는 분입니다. 그래서 오늘 교회력 본문 마태복음 14장의 오병이어의 기적은 단순히 기적적으로 많은 사람이 배고픔을 면한 사건이 아니라, 예수님께서 구약의 예언을 성취하는 메시아이심을 보여주는 정말 중요한 장면입니다.

그런데 이 장면에서 함께 주목하고 싶은 부분은 '먹은 사람들은 여자들과 어린 아이들 외에 어른 남자도 오천 명쯤 되었다'라는 21절입니다. 하나님 나라의 모습을 '살짝' 보여주는 이 식사 장면에서 '아이와 여성'을 왜 일부러 언급할까요? 그 이유는 분명합니다. 예수님이 가져오시는 '하나님 나라'는 그 어떤 차별이나 소외도 없는, 모두가 받아들여지는 나라임을 보여주고 있다는 것입니다.

유대 종교 지도자들은 끊임없이 예수님을 향해 '먹기를 탐하고 포도주를 즐기는 세리와 죄인의 친구'라고 비난했습니다. 예수님께서 율법적, 도덕적으로 더 낫다고 생각하는 자신들보다, 훨씬 더 격이 떨어지는 죄인들하고만 어울리시니 말이지요. 그러나 예수님은 그런 비아냥에 아랑곳하지 않으시고, 더 많은 사람들을 용서와 포용, 회복의 식탁으로 부르셨습니다. 그렇습니다. 하나님 나라의 식탁은 바로 우리 같은 '죄인'들에게 열려 있습니다.

그런데 우리는 그 식탁에 조금 먼저 앉았다는 이유만으로 나와 다른 사람들이 식탁에 앉는 것을 막고 있지는 않나요? 하나님의 식탁에 용기를 내어 나오려는 사람들을 내 기준으로 재고 있지는 않았나요? 마치 바리새인들처럼 예수님의 식탁 한 구석에 서서 손가락질하며 비난만 하고 있지는 않았던가요?

하나님의 식탁에는 차별이 없습니다. 우리의 마음을 열

고, 우리 옆 자리를 비워 둡시다. 우리가 정말 예수님을 사랑한다면, 기꺼이 그분을 따라서 세리와 죄인의 친구가 됩시다. 주님의 성령께서 이 말씀을 나누는 우리 모두의 마음과 생각의 장벽을 허물어 주시기를 기도합니다.

> "거기에는 헬라인이나 유대인이나 할례파나 무할례파나 야만인이나 스구디아인이나 종이나 자유인이 차별이 있을 수 없나니 오직 그리스도는 만유시요 만유 안에 계시니라"(골 3:11)

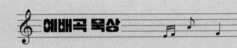

예배곡 묵상

▦ 아름다운 마음들이 모여서 (작자 미상)

♬ 함께 부르면 좋은 찬양 〈사랑의 주님이〉

오늘 소개하는 〈아름다운 마음들이 모여서〉는 유아들부터 머리 희끗희끗하신 권사님들까지도 친숙한 노래입니다. 왠지 모르게 노래를 들으면 서로의 어깨를 주물러주거나 양팔로 크게 원을 그리며 손모양을 '반짝반짝'하게 흔들어야 할 것 같은 생각이 들지만, 사실 이 노래는 기독교의 핵심이라고 봐도 될 만큼 중요한 메시지를 담고 있습니다.

이 노래는 누가 언제 만들었는지 알려져 있지 않습니다.

90년대 말에 발간된 추억의 악보집 『찬미예수 1500』에 1241번으로 수록된 것을 미루어 보아 80년대 말, 혹은 90년대에 만들어졌을 것이라 추측할 수 있을 뿐입니다.

이 노래가 강조하는 건 간단합니다. '주의 은혜 나누며 예수님을 따라 사랑', 곧 '서로 사랑'하는 것. 그리고는 복음서를 인용하며 '네 이웃을 네 몸과 같이' 사랑하는 것이 '하나님이 가르쳐 주신 한 가지'라고 단언합니다. 하나만 가르쳐주셨다는 게 아니죠. 가르쳐 주신 것 중 제일 중요한 것이 '서로 사랑'하는 것이라고 단언하는 겁니다.

그렇다면 '서로 사랑'하는 건 뭘까요? 후렴의 가사로 유추해보자면 '미움, 다툼, 시기, 질투'의 반대편에 있는 감정인 것 같아 보입니다. 하지만 그게 전부는 아닙니다. 2절 가사는 그보다 조금 더 의미심장한 물음을 던집니다. 발랄한 멜로디 속에 숨겨진 예리한 날이 우리를 찌릅니다. '예수님을 만나면 우리 뭐라 말할까 그때에는 부끄러움 없어야지' 성도의 본분은 하나님 보시기에 부끄러움 없도록 서로 사랑하는 것임을 강하게 얘기합니다(요 13:33).

찬양을 부를 때 노랫말을 신경 쓰며 부르는 사람들은 이쯤 되면 뭔가 불편해져야 합니다. 나의 삶은 어떠한가에 대한 질문이 스스로에게 생기게 되니까 말입니다.

이다음에 하나님이 지금 우리를 두고 물으시는 질문은 뭐가 될까요? 수치로 보일 수 있는 어떠한 일들을 열심히 해서

성과로 보여드리는 것이 중요하진 않을 것 같습니다. 주님께서 그것을 물으시지도 않으실 겁니다.

사실 우리에게는 사랑해야 할 이웃이 많이 있습니다. 이력서 150통을 쓰고도 취직하지 못해 원룸에서 고독사한 20대, 체감온도가 50도에 육박하는데도 방역 때문에 시원하게 복도 바닥에 물 한 번 뿌리지 못했던 쪽방촌 주민, 1년이 넘도록 경기가 회복될 기미가 보이지 않아 월세와 인건비에 쫓기는 자영업자들…. 그들과 같은 땅을 딛고 선 교회가 해야 할 일은 무엇일까요? 우리에게 맡겨주신 하나님의 일은 뭘까요? 이 노래는 명확하게 알고 있는 듯 합니다.

⚓ 조금 낯설게 읽는 요셉 이야기

📖 교회력 본문　　창세기 37:1-4, 12-28,　마태복음 14:22-33

우리는 성경에 대한 이야기를 단편적으로 듣는 경우가 많습니다. 그러다 보니 이야기의 결말은 대충 아는데 도대체 이야기가 어떻게 진행되는지, 이야기와 이야기 사이에 어떤 디테일이 숨어 있는지, 이야기가 정말로 의미하는 것이 무엇인지 놓치기 쉽습니다. 오늘 교회력 본문의 '요셉 이야기'도 그런 이야기 중의 하나인 것 같습니다.

성경은 생각보다 더 치밀하게 구성된 한 편의 '드라마'와도 같습니다. 우리가 드라마를 보면서 발견하는 이야기의 구성, 복선, 다양한 장치들처럼 성경, 특히 구약의 이야기들은 다양한 숨은 내용을 가지고 우리를 기다리고 있습니다. 그래서 성경을 읽기 위해 중요한 자세 중 하나는 바로 '낯선 책처럼 읽는 것'입니다. 내가 알고 있던 기존의 결말과 지식은 다 내려놓고, 성경을 마치 처음 본 것처럼 읽는 것이죠. 그때 비로소 이전에 발견하지 못했던 부분들을 찾게 될 가능성이 열립니다.

창세기를 읽다 보면 자꾸 살던 곳에서 어디로 떠나고, 아내를 빼앗기고… 이런 식으로 비슷한 이야기가 반복되는 것을 보게 됩니다. 그런데 오늘 본문 창세기 37:4에서 형들이 요셉을 미워했다는 장면에서도 뭔가 기시감이 느껴집니다. 바로 창세기 4장에서 가인이 아벨을 향해 품었던 분노가 오버랩됩니다. 반복되는 이야기 속에서 우리는 뭔가 불길한 일이 벌어질 것 같은 예감이 듭니다.

요셉의 꿈은 창세기 독자라면 누구나 '아, 하나님의 약속이구나!'라고 이해할 수 있을 것입니다. 그런데 그 꿈이 무색하게 바로 다음 장면에서 요셉은 형들에 의해 먼 이집트 땅으로 팔려가게 됩니다. 여기서 우리는 창세기에서 반복되는 패턴 중 하나, 바로 '약속 이후의 시련'이라는 구성을 보게 됩니다.

우리는 그동안 창세기를 읽어 오면서 하나님의 약속이 반드시 성취되는 것을 보았습니다. 그러나 그 사이에 아브라함은 자식을 낳지 못했고, 야곱은 살던 곳에서 쫓겨났으며, 이제 요셉은 형들에게 팔려 먼 곳으로 떠나게 됩니다. 하나님의 약속과 그 성취 사이에 있는 길고 어두운 공백. 어쩌면 우리가 주의 깊게 읽지 않았던 그 공백의 시간들이야말로 하나님께서 자기 약속을 성취해 나가시는 이야기의 진정한 핵심이 아닐까요? 왜냐하면 바로 그 공백의 시간을 우리가 살아가고 있기 때문입니다.

우리가 들어왔던 성경에 대한 이야기들은 성경 인물들이 받은 약속을 자신의 것으로 삼으라고 말합니다. 요셉처럼, 다윗처럼… 하나님의 약속을 믿고 큰 꿈을 가지라고요. 하지만 우리는 그 성경의 인물들처럼 꿈을 꾸지도 않았고, 하나님이 우리 앞에 나타나신 적도 없습니다. 어쩌면 우리가 매달려왔던 그 '꿈'들은 나와는 전혀 상관없는, 다른 사람의 꿈은 아니었을까요?

또 다른 교회력 본문인 마태복음 14:27은 '안심하라. 나니 두려워하지 말라'고 이야기합니다. 성경은 우리에게 꿈을 가지라고 말하지 않고, 대신에 '안심하라'고 말합니다. 우리가 가져야 할 것은 성경에 등장하는 인물들이 받은 꿈이나 계시가 아닌 '하나님을 신뢰하는 태도'라는 말입니다.

하나님은 우리의 앞날을 결정해 놓고 그 결정에 맞게 우리를 조종해가시는 분이 아닙니다. 다만 최선을 다해 고민하고 결정하며 나아가는 우리의 삶에 함께 하시며 우리를 보호하시는 분이십니다. 그러므로 각자 최선을 다해 성경의 인물이 아닌 자신의 미래를 그리시길 바랍니다. 그리고 그 미래를 향해 나아가는 길에 하나님께서 함께 하신다는 것을 믿으며, 오늘도 두려움 없이 각자의 자리에서 살아가시기를 축복합니다.

예배곡 묵상

⊞⊞ 더불어 함께

(예수원 가는 길, 세 번째 이야기, 김형국 사, 조준모 곡)

♬ 함께 부르면 좋은 찬양 <손잡고 함께 가세>

2015년, 국정 역사교과서 문제로 시끄러웠을 때, 서울 소재 모 신학교에서는 '복음서도 네 개인데…'라는 메시지의 현수막을 내걸었습니다. 신학교다운 접근이면서도 위트가 있어서 사회적으로도 화제가 됐었습니다. 그런데 이런 시각은 의외로 지극히 성경적인 원리를 담고 있습니다. 하나이지만 각기 다른 것을 존중하는 태도 말입니다. 복음서는 모두 같은 예수 그리스도에 대해 증언하는 책이면서 동시에 다른 저자들에 의해 기록되어 그리스도를 더욱 입체적으로 볼 수 있게 돕습니다.

'태초에 우주의 중심에는 관계가 있었다'는 말처럼, 삼위 하나님은 공동체로 존재하십니다. 하지만 성부, 성자, 성령은 또한 각각의 다른 존재로 계시며 서로를 사랑하고 인정하는 기묘한 관계를 유지하십니다. 그리고 그분의 사귐을 본받아 세워진 교회는 서신서에서 각기 다른 은사와 직분을 가진 사람들의 집합으로 그려집니다. 하나이지만 똑같지는 않은 연대를 그립니다.

교회 안에서 '하나이지만 똑같지는 않은 것'은 굉장히 중요합니다. 믿는 모든 사람이 하나님 앞에서 똑같은 제사장이며, 거룩한 나라임을 인정하는 것 말입니다. 교회 됨은 어느 한 사람의 주장이나 성향이 공동체에 일방적으로 강제되는 것이 아니라, 서로 다른 사람들에게 서로 다른 은사와 은혜를 베푸시는 하나님의 뜻에 기민하게 반응할 때 가능한 것이기 때문입니다.

예수원 가는 길과 조준모 3집에도 수록된 이 노래 〈더불어 함께〉는 이런 원리를 잘 담아내고 있습니다. 우리 믿음의 여정이 '더불어 함께 그 길을 가는 것'임을 노래 전체에서 반복하는 교회에 대한 노래입니다.

이 노래에서 '그 길'은 '혼자라면 외롭고 힘들었을 길'이고 '혼자라면 거칠고 모나게 살아갈 길'이었지만, '지켜보며 세워주는 이들', '그의 형상 닮아갈 이들'과 함께할 때는 기쁘게 걸어갈 수 있는 일이라 고백하며 공동체성을 강조합니다.

대부분의 찬양들은 긍정적 언어를 사용하지만 이 노래는 '이젠 더 이상 나만의 세계 구하지 않으리'라며 공동체의 연합에 방해가 되는 문제를 정확하게 지적하기도 합니다. '나(만)의 하나님'에 대한 강조나 '내 믿음'에 대한 집착이 어쩌면 공동체성을 해할 수도 있다는 전제를 담고 있는 지혜로운 통찰이죠. 그러면서 '그분의 나라를 나타내는 것'이 '더불어 함께' 살 때 가능하다는 것을 암시합니다.

우리는 교회 안에서 많은 의견 대립과 갈등을 경험합니다.

다른 사람이 나보다 뛰어난 것을 견디지 못할 때, 내 취향과 다른 사람의 취향이 다른 것을 인정하지 못할 때, 나만 혼자 바른 믿음을 가지고 있다고 착각할 때 갈등은 시작됩니다.

강제되지 않는 하나 됨, 개인이 파괴되지 않는 하나 됨을 추구하는 데에 〈더불어 함께〉는 좋은 자극이 될 것이 분명합니다. 다른 사람을 인정하는 건강한 자존감, 지금 우리에게 필요한 건 그런 태도가 아닐까요? 건강한 자존감과 함께 더불어 그 길을 가는 여러분들이 되시기를 바랍니다.

묵상 하는 기도	주님, 괴롭고 답답한 상황의 끝이 안 보입니다. 주님의 약속이 이루어질 줄 믿지만 이 긴 공백이 너무 괴롭습니다. 제게 인내와 용기를 주시고 같은 길을 가는 친구들을 더 많이 알려주세요. 그들과 함께 걷겠습니다.

🕯️ 그분의 침묵에 우리 마음을 비추다

📖 **교회력 본문** 마태복음 15:(10-20), 21-28

오늘 교회력 본문이 그려내는 장면은 제자들을 가르치는 척 하면서 옆에 서있는 바리새인들을 절묘하게 책망하시는 예수 님의 모습으로 시작합니다. 예수님께서 음식을 먹는 정결 규 례는 철저히 지키지만 오히려 그 속에서 더러운 생각이 흘러 나오는 바리새인들의 이중성을 지적하자, 옆에 서서 이야기 를 듣던 바리새인들의 얼굴이 붉게 달아올랐습니다.

그 이후 다음 장면은 '두로와 시돈'이라는 곳으로 옮겨집 니다. 예수님은 이스라엘 사람들을 '떠나서' 구원 바깥에 있 다고 여겨졌던 아주 먼 곳, 땅 끝으로 가십니다. 그런데 마침 한 가나안 여인이 거기서부터 '나와서' 예수님께 부르짖습니 다. '내 딸이 귀신에 들렸습니다! 나를 불쌍히 여겨 도와주세 요!'라고 말이죠.

그런데 예수님은 그 여인의 간절한 외침에 아무런 반응을 하지 않으십니다. 왜 그러셨을까요? 이 이야기가 앞선 10-20절의 이야기와 이어지고 있다는 것을 생각하면 좀 더 쉽게 이해할 수 있습니다. 이 침묵은 제자들을 향한 예수님의 질문입니다. 바로 앞서 나누었던 '무엇이 더러운 것이냐?'라는 질문을 제자들이 과연 깨달았는지를 시험하고 계신 것입니다(케네스 E. 베일리).

당시 문화 속에서 '여성'은 감히 랍비에게 '먼저' 말을 걸 수 없었습니다. 게다가 이 여자는 '이방인'이었습니다. 제자들은 자기 선생님에게 감히 먼저 말을 건 이방인 여성을 보며 어떤 생각을 가지고 있었을까요? 예수님의 침묵은 제자들의 답변을 이끌어내는 일종의 '시험 문제'였던 것이었습니다.

예수님의 침묵을 견디지 못하고 제자들은 '저 여자가 (시끄럽게) 외치고 있으니 제발 돌려보내세요!'라고 예수님께 요청합니다. 여기에서 예수님은 제자들의 속마음을 폭로하십니다. '나는 이스라엘의 길 잃은 양을 위해서만 보내심을 받았다'는 예수님의 말은 사실 '예수님은 우리 이스라엘 사람들을 위해서만 오신 분이라고. 너 같은 이방인 여자가 끼어들 자리는 없어!'라는 제자들의 속마음을 그대로 비춰주는 것이었습니다.

그런데 그 말을 들은 여자는 한층 더 간절하게 '주님, 나를 도와주세요'라고 말합니다. 그리고 예수님께서 말씀하십니다. '자녀들의 빵을 개에게 줄 수는 없지' 이 말을 듣는 순간 제자들의 마음은 얼마나 뜨끔했을까요? '저 더러운 개 같은 이방인에게 예수님이 도움을 주실 것 같아? 어림도 없지' 예수님은 바리새인들에게 하셨던 것처럼 옆에 서있는 제자들의 속마음을 드러내시며 그들을 부끄럽게 하십니다.

여기서 놀라운 것은 이런 모욕적인 예수님의 말에도 불구하고 이방 여자는 '바리새인들과 다르게' 예수님의 도움을 구합니다. '개들도 주인의 상에서 떨어지는 부스러기를 먹습니다' 그러자 예수님은 그 여자의 믿음이 크다고 칭찬하시며 딸을 치유해주십니다. 바리새인들은 예수님의 말씀에 분노하며 그를 믿지 않았지만, 이 이방인 여자는 그 모든 (제자들의) 모욕적인 발언(속마음, 편견)에도 불구하고 예수님을 믿었습니다.

자, 이제 주님의 제자인 우리들도 마찬가지로 이 침묵의 질문에 대답해야 합니다. '너는 이 작은 사람을 어떻게 생각하고 있니?'

주님의 침묵에 비친 여러분의 속마음을 살펴봅시다.

우리는 주님께 어떤 대답을 할 수 있을까요?

예배곡 묵상

▒▒▒ **적은 무리여 무서워 말라** (많은 물소리 워십, 이대귀 사/곡)

교회사를 공부하다 보면 필연적으로 만나게 되는 사람이 있습니다. 콘스탄티누스 황제입니다. 로마황제가 기독교인이 된 첫 번째 사람으로, 이후 기독교가 로마의 국교가 되는 기틀을 다졌다는 평가를 받습니다. 그는 지하교회에서 박해를 피해 숨죽이며 살던 기독교인들이 햇빛을 보게 한 인물이지만 동시에 기독교 신앙의 변질을 불러일으킨 사람이라는 비판도 함께 받습니다. 이때부터 황제가 교회에 개입하기 시작했고 교회가 국가권력에 복속하면서 세속화되었다는 평가가 지배적입니다.

어쩌면 현대 교회의 문제인 세속화와 타락은 이미 이때부터 예견되어 있었는지도 모릅니다. 낮은 곳에 처하기보다는 높은 곳에 있기를 원하고, 궁핍에 처하기보다는 부요함을 추구하는 태도는 그리스도의 선언, 성경의 가르침과는 거리가 멉니다. 여전히 우리는 콘스탄티누스의 그늘 아래 있는 것인지도 모릅니다.

이런 세속화의 가장 큰 문제점은 하나님을 수단화한다는 데 있습니다. 풍요로운 삶을 추구하는 데에 하나님의 능력을 빌리고 욕망을 정당화하는데 성령을 악용합니다. 그리고 우리의 시야를 좁아지게 만들어 개인의 안위와 내세지향적인 구원에만 집중하게 합니다.

안타깝게도 우리가 '찬양'이라고 부르는 노래들 중 상당수가 이런 욕망을 부추깁니다. 나의 하나님, 나를 위로하시는 하나님, 지금은 힘들지만 다 이기게 하시는 하나님에게만 찾습니다. 몸집을 불리고, 세상을 '쳐서 굴복시키는' 정복과 성취의 담론 속에서 우리는 정작 성령님이 시선을 두고 계신 곳을 보지 못할 때가 많았는지도 모릅니다.

누가복음에서 예수님은 제자들에게 '적은 무리여 무서워 말라'(눅 12:32)고 말씀하십니다. 이 말씀은 '그의 나라를 구하라'(눅 12:31)는 명령에 따라오는 애정 어린 당부인데요, 여기에는 '그의 나라를 구하는 것이 결코 대세가 아니다'라는 의미가 담겨 있습니다. 하나님의 나라를 구하는 자는 적을 수밖에 없다는 전제가 깔려있습니다. 그리고는 '너희 소유를 팔아 구제하여 낡아지지 않는 배낭을 만들라'(눅12:33)고 구체적인 가이드라인까지 제시하십니다. 하나님의 나라는 나의 욕망이 아닌, 하나님의 사랑과 긍휼이 이뤄지는 곳입니다.

〈적은 무리여 무서워 말라〉는 이런 맥락을 잘 담아낸 곡입니다. 이 곡은 아까 언급했던 누가복음 12장의 스크립처송입니다. 도입부에서는 예수님의 명령을 두 번 반복하며 강조합니다. 그리고는 곧바로 아버지께서 허락하시는 그 나라로 가는 길이 결코 녹록지 않음을 암시합니다. '너희를 이해하는 이가 없으며, 그 뜻을 따라가는 길이 힘'하다는 가사로 12장

앞부분을 요약합니다. 그런데 거기에 자신의 의지나 바람을 섞지는 않습니다. 하나님의 약속을 만들어내서 희망고문을 하지도 않습니다. '힘들 거야'라고 담담하게 읊조립니다.

노래는 다시 처음으로 돌아가서 도입부의 당부를 반복합니다. 주제가 첫 문장에서부터 짧게 드러나고 고난을 암시하는 부분을 지나 다시 반복됩니다. 상대적으로 분주한 화성의 변주에 비해 단순하고 명쾌한 멜로디는 두려움에서 확신으로 걸어가는 노래의 메시지와 잘 어울립니다. 뻔하지는 않되, 따라 부르기는 어렵지 않아 회중 예배곡으로 적절합니다.

아버지께서 우리에게 주시기를 기뻐하시는 나라는 어떤 나라일까요? 우리는 그 나라를 어디에서 발견해야 하는 걸까요?

그 해답은 의외로 가까이 있는지도 모릅니다. 단지 우리가 그것을 바라보지 못하고 노래하지 않아 모를 뿐입니다.

묵상 하는 기도	믿음을 가졌다는 우월함, 그 믿음을 수치화했던 교만함, 그리고 그것으로 다른 이를 판단하고 정죄했던 악함을 회개합니다. 주님이 흐뭇하게 바라보시는 그런 겸손하고 따뜻한 사람이 되고 싶습니다.

내가 이 연약한 고백 위에 교회를 세우리라

교회력 본문   마태복음 16:13-20

오늘 교회력 본문 마태복음에서 예수님은 제자들에게 사람들이 자신을 누구라고 하는지 물어보십니다. 세례 요한, 엘리야, 예레미야나 선지자들 가운데 하나… 저마다 각자가 그리는 구원자의 모습을 예수님께 기대하고 있었습니다. 그리고 주님은 제자들에게 물으십니다. '너희는 나를 누구라고 하느냐?'

성경 원문의 의미를 살려 베드로의 대답을 살펴보면 다음과 같습니다. '당신은 살아 계신 하나님의 아들이신 그리스도이십니다' 이 말은 예수님은 그리스도(메시아, 구원자)이신데, 당시에 그리스도를 자칭하던 수많은 다른 사람과 특별히 구별되는 '하나님의 아들'이신 분이라고 정확하게 이야기하는 것입니다.

우리는 그리스도, 메시아라고 하면 당연히 예수님을 떠올리지만, 사실 예수님 당시에는 스스로 자신을 마지막 때의 메시아로 자처하며 로마의 압제에 대해 무장봉기(행 21:38)를 일으켰던 사람이 있었습니다. 왜냐하면 사람들은 마지막 때에 올 메시아가 다윗 왕처럼 정치적, 군사적으로 이스라엘을 해방시킬 것으로 기대하고 있었기 때문이었습니다.

그러나 베드로가 말하는 하나님의 아들이신 그리스도는 세상이 원하는 힘 있고 정치적인 구원자가 아니었습니다. 바로 '주님의 기도'(마 6:9)에서와 같이 하나님의 뜻이 하늘에서처럼 이 땅에서도 이루어지도록 하는, 다시 말해 하나님의 나라를 이 땅에서 실현시키는 분이라는 고백입니다. 예수님은 이런 고백을 하는 사람에게 '복되다'라고 하십니다.

그럼 어떤 상태가 복된 것일까요? 사회적, 정치적인 힘을 가지고 큰 목소리를 낼 수 있는 상태? 사람이 그득그득 모여든 예배당에서 벌어지는 화려하고 감동적인 예배? 자기 말한 마디에 수많은 사람들이 따라 움직이는 강력한 권력? 모든 것이 갖춰진 교회를 다니며 은혜로운 신앙생활을 누리는 사람?

오히려 주님은 베드로에게 '복 됨'은 어떤 조건이나 상황이 아닌 '신앙고백'에 담겨있다고 말씀하십니다. 하늘에서 이루어진 다스림이 이 땅에서도 이루어지기를 간절히 기대하는 사람, 비록 지금 하나님의 뜻대로 이 세상이 돌아가지 않는 것처럼 보이지만 그럼에도 계속해서 하나님을 신뢰하는 사람. 그렇게 믿고 사는 사람이 복되다고 말입니다.

그리고 주님은 그 베드로의 신앙고백 위에 내 교회를 세우겠다고 말씀하십니다. 화려한 건물이나 유명세, 수많은 사람이나 권력, 사회적 발언력과 같은 어떤 힘이나 조건으로 유지되는 것이 아닌, 비루하고 부족한 현실에도 불구하고 주님의 약속을 붙잡고 사는 사람들로 만들어지는 것이라고 말이지요. 교회란 바로 그런 곳입니다.

다시 한번 묻고 싶습니다. 교회란 무엇일까요? 땅에서 하늘의 것을 묶고 풀 수 있는 권세가 있다는 그 교회는 과연 어떤 모습이어야 할까요? 우리는 오늘 오히려 하늘의 다스림이 땅에서 '절대' 이루어질 수 없도록 묶어버리고 있진 않나요? 하나님 나라의 다스림은 결코 크게 소리를 높이고 많은 군중이 모여 힘자랑한다고 이루어지지 않습니다. 오히려 낮아지고 겸손한 모습, 사람을 사랑하고 섬기는 것으로 이루어집니다. 우리의 교회가 부디 그 연약한 승리의 길로 돌아올 수 있기를 간절히 소망합니다.

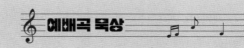

예배곡 묵상

시선 (예수전도단 캠퍼스워십, His Kingdom Come, 김명선 사/곡)

🎵 함께 부르면 좋은 찬양 <주님을 보게 하소서>

정치를 잘 모르는 사람들도 관심을 가지는 이벤트인 대통령 선거의 가장 큰 이슈는 아무래도 '경제'입니다. 역사를 돌아보면, 먹고사는 문제를 잘 해결해 줄 것 같은 사람이 대개 권력을 잡았습니다. 그만큼 생계를 책임지는 것은 지도자의 덕목으로 여겨집니다.

예수님 당시의 시선도 크게 다르지 않았습니다. 오랜 수탈과 압제로 먹고살기 힘들어진 유대 백성에게 이미 5천 명을 먹이셨던 예수님은 차기 지도자로 부족함이 없어 보였을 겁니다. 경제를 파탄 낸 헤롯이 아닌, 예수를 경제분봉왕으로 옹립하고 싶은 욕망이 유대인들 사이에서 피어오릅니다.

그런데 예수님은 자기에 대한 오해를 적극적으로 부정하기는커녕, 이런 이미지를 강화라도 하듯 스스로를 '하늘에서 내려오는 떡(빵)'으로 자신을 소개합니다. 예수님은 왜 이런 오해를 방치하시고 심지어는 강화하셨을까요?

이후에 요한은 '그때부터 그의 제자 중에서 많은 사람이 떠나갔다'(요 6:66)고 기록합니다. 예수가 '하나님의 거룩하신 자'라는 것을 아는 열두 제자만이 그 곁을 지켰을 뿐입니다. 예수님의 의도는 이 사실에 담겨 있다고 볼 수 있습니다. 누가 제자입니까? '하늘에서 내려오는 빵'의 진의를 아는 사람, '빵'이 아니라 '하늘'을 볼 수 있는 사람입니다.

크리스천은 그런 사람들입니다. 빵의 비유에서 하늘을 바라보는 사람들 말입니다. 크리스천들은 남들과 같은 것을 보지만 다른 것을 발견합니다. 자그마한 이슬 속에서도 광활한 우주를, 평범한 목수에게서 창조주의 진면목을, 사형 틀(십자가)에서 생명을 보는 사람이 그리스도의 제자라고 할 수 있을 겁니다.

오늘 소개하는 〈시선〉은 이미 국민 찬양의 대열에 오른 노래라 소개한다는 것이 조금은 머쓱합니다. 하지만 오늘 본문에서 다루는 크리스천의 정수를 이 노래의 아이디어만큼 잘 담아내고 있는 곡을 찾기는 힘듭니다.

캠퍼스워십의 7번째 앨범의 수록곡 중 제일 잘 알려진 이 노래는 '내게로부터' '주'를 보고, '황폐한 땅'에서 '주님 마음'을 알게 되며, '내 삶' 속에서 '주의 역사'를, '세상' 속에서 '주의 나라'를 확인하는 크리스천의 전환된 관점을 '시선'이라는 일상어로 잘 풀어냈습니다.

어려운 시대와 환경 속에서 시선을 전환할 수 있는 힘은 어디에서 나올까요? 이 노래는 '성령이 나를 변화시켜 모든 두려움 사라질 때' 가능하다고 고백합니다. 술의 힘을 의지해 취하는 것이 아니라, 성령으로 충만함을 추구하라는 에베소서의 권면과도 맞닿아 있습니다.

우리는 어려움 속에서 성령의 도우심을 구합니다. 우리 시선이 가려질 때, 초점이 희미해질 때 성령은 우리의 연약함을 아시고 거룩한 삶으로 나아갈 수 있도록 힘을 주십니다. 우리의 시선을 들어 주를 보게 하시는 분, 눈에 보이는 것 이상의 본질을 바라보게 하는 성령께서 우리를 도와주시도록 기도하는 마음으로 이 노래를 부르는 건 어떨까요?

묵상하는 기도

우리의 연약한 믿음을 부끄러워하지 않게 하소서. 주의 자비를 핑계로 주를 향한 간절함이 게을러지지 않게 하소서. 주님의 약속을 붙잡는데 누구보다 치열하게 하시고, 연약하지만 간절한 믿음 위에 주의 교회를 세워주세요.

🕯 하나님의 공백 앞에서

📖 **교회력 본문**   예레미야 15:15-21, 마태복음 16:21-28

사막에는 '와디'(wadi)라는 지형이 있습니다. 평소에는 메마른 땅 같은 데 큰 비가 내리면 물이 불어나 갑자기 강이 되어버리는 신기한 지형입니다. 그런데 오늘 교회력 본문에서 예레미야 선지자는 주님을 향해 바로 이 '와디'(속이는 시내) 같은 분이라고 외치고 있습니다.

그도 그럴 것이 오늘 교회력 구약 본문의 출애굽기에서는 젖과 꿀이 흐르는 땅 가나안으로 데려가시겠다며 40년 동안 이나 광야를 방황하게 하시고(그나마 모세는 거기에 들어가지도 못하고 죽었습니다), 조금 앞서 아브라함한테는 후계자를 주시겠다고 해놓고서는 100세가 되도록 기다리게 하시고⋯ 아니 대체 하나님 믿어야 합니까, 말아야 합니까?

예레미야는 사실 사람들에게 사랑받지 못한 선지자였습

니다. 왜냐하면 그가 전하는 메시지는 '이스라엘이 망할 것이다'라는 비극적인 내용이었기 때문입니다. 당연히 사람들은 그가 전하는 메시지를 듣기 싫어했고, 그는 '국민적인' 비호감이 됩니다. 그런데 그가 처음 사역을 시작할 때 하나님께서 하신 약속이 무엇인지 아십니까?

> 사람들을 두려워하지 말아라. 내가 늘 너와 함께 있으면서 보호해주겠다. 나 주의 말이다.

하나님은 마태복음 16장에서도 동일하게 우리의 허를 찌르십니다. 전능하신 하나님의 아들이 '고난을 받고 죽어야만 한다'라는 이 말도 안 되는 선언 속에서 당황한 베드로는 예수님의 앞을 가로막습니다. 그러나 그에게 주어지는 말은 '사탄아 물러가라!'였습니다. 베드로에게 예수님의 죽음은 모든 기대가 끝나는 순간이었지만, 오히려 하나님은 그 죽음과 부활을 통해 진정한 하나님 나라가 올 것을 말하고 있었습니다. 하지만 우리가 그걸 대체 어떻게 알 수 있겠습니까?

우리는 삶에서 이와 같은 하나님의 공백을 발견하면 대단히 당황합니다. 우리가 가지고 있던 생각들, 믿음의 공식이 딱 막히는 순간, 이해할 수 없는 상황, 이해할 수 없는 하나님을 만나면 혼란에 빠집니다. 그리고 누군가 이 상황을 납득시켜 주기를 바랍니다. 이 상황 속에서 하나님의 뜻은 무엇인지 알고 싶어합니다. 이럴 때 우리는 그분의 뜻을 안다고 자신 있게 말하는 사람, 상황을 명확하게 정리해주는 사람들에게 의지하고 싶어집니다.

그러나 하나님은 예레미야에게 이렇게 말씀하십니다. '쓸데없는(헛된) 말을 하지 말아라. 그들에게로 돌아가지 말아라'(렘 15:19) 사실 예레미야는 위기 앞에서 사람들이 듣고 싶어 하는 말, 안심과 평안을 주는 예언자들과 맞서 싸우고 있었습니다. 수많은 사람들이 예레미야의 말보다는 평안을 주는 예언자들의 말을 더 믿었지만, 주님은 그들의 말이 '쓸데없다(헛되다)'고 평가하십니다. 왜냐하면 그들은 하나님의 뜻을 전혀 모르고 있었기 때문이었습니다.

현대인들, 특히 현대 기독교인들은 모든 것에 답을 주려는 강박이 있는 것 같습니다. 그리고 아주 발달된 여러 매체를 통해 다양한 사람들이 우리가 만나는 이해할 수 없는 현실에 대한 답을 이야기합니다. 그러나 사랑하는 여러분, 간절히 부탁드립니다. 부디 모든 것을 알고, 모든 것에 답을 줄 수 있다는 이들을 멀리하시기 바랍니다. 자신 있는 목소리로 이것이 하나님의 뜻이라고 외치는 이들에게서 피하셔야 합니다.

고통스러운 시기였던 팬데믹을 비롯하여 우리 주변에 이해할 수 없는 상황이 벌어질 때, 이런 때를 틈타 수많은 사람들이 하나님의 뜻을 말하며 이 재난을 종말의 징조라고 이야기합니다. 그러나 그들의 말에서 안정을 찾지 마시기 바랍니다. 각종 음모론과 (자기 나름의) 딱 들어맞는 논리와 성경 해석을 가지고 '안정을 가장한 불안'으로 여러분을 지배하려는 그 어떤 말에도 마음을 내어주지 마시기 바랍니다.

오히려 신앙은 모름을 인정할 때, 그분의 뜻을 다 알 수 없음을 받아들일 때 완전해집니다. '이해할 수 없는 하나님'은 우리 신앙의 마지막 퍼즐 조각입니다. 그 공백을 인정하는 것이 하나님의 하나님 되심을 인정하는 겸손한 신앙고백입니다. 그렇기에 믿음은 예레미야처럼 불합리한 현실을 가지고 하나님과 싸우는 자리에서 만들어집니다.

부디 이 어려운 상황 가운데서도 '사람의 헤아림을 뛰어넘는 하나님의 평화가 여러분의 마음과 생각을 그리스도 예수 안에서 지켜 주시기를' 바랍니다(빌 4:7, 새번역).

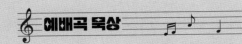

|||||| 승리 (강명식, 2집: 삶 The Life, 서성환 사, 강명식 곡)

아프가니스탄을 둘러싼 탈레반과 정부군의 전쟁은 한참 전에 끝이 났지만, 여전히 탈레반은 전쟁 중입니다. 그들은 이를 거룩한 전쟁(지하드)이라고 말합니다. 성전을 치르며 그들은 여자와 아이들을 겁박하고 착취하는 폭력을 정당화합니다. 적을 철저히 자신의 바깥에서 찾고, 그 과정에서 무고한 사람들의 희생을 수반한다는 점에서 그들의 전쟁은 잔인하고 이기적입니다.

고도로 종교화된 무슬림들은 희뿌옇게나마 우리의 민낯을 보여주는, 뒤틀린 거울인지도 모릅니다. 우리도 흔한 '영적 전쟁'이라는 이름으로 다른 사람을 대적하고, 그 과정에서 또 다른 사람들을 희생시키고 있지 않았나 되돌아볼 일입니다.

하지만 바울은 우리의 싸움이 혈과 육을 상대하는 것이 아니라고 단언합니다(엡 6:12). 우리의 싸움은 악한 영, 그리고 그것에 자꾸만 동조하려는 나 자신의 악한 본성과의 싸움입니다. 그런 맥락에서 우리의 창끝은 외부의 타인이 아닌 나 자신의 내면을 향해야 합니다. 이번 주에는 그 내면의 치열한 싸움을 다룬 노래를 소개하려 합니다.

오늘 소개하는 강명식의 〈승리〉는 예수님의 고난을 묵상하는 데 있어, 기계적인 고난을 답습하는 게 아니라 우리 삶에 실제적으로 다가오는 고난을 대하는 태도를 말하는 좋은 방향을 가진 노래입니다. 특히 우리 문제의 원인을 자꾸 외부로 돌려 타인에게서 찾으려는 비겁함을 선택하지 않고, 스스로를 돌아보며 내면에 집중하게 합니다.

이 노래가 말하는 승리해야 할 대상은 '더 좋고 편한 가능성의 유혹'이며 '하고 싶은 말'을 다 쏟아내고 싶은 자기변호의 욕망, '치열한 자기와의 싸움'입니다. 나는 신실하고 멀쩡한데 외부의 악한 사람들이 내 신앙을 괴롭힌다고 탄식한다든가, 다른 사람들을 이겨내야 내 신앙이 유지된다든가 하는 거룩한 착각을 이 노래에서는 찾아볼 수 없습니다. 승리는 욕망과 유혹에 휘둘리는 '나'를 이기는 것입니다.

'오직 주님만 내 안에 사시게 하는 것'이 승리입니다. 그리고 그 결단을 지켜내는 것이 바로 에베소서에서 말하는 '주님 안에서 그분의 힘찬 능력으로 굳세게 되는 것'(엡 6:10)이자 '하나님의 전신갑주를 입는 것'(엡 6:11)입니다.

오늘 우리의 전선은 어디일까요? 너무 무모하게 전선을 확대한 다음 사실은 아무것에도 승리하지 못한 채 정신승리만 하고 있는 건 아닐까요? 오늘 우리의 삶이 악으로 달려가는 나 자신과의 치열한 싸움터로 변하고, 이내 승리할 수 있게 되기를 바라봅니다.

묵상
하는
기도

진리의 심연 앞에 늘 고개를 숙입니다. 그 모순과 신비 앞에 엎드려 찬양하게 해주세요. 우리가 무지하여 겸손할 수 있음에 감사하게 하시고 교만과의 싸움에서 승리하게 해주세요.

🕯 사랑은 참으로 애쓰는 것

📰 **교회력 본문**   마태복음 18:15-20

오늘 마태복음은 공동체 안에서의 용서와 관계 회복에 대해 이야기하고 있습니다. 특히 18장 전체는 믿는 사람들이 어떤 마음과 태도를 가지고 살아가야 할지를 자세히 보여주고 있는데, 크게 세 가지를 말해주고 있습니다. 첫째, 작은 사람 (약자)을 향한 보호와 관심, 둘째, 예수님께서 우리의 재판장이 되신다는 것, 셋째, 우리도 은혜를 입었으니 다른 이에게 은혜를 베풀어야 한다는 것입니다.

15-20절은 다른 사람의 잘못으로 인해 생긴 문제를 어떻게 풀 것인지를 다루고 있습니다. 먼저 단 둘이 있는 자리에서 충고할 것, 그러나 듣지 않는다면 두 세 사람의 증인과 함께 이야기해보고 그래도 변하지 않는다면 공동체에게 공식적으로 알릴 것을 권면합니다. 그러나 이런 방식은 오늘날

우리의 문화와는 다소 맞지 않기 때문에 그대로 적용하긴 어려울 것 같습니다. 혹시 성경대로 권면한다고 두세 명 데리고 갔다가 분위기 '어색'해진 경험을 하신 분들이 계실지도 모르겠습니다. 게다가 요새는 권면을 안 듣는다고 출교를 말하기도 쉽지 않습니다.

중요한 것은 바로 다음 18절부터입니다. 매고 푸는 권세가 우리에게 있다는 말씀인데, 그렇다면 무엇을 매고 푼다는 말일까요? '하나님 저 사람이 나한테 잘못했으니까 인생 좀 묶어주세요'라고 기도하라는 말은 아닌 것 같습니다. 이 말씀은 계속해서 반복되는 단어, 즉 '두세 사람'과 묶어서 해석해야 할 필요가 있습니다.

다시 말하면 '두세 사람이 하는 권면은 예수님의 말처럼 들으라'는 뜻입니다. 예수님께서 율법에 대해 무엇이 옳고 그른지를 가르쳐주셨던 것처럼, 우리들도 형제의 잘못에 대해 옳은 길을 알려줄 수 있다는 말입니다.

이어서 20절의 '두세 사람이 내 이름으로 모인 곳에 내가 있다'라는 말은 그 두세 사람이 공동체를 위해 고민하고 권면할 때 그 과정을 주님께서 다스리시겠다는 뜻으로 이해해야 합니다. 교회 모임에 사람이 적게 왔을 때 실망한 마음을 위로하고자 쓰는 구절이 아닙니다. 다시 말해 교회가 서로를 돕기 위해 애쓸 때 하나님이 함께 하신다는 것입니다.

본문의 앞 단락에서 '작은 자'가 실족하지 않도록 보호하고 관심을 두는 것이 중요한 것처럼, 우리 역시 다른 사람에게 잘못을 저지르지 않도록 조심하는 것이 중요합니다. 그리고 무엇보다 잘못을 저지르고도 나는 '쿨'하다며 잘못을 인정하지 않고, 오히려 피해자를 공격하는 태도는 결코 하지 말아야 합니다. 자기 합리화와 타인에게 책임을 돌리는 것이 우리의 '파괴된 본성'임을 기억하고, 모든 순간 그런 결정을 하지 않도록 애써야 하겠습니다.

결국 사랑이란 단순히 좋은 감정, 또는 잘 대해주는 것만이 아니라 상대를 깊이 생각하고 무례한 행동을 하지 않기 위해 노력하는 것이 아닐까 싶습니다. 그 사람을 얻기 위해 계속해서 고민하고 수고를 아끼지 않는 것, 어떠한 어려움에도 함께 있기를 포기하지 않는 것, 관계가 끊어지지 않도록 애쓰는 것, 그리고 그 모든 과정을 우리 주님께서 응원하시고 올바른 길로 가도록 도우신다는 것, 그것을 기억하면 좋겠습니다.

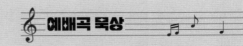

예배곡 묵상

■■■■ **어디에 (조준모, 3집; 어디에, 조준모사/곡)**

현대의 크리스천들은 '군가만 열심히 부르면서 전투는 하지 않는 군대' 같다는 비판을 종종 받습니다. 전투를 준비해야 하는 군인이 할 바를 다하지 않고, 덜 중요한 것에만 매몰되어 자기 방어적, 자기 만족적인 태도에만 머무는 것에 대한 비판인 것 같습니다.

소명과 은사는 자신이 좋아하는 것을 넘어서 자신이 불편해하는 것이라는 오래된 격언처럼, 성령께서는 우리의 마음을 추동하고 자극하십니다. 하나님이 원하시는 일, 우리가 해야 할 일들을 향해서 말입니다. 때로는 그게 복음을 전하는 일이기도 하지만 때로는 순수한 선행을 베풀며 구제하는 것이기도 합니다.

교회사를 살펴보면 교회가 폭발력을 가질 때는 시대의 아픔에 공감할 때였습니다. 그렇지 못할 때 교회는 외면당하고 조롱당하기 일쑤였습니다. 지금의 한국 교회는, 지금의 우리는 어떨까요? 어두운 시대, 우울한 세대 속에서 시대의 아픔에 공감하며 행동하는 쪽입니까, 아니면 여전히 '그래도 이 정도면 행복이지' 하면서 자기 위안적인 고립된 정서에 사로잡혀 있습니까?

우리가 부르는 노래가 다른 사람을 위로하며 살리기보다

는 '나 자신'에게 위안을 주고 만족하게만 하려는 경향이 많습니다. 지금 유행하는 노래들을 보면 그런 경향이 더 뚜렷합니다.

조준모의 〈어디에〉는 이런 자기 위안적인 신앙에 경종을 울리는 노래입니다. 요즘 불리는 노래와는 다른 대척점에 서 있습니다. 찬양보다는 시편의 탄식 시 같은 〈어디에〉는 사실 회중예배에서 부르기에는 적절하지 않을 수도 있습니다. 하나님을 향한 헌신이나 순종을 다짐하지도 않고 그저 '하나님의 사람 어디 있나'하며 탄식할 뿐이니까요.

〈어디에〉는 '세상에 어둠 가득한 이때'라는 무거운 도입부로 시작합니다. 그렇게 말하는 이유는 '주리고 목마른 사람들', '헐벗고 병든 사람들', '소외되고 억압받는 사람들'이 있기 때문입니다. 약자를 너무 과격하게 대상화하는 건 아닌가 하는 불편함이 생기지만, 이 부분은 '약자를 보면서 한탄은 하되, 그들과 동질감은 갖지 않는 사람들', '세상의 고통과 슬픔을 보며 도대체 하나님 어디 계시나'하는 우리들의 관점을 비꼬는 듯합니다.

하지만 시점은 전환되어 하나님을 향합니다. '그분은 고통 가운데 슬픔 가운데 있는 사람들, 불의를 당하는 사람들과 함께 하시네'라며 말이죠. 그리고 노래는 정점으로 치닫습니다. '그런데 하나님의 사람들 어디에' 후렴은 이 짧은 한탄의 반복입니다. 뭔가를 하라고 촉구하지도 않고, 움직이지 않는 사람들을 향해 비난하지도 않습니다. 그저 탄식할 뿐입니다.

사실 우리 신앙에 있어 노래의 역할은 딱 거기까지인지도 모릅니다. 행동을 촉구하고 선포하는 노래들은 그 노래 자체만으로 '우리가 뭔가를 했다'라는 착시를 줄 수 있기 때문입니다. 너무 쉽게 승리를 선언하고 회복을 명령하는 이 시대의 많은 예배곡들 속에서 이 노래의 가치는 그래서 더 빛나는 듯합니다.

묵상
하는
기도

이 시대 교회가 짊어져야 할 공감과 이해라는 거대한 십자가를 바라봅니다. 이 땅의 모든 교회가 무례히 행치 않는 수고를 세상에서 가장 기꺼이 전심으로 감당하게 해주세요.

혼돈을 다스리시는 주여

교회력 본문   출애굽기 14:19-31

어두운 밤, 가만히 앉아 먼 바다를 보고 있노라면 빨려 들어갈 것만 같은 기묘한 느낌이 들 때가 있습니다. 그래서일까요? 성경에 나오는 고대인들은 우리가 보는 칠흑 같은 먼 바다를 바라보며 그 끝없는 깊이와 변화무쌍한 모습에서 '신적인' 무언가를 느꼈던 것 같습니다. 그리고 바다를 '혼돈'이라는 이름으로 부르며 두려워했습니다.

그런데 오늘 교회력 본문인 출애굽기에서 하나님은 그 '혼돈'의 바다를 다스려 이스라엘 백성을 도우시는 분으로 묘사됩니다. 이스라엘 백성은 뒤로는 당시 세계 최강의 군단인 이집트의 군대를, 앞으로는 혼돈과 죽음 그 자체인 '바다'를 두고 있는 상황이었습니다. 그때 주님은 두 죽음의 상징인 군대와 바다를 제어하시며 '죽음'을 '죽음' 속에 묻어 버리시고, 자기 백성을 죽음의 공포 가운데서 건져내셨습니다.

고대인들이 바다를 신으로 생각할 만큼 두려워했던 이유는 '알 수 없는' 존재였기 때문입니다. 빛을 전혀 투과시키지 않는 깊은 물속, 종잡을 수 없이 시시때때로 변하는 바다의 날씨, 그리고 수많은 바다 괴물의 전설들. 제어할 수 없고 이해할 수 없는 존재인 바다는 고대인들의 이미지 그대로 '혼돈'의 신이 되었습니다.

그러나 성경은 계속해서 그 혼돈의 신 '바다'를 하나님께서 다스리시는 모습을 보여줍니다. 오늘 본문에서 나온 홍해 바다를 다스리시는 장면, 숱한 시편의 노래들, 그리고 더 나아가 복음서에서 바다를 잠잠케 하시는 예수님의 모습까지. 혼돈은 주님 앞에서 싸움의 대상이 아니라 하나님의 명령에 다스림을 받는 그저 피조물에 불과한 존재로 묘사됩니다.

우리는 지난 몇 년 간 우리의 삶을 두려움과 불확실성 가운데로 몰아넣은 최악의 바이러스와 치열하게 싸웠습니다. 전염병 때문에 많은 이들의 삶이 궁지에 몰렸고, 어떤 이는 목숨을 잃기도 했습니다. 바이러스를 둘러싼 수많은 거짓 뉴스와 정보들의 혼란, 가장 사랑하고 친밀한 이들에게 내가 바이러스를 옮길 수도 있다는 최악의 불안감으로 우리의 삶은 혼돈 그 자체였습니다.

그러나 주님은 바다를 향해 '고요하고 잠잠하여라'(막 4:39)고 말씀하셨고, 또한 모세에게 '네 손을 바다 위로 내밀어라'(출 14:26)고 말씀하셨습니다. 혼돈 앞에서 두려워하던 이스라엘 백성과 열 두 제자에게 말씀하셨던 것처럼, 주님은 오늘 우리 앞의 혼돈을 향해서도 동일하게 말씀하십니다.

사랑하는 여러분, 우리 주님께서 이 혼돈스러운 상황을 다스리고 계심을 믿으시기 바랍니다. 여전히 눈에 보이는 상황은 절망적이지만 주님을 신뢰하며 우리 중에 믿음이 약한 사람을 돌보고(롬 14), 형제를 용서합시다(마 18). 우리에게 또 다른 새로운 삶을 주실 것을 믿고, 혼란 너머 주님께서 회복하실 새로운 일상을 바라봅시다. 우리 함께 이 시편의 노래를 기도 삼아 믿음으로 고백합시다.

"주님은 우리의 모든 죄를 용서해주시는 분,

모든 병을 고쳐 주시는 분,

생명을 파멸에서 속량해주시는 분,

사랑과 자비로 단장하여 주시는 분,

평생을 좋은 것으로 흡족히 채워주시는 분,

젊음을 독수리처럼 늘 새롭게 해주시는 분이십니다. 아멘"

(시 103:3-5, 새번역)

♪ 예배곡 묵상 ♪

흠 없는 경건 (강명식, 2집: The Life, 강명식 사/곡)

축복의 통로, 은혜의 통로라는 말 많이 들어보셨죠? '쓰임 받는다'는 국적불명의 용어와 비슷한 말입니다.

과연 순전히 통로로써의 역할만을 겸손히 원하는 것인지, 아니면 통로라는 말 뒤에 교묘히 내가 원하는 것을 숨기고 있는 건 아닌지 냉정히 살펴봐야 할 용어입니다.

이런 '축복의 통로'나 '쓰임 받음'의 모호함, 자기 중심성을 걷어내지 못한다면, '행함이 없는 믿음은 죽은 믿음'이라는 야고보의 단호한 선언은 '베풀고 거저 줄 수 있으려면, 일단은 내가 먼저 충만해져야 한다'는 이상한 선불제 보상심리로 이어질 뿐입니다. 하지만 야고보는 이 거저 주는 행위가 구체적이고(고아와 과부를), 동시적이며(환란 중에 돌보고), 실제적이어야 함(그 몸에 쓸 것을 주지 않으면 무슨 소용이 있으리요)을 강조합니다.

우리의 예배환경 속에서 '베풂과 거저 줌을 말하는 노래'보다 '축복만 하는 데서 그치는 노래'가 압도적으로 많은 데에는 이런 심리가 발현되기 때문은 아닐까요? 실제로 베풀기보다는 부담 없이 손을 뻗고 복을 빌어주는 일이 훨씬 쉽습니다. 사도 요한은 요한일서에서 '말과 혀로만 사랑하지 말자'고 했지만 우리는 단지 노래하는 것으로 우리의 할 일을 다

했다고 생각하는 경우가 많은 것 같습니다.

오늘 소개하는 〈흠 없는 경건〉은 그런 말로 하는 축복에서 살짝 비켜서서 행함이 있는 믿음을 촉구하는 노래입니다. 강명식의 두 번째 독집에 수록된 노래인데요. 강명식의 다른 노래 〈경건〉이 회중의 결단과 권유를 담고 있다면 오늘 소개하는 〈흠 없는 경건〉은 신약성경을 관통해 등장하는 베풂과 나눔을 말하는 성경구절을 모아놓은 스크립처송입니다.

이 곡이 수록된 앨범 CD 부클릿에는 참고한 성경구절들이 적혀 있습니다.

"지극히 작은 자 하나에게 한 것이 곧 내게 한 것이니라"
(마 25:35)
"말과 혀로만 사랑하지 말고 오직 행함과 진실함으로 하자"
(요일 3:18)
"네 보물이 있는 곳에는 네 마음도 있느니라"(마 7:21)
"행함이 없는 믿음은 그 자체가 죽은 것이라"(약 2:17)
"하나님 아버지 앞에서 경건하고 더러움 없는 경건은 곧 고아와 과부를 그 환난 중에 돌아보고"(약 1:27)
"제자의 이름으로 이 소자 중 하나에게 냉수 한 그릇이라도 주는 자 … 는 결단코 상을 잃지 아니하리라"(마 10:47)

이 노래는 그러니까 어서 나눠야 한다고 재촉하지도 않고 그렇지 않은 사람들을 가짜 믿음을 가진 사람이라고 쉽게 정죄하지도 않습니다. 다만 언급한 성경구절들을 따뜻한 멜로디와 함께 읊조릴 뿐입니다.

이런 가사는 의도와 메시지가 명확할 때 만들어지는 것 같습니다. 예배인도자에게도 목회적 기능이 요구된다는 것을 감안할 때, 이 노래는 짧은 설교 한 편의 역할을 해낸다고 해도 될 정도입니다.

경건은 거룩의 또 다른 표현입니다. 세속에 물들지 않는 경건을 추구하는 일은 QT나 예배참여가 아니라 '어려움 중에 있는 고아와 과부를 돌보아주는 것'이라는 말씀을 오늘 우리의 삶에 적용하면 어떻게 될까요? 우리의 경건이 만들어지고 증명되는 곳은 바로 어디여야 할까요? 이 노래는 우리에게 그렇게 묻고 있는 듯 합니다.

묵상
하는
기도

혼돈을 다스리시는 주님, 혼란 너머에 영원한 평안과 행복을 예비하신 주님을 찬양합니다. 그 소망 아래 우리의 일상이 조금씩 회복되길 바라봅니다. 이 소망을 더 많은 이들과 나누는 경건한 삶을 살게 해주세요.

🕯 하나님은 누구 편?

📖 **교회력 본문**   요나 3:10-4:11

"네가 수고하지도 않았고, 네가 키운 것도 아니며, 그저 하룻밤
사이에 자라났다가 하룻밤 사이에 죽어 버린 이 식물을 네가
그처럼 아까워하는데, 하물며 좌우를 가릴 줄 모르는 사람들이
십이만 명도 더 되고 짐승들도 수없이 많은 이 큰 성읍 니느웨
를, 어찌 내가 아끼지 않겠느냐?"(욘 4:10-11, 새번역)

요나서의 마지막 장면은 당황스럽습니다. 왜냐하면 지금까지
나와 상관없이 흘러가던 옛이야기가 갑자기 나에게 말을 걸
어오기 때문입니다. '내가 아끼지 않겠느냐?'라는 질문에 대
답해야 하는 것은 이제 더 이상 요나가 아니라 바로 우리들
입니다. 여러분은 이 질문에 어떻게 대답하시겠습니까?

사실 애초부터 요나는 이 일이 맘에 들지 않았습니다. 그

래서 심판의 날이 지나가자 그 뜻을 돌이키신 하나님께 분노를 쏟아냅니다. 어떻게 보면 요나의 분노는 합당한 것이었습니다. 왜냐하면 니느웨는 이스라엘을 줄기차게 괴롭혔던 원수인 앗시리아 제국의 수도였기 때문이었죠. 그래서 요나는 하나님의 성품을 찬양하면서도 조롱합니다.

아이고… 내가 이럴 줄 알았어요. 어찌나 은혜롭고 자비가 많으신지, 화도 안 내시고 사랑이 풍성하신 분이라 저 빌어먹을 원수 놈들도 용서하실 줄 내가 알았다니까요? 아… 됐고, 저 놈들을 안 죽이실 거면 차라리 나를 죽이세요!

그런데 하나님은 요나를 혼내는 대신 '네가 화를 내는 것이 옳으냐?'고 물어보십니다. 하지만 요나는 쿨하게 무시하고 성 동쪽에 초막을 짓고 니느웨의 멸망을 기다렸습니다. 그는 진정한 의미의 '분노조절장애'를 갖고 있었습니다.

하지만 하나님의 대응도 보통이 아니셨습니다. 요나의 머리 위에 박넝쿨을 자라게 하셔서 그늘을 만들어 주셨다가, 갑자기 벌레를 보내서 다 갉아먹게 하셨습니다. 요나는 차라리 죽이라며 난리를 칩니다. 그런데 그때 하나님은 다시 질문하십니다. '네가 화를 내는 것이 옳으냐?'

아마도 요나와 요나의 이야기를 듣는 청중은 비슷한 상황이었을 것입니다. 앗시리아를 비롯한 강대국들의 괴롭힘 아래 고통받거나 포로로 잡혀간 이들이 이 이야기의 청중이었습니다. 그렇기에 자신들을 괴롭히는 대적의 멸망을 기대하던 이들에게 주님의 이 질문은 너무 당황스러웠을 것입니다.

'하나님은 우리 편이 아니신가?' 요나의 질문은 하나님의 언약에 대한 근본적인 의문입니다. '왜 하나님은 우리가 아닌 다른 사람들, 게다가 원수들에게도 신실하십니까?'

오늘 우리 주변에서 수많은 사람들이 하나님이 자기 편이라고 주장합니다. 어떤 사람은 한술 더 떠서 '하나님 까불면 나한테 죽어'라고까지 말하더군요. 하나님을 자기 편, 즉 자기 곁에 두고 언제든지 통제할 수 있는 램프의 요정처럼, 부적처럼 자신을 위한 도구로 사용하는 사람들이 많습니다.

하지만 우리 하나님은 통제할 수 없는 분이십니다. 스스로를 인간을 위해 내어 주셨지만, 결코 인간의 도구로 전락하지 않으시는 분입니다. 그분은 자기의 뜻을 우직하고 신실하게 이루어 나가는 분이시기에, 하나님이 마냥 '내 편'이라고 생각하는 것은 커다란 착각일 수 있습니다. 그분이 우리 편이 되어야 하는 것이 아니라, 우리가 그분의 편에 서야 하는 것입니다.

하나님은 나에게뿐만 아니라, 이 지구와 피조 세계 전체를 향한 선한 계획을 가지고 계십니다. 지금 당장은 우리에게 선하게 일하시는 것 같지 않아 보이지만, 하나님의 그 선한 뜻은 그분의 방법대로 반드시 이루어질 것입니다. 지금 우리가 겪는 어려움 가운데 그분께 실망하셨다면, 조금 호흡을 길게 가다듬고 '모든 것을 합력하여 선을 이루시는'(롬 8:28) 하나님을 다시 기대하면 좋겠습니다.

예배곡 묵상

사람이 아프면 자기에게로 모든 신경과 관심이 집중됩니다. 옆에서 걱정하는 사람, 간호하는 사람은 보이지 않습니다. 자기의 몸 상태와 감정, 자기 생각만 보이게 됩니다. 그리스도를 따르는 교회가 공동체나 사회, 다른 이들을 보지 못하고 교회의 안위와 교회의 체면만 보고 있다면 아마 어딘가 아프기 때문일 겁니다.

우리의 시선은 우리의 상태를 반영합니다. 우리의 노래와 말과 글, 행동은 우리만을 향해 있는 것이 아닌 하나님과 이웃을 향해야 합니다.

그 사랑 (마커스, 마커스워십 2011, 박희성 사/곡)

♬ 함께 부르면 좋은 찬양 〈아름다우신〉

이 노래는 마커스워십의 2011년 라이브 앨범에 수록되어 많이 알려진 노래입니다. 로마서 8장 후반부의 고백을 잘 녹여

낸 좋은 곡입니다.

'상한 갈대 꺾지 않으시는 꺼져가는 등불 끄지 않는'이라
는 앞부분의 가사는 온유한 하나님의 속성을 노래합니다.

사실 이 가사는 마태복음 12장에서 예수님이 이사야 42
장을 인용하신 부분입니다. 그런데 이사야 42장은 이방에 정
의를 행하는 메시아에 대한 구절입니다. '상한 갈대이면서 꺼
져가는 등불인 이방민족을 파괴하지 않으면서 정의를 회복
하신다'는 맥락이 그 안에 담겨 있으나, 이 노래를 부르면서
그 맥락을 생각하기는 쉽지 않습니다. 나를 향한 사랑뿐 아
니라, 온 세상을 향한 사랑을 노래하는 가사라는 것을 기억
해야 합니다.

그렇기에 음절이 조금 안 맞겠지만 이 노래에 나오는 '나'
에 '우리'를 넣는 것은 어떨까 제안해 봅니다. 우리가 부르는
노래가 자기 위안으로만 흐르지 않고, 나뿐만 아니라 모든
이들을 위해 죽으시고 다시 사신 그리스도를 노래하기 위해
서 말입니다.

묵상
하는
기도

온 땅에 가득한 주님의 신실하심을 찬양합니다. 주님의 신실하
심과 선하심, 그 지혜를 닮아 우리도 넓은 품으로 지체와 이웃
을 돕고 사랑하며 살 수 있도록 인도해주세요.

너희 안에 서로를 돌보는 마음을 품으라

교회력 본문 빌립보서 2:1-13

초대 교회 당시에 대표적인 이단 사상 중에 '마르키온'이라는 사람이 주장했던 '가현설'이 있었습니다. 그는 '영지주의'의 영향을 받아 구약과 신약의 하나님이 다른 분이며, 신적인 존재가 저급한 인간이 될 수 없기에 예수님은 그저 환상이었을 뿐 실제로 사람이 되지 않았다고 주장했습니다.

하지만 기독교는 '신이 인간이 되었다'는 이야기를 아주 중요하게 생각합니다. 다른 종교들이 수행과 고행, 여러 가지 선행으로 인간성을 초월하여 뛰어난 존재 혹은 신적인 존재가 될 수 있다고 말할 때 기독교는 신이 자기의 자리를 버리고 사람이 되어 그 사이에 섞여 살아갔다고 이야기합니다. 또 어떤 이들이 세상의 악함과 덧없음을 말하며 이곳을 벗어나 다른 세상으로 가자고 할 때, 기독교는 이 땅을 지키며 살아가라고 이야기합니다.

하나님은 결코 이 땅을 저급한 곳, 망할 곳, 사라질 곳이라 말하지 않으십니다. 대신 이 땅은 하나님께서 창조하신곳, 회복될 곳, 완전하게 될 곳이라고 말씀하십니다. 그래서하나님은 자기 아들을 사람의 모습으로 이 땅에 보내셨습니다. 기저귀를 갈아줘야 하는 가장 연약한 아이로부터 시작하여, 사람 코스프레가 아닌 진짜 사람으로서 당신이 창조하신이 땅 위를 살아가게 하셨습니다.

그 가르침을 가장 잘 나타내는 말씀이 바로 오늘 교회력본문 빌립보서 2장입니다. 우리는 주로 5절의 '여러분 안에이 마음을 품으라'는 구절을 예수님처럼 겸손하고 순종하는마음을 품으라는 것으로 해석하지만 사실은 앞선 1–4절의내용을 품으라는 권면입니다. 6–11절은 그 예수님의 순종에대해 찬양하는 일종의 찬송가라고 볼 수 있습니다.

따라서 빌립보서 2:1–13의 진정한 핵심은 첫 네 줄에 있습니다. '같은 생각을 품고, 사랑을 가지고, 한 마음이 되어서, 자기 욕심을 버리고, 겸손하게 서로를 더 높이고 돌보라'라는 이 땅에서의 삶의 자세입니다.

우리는 빌립보서 2장의 이 말씀을 그저 예수님만이 도달할 수 있는 겸손과 순종의 경지로 생각하고, '와 예수님 정말대단하시다'며 멀찍이 서서 박수만 치고 있지는 않았나요?6–11절의 찬송을 부르면서도 1–4절의 서로를 위한 돌봄과 수고는 외면하고 있지 않았습니까? 대면이든 비대면이든 그것은 중요하지 않습니다. 하나님을 예배하면서, 아들을 찬양하면서, 이웃을 생각하지 않는다면 그것은 결코 그리스도 예수의 마음이 아닙니다.

우리의 신앙은 환상이나 뜬구름 잡는 예수님을 닮는 것이 목적이 아니라, 이 땅을 걸어가신 진짜 사람이신 예수님을 따라 우리가 속한 사회와 공동체를 섬기고 가꾸어가는 데 진정한 목적이 있습니다. 비록 우리가 지금 처한 상황은 서로를 돌보기는커녕 나의 생존을 걱정해야 할 처지이지만, 그럼에도 불구하고 주님은 우리에게 '서로를 돌보라'고 말씀하십니다. 그 주님의 말씀을 따라 당장 오늘 내 손에 닿는 사람에게 연락해보면 어떨까요?

'잘 지내?' 그 한 마디에 어쩌면 하나님 나라가 숨어 있을지도 모를 일입니다. 바라기는 부디 '여러분 안에 계셔서 당신의 뜻에 맞는 일을 하고자 하는 마음을 일으켜 주시고 그 일을 할 힘을 주시는 하나님의 은혜가 충만하기'(빌 2:13, 공동번역)를, 그래서 창조적이고 다양한 방법으로 서로를 섬길 수 있기를 참 하나님, 참 사람이신 우리 주 예수 그리스도의 이름으로 소망합니다.

팬데믹 이후 우리의 신앙은 이전과 많이 달라졌습니다. 교회
는 가는 곳에서 유튜브로 보는 곳이 되었고, 지체들 역시 만
나는 사람들에서 보는 사람이 되어버렸습니다. 비대면 시대
가 관조적인 신앙을 양산하는 모양새입니다. 젠틀하고 질척
이지 않는, 담백한 교회가 저절로 만들어지고 있습니다. 이
대로 괜찮은 걸까요? 이래도 되는 걸까요? 이번 주에는 지금
의 교회가 잃어버리고 있는 무언가를 노래하는 곡을 소개하
려 합니다.

🎹 기대 (워킹, 워킹 1집, 천강수사/곡)

🎵 함께 부르면 좋은 찬양 ＜교회 (염평안 사/곡)＞

〈기대〉는 2000년 첫 앨범을 낸 CCM 혼성그룹 워킹의 데뷔
곡입니다. '주 안에 우린 하나'로 시작되는 이 곡은 2000년대
에 교회를 다닌 사람이라면 모를 수 없는 유명한 곡입니다.
수련회 마지막날 밤 다 같이 둥글게 서서 손을 잡고 이 노래
를 부르는 건 일종의 '국룰'이었습니다.

이 곡의 메시지는 참 소중합니다. '너를 통해 하실 일 기
대'한다는 가사 때문에 축복송처럼 불렀지만 실은 그렇지 않
습니다.

'주 안에 우린 하나 모습은 달라도 예수님 한 분만 바라

네'(엡 4), '사랑과 선행으로 서로를 격려'(히 10:24), '형제자매의 기쁨과 슬픔 느끼네'(롬 12:15) 같은 가사들은 이 노래가 성경이 말하는 교회가 무엇인지를 보여줍니다. 지금 우리에게 주어진 공동체인 '교회'를 '우리'가 서로 섬겨야 한다고 설득하지만 그 화법이 무례하지 않습니다.

담백하고 젠틀한 교회로 진화 중인 우리들에게 지금 시대와 맞지 않는 '기대'의 메시지는 부담스럽거나 혹은 무의미하게 느껴질지도 모르겠습니다.

코로나19는커녕 사스나 메르스도 알지 못했던 시대에 만들어진 '기대'는 서로 절절하고 뜨거웠던 과거의 한 순간에서 비대면 시대인 지금의 크리스천들에게 교회의 존재 이유는 무엇인지 묵직하게 묻고 있는 것 같습니다. 그리고 우리를 응원하는 것 같습니다. '너를 통해 하실 일 기대해'라고 말이죠. 지금 우리에게 필요한 메시지가 바로 이거 아닐까요?

묵상 하는 기도	비록 여전히 좁고 이기적인 우리지만, 주님이 우리를 통해 하실 일을 조심스럽게 기대해 봅니다. 서로 사랑하라는 주님의 명령을 잊지 않겠습니다. 섬기고 나누는 교회의 존재 이유를 늘 기억하겠습니다..

자유로운 사람의 법, 십계명

교회력 본문   출애굽기 20:1-20, 빌립보서 3:4b-14

우리는 '십계명'의 가장 첫 줄을 '나 외에 다른 신을 섬기지 말라'로 기억합니다. 그 선언의 강렬함 때문일까요? 그 앞에 우리가 기억해야 할 정말 중요한 내용이 있다는 사실은 잘 모르고 넘어가기도 합니다. 하나님의 백성이 꼭 기억해야 할 중요한 전제, 바로 '나는 너희를 이집트 땅 종살이하던 집에서 이끌어 낸 주 너희의 하나님이다'라는 구절입니다.

우리는 주로 십계명을 지키는 문제에만 집중해서 그것을 '왜' 지켜야 하는지는 그렇게 고민하지 않습니다. 출애굽기 20:2의 이 구절은 우리가 십계명을 지켜야 하는 이유가 '하나님께서 우리를 이집트의 종살이에서 구원해주셨기 때문'이라고 말합니다. 우리가 십계명을 지키는 이유는 도덕적으로 좀 더 나은 사람이 되기 위해서나 구원을 받기 위해서가 아닌, 하나님과의 관계 때문이라는 것입니다.

이스라엘은 이집트의 강제 노역과 여러 가지 압박 속에서 고통스러운 삶을 살아가고 있었습니다. 그런데 하나님께서 그 고통을 들으셨고, 이스라엘을 그 속에서 건져내시기로 결정하셨습니다. 그리고 수많은 저항에도 불구하고 결국 하나님은 이스라엘을 이집트의 손아귀에서 구해 내셔서 자기 백성을 삼으십니다. 이 강렬한 경험이 이스라엘과 하나님 사이의 연결 고리였고, 그래서 이스라엘은 후손들에게 이 사실을 계속해서 가르쳤습니다.

십계명은 이 은혜에 대한 이스라엘의 올바른 반응이었습니다. 자신들을 고통과 압제 가운데서 구원해주신 하나님의 은혜에 감사하기 때문에, 적극적으로 그분의 뜻에 따라 살고자 하는 삶의 태도, 그리고 그 삶의 태도를 통해 열방의 모든 나라들이 하나님을 알게 하는 '하나님의 빅 픽쳐'에 동참하는 것이 십계명의 진정한 목적이었습니다.

자 그러면, 오늘 우리는 왜 십계명을 지켜야 할까요? 구원받았기 때문에? 이스라엘이 이집트의 압제로부터 구원을 받았다면, 우리는 대체 무엇으로부터 구원을 받은 걸까요? 맞습니다. 바로 '죄'로부터 구원을 받았습니다. 그런데 더 정확하게 2절에 대입하자면 '죄의 종살이'에서 구원을 받은 것이라고 할 수 있습니다.

그렇다면 우리가 종살이하던 '죄'란 무엇일까요? 그것은 이스라엘 백성을 옭아매던 여러 가지 압제처럼 오늘 우리를 옭아매고 있는 모든 것입니다. 다시 말해 학벌과 같은 자신들의 기준으로 줄을 세우려는 세상의 압박, 외모로 사람을 평가하려는 기준, 연봉이나 재산과 같은 경제적 요건으로 사람을 차별하는 것과 같이 우리를 하나님의 뜻에 따라 살지 못하게 하는 모든 압박들에서 하나님이 우리를 건져 내셨다는 뜻입니다.

더 높은 성취와 이익을 위해 사람을 쉬지 못하게 하고, 마음속으로 항상 타인의 외모를 평가하거나 나쁜 생각을 품고 성적으로 대상화하며, 내 것이 아닌 것을 탐내며 불로소득을 기대하고, 자기의 이익을 위해 불의에 눈을 감는 것. 이런 태도가 '정상'이라고 말하는 삶에서 우리를 건져내셔서 정반대의 삶을 살아가게 하시는 것, 그것이 바로 오늘 우리를 향한 십계명의 목적입니다. 그리고 주님은 구약과 동일하게 오늘 우리가 십계명을 통해 이 세상에 하나님의 빛을 비취길 기대하십니다.

이렇게 말했지만 '그래, 그럼 너는 그렇게 세상의 법칙에서 자유롭니?'라고 묻는다면 사실 자신이 없습니다. 저 역시 하나님이 우리를 구원하셨다고 믿지만, 실제로는 매일 같이 세상의 법칙에 지고 순응하며 살아가는 평범한 한 사람에 불과합니다. 그러나 바울 사도가 말한 것처럼 우리는 '목표를 향해 달려가는 중'(빌 3:12)에 있다는 것이 주님이 주시는 위로가 아닐까 생각합니다.

사랑하는 여러분, 우리를 구원하신 하나님의 능력이, 매일매일 흔들리며 살아가는 그 와중에도 어떻게든 힘겹게 주님의 열 가지 계명을 지키며 살고자 노력하는 모든 분들에게 반드시 함께 하실 것입니다. 오늘도, 내일도 이 사실을 믿으며 다시 세상으로 나가실 수 있기를 축복합니다.

우리는 패배하지만 언제까지나 패배하진 않을 것입니다.

🎼 예배곡 묵상 🎵

이집트를 나오면 새 날이 열릴 줄 알았습니다. 젖과 꿀이 흐르는 땅이 눈에 선했습니다. 하지만 실제론 그렇지 않았습니다. 갓 홍해를 건넌 이스라엘 앞에는 모래와 바람, 고된 행군만 있었습니다. 십계명은 종살이의 탈출이 전부가 아님을, 새로운 시대에는 새로운 룰이 있음을 알려줍니다. 착취와 아귀다툼으로 운영되던 세상을 뒤집는 새로운 법칙을 암시하며 말이죠. 계명은 다시 종살이하던 곳으로 돌아가지 않도록, 후퇴가 아닌 전진을 하도록 돕는 장치입니다. 우리에게는 전진만 있을 뿐입니다. 이번 주는 전진의 이미지를 담은 노래를 선곡했습니다.

▥ 주의 길로 달려가리라 (어노인팅, 어노인팅 10집, 전은주 사/곡)

많은 크리스천들이 예수님을 영접하면 자유로운 삶이 시작된다고 믿습니다. 그 말은 맞기도 하고 틀리기도 합니다. 새로운 시대는 무정부주의에 가까운 나라가 아닌, 이전과는 전혀 다른 왕이 다스리는 나라입니다. 그리고 그 나라의 백성에게는 새로운 계명이 주어집니다.

무정부 상태에서는 각자가 추구하는 정의대로 살지만 하나님의 나라에서는 그렇지 않습니다. 법, 즉 계명을 지켜야 합니다. '계명'은 하나님 나라의 정체성을 명확하게 드러내는 장치입니다.

'주의 계명의 길로 달려간다'는 가사는 우리가 그 법칙을 '적극적으로 지켜야 한다'는 사실을 전제합니다. 죄의 종살이를 벗어나 그 어떤 법으로도 제약당하지 않는 상태가 아니라, 새로운 법을 '적극적으로' 지키는 그리스도인의 정체성을 노래합니다. 그리고 후렴에서 '주와 함께, 주를 위해, 주를 향해 달려간다'는 가사로 그 길이 결코 외롭지 않을 것임을 말하며 예배자들을 격려합니다. 예배 내에서 십계명이나 성화에 대한 메시지를 다루게 된다면, 이보다 더 좋은 선곡은 없으리라 생각합니다.

> **묵상하는 기도**
>
> 주의 계명을 사랑하고 진리 안에서 참된 자유를 누리며 살아가는 우리가 되게 해주세요.

신실함이 이기네

📁 **교회력 본문** 출애굽기 32:1-14

'Out of sight, out of mind'라는 말이 있습니다. 눈에서 멀어지면 마음으로도 멀게 느껴진다는 의미입니다. 꼭 이 말 때문은 아니지만 사람은 생각보다 보이는 것에 영향을 크게 받는 것 같습니다. 보이지 않는데 서로를 신뢰한다는 건 정말 어려운 것 같습니다.

오늘 교회력 본문의 이스라엘 백성도 비슷한 상황이었습니다. 이집트 탈출 당시에 강력한 기적으로 마주했던 하나님은 이제 긴 여행 동안, 그리고 모세가 산에 올라간 이후로 그들 앞에 나타나지 않았습니다. 이스라엘은 점점 초조해졌습니다.

사귀는 사이에도 눈에 보이지 않으면 불안할 때가 있는데 하나님 한 분만 보고 이집트에서 나온 이스라엘은 하나님이 보이지 않는 상황에서 얼마나 불안했을까요? 하나님의 보호 없이는 단 하루도 살아갈 수 없는 광야에서 하나님의 부재는 너무나 큰 문제였습니다. 특히나 '신과 함께' 세상의 모든 것을 바라보았던 고대인들에게는 더욱 그랬을 것입니다.

그래서 그들은 결국 아론을 찾아가 눈에 보이는 신의 형상을 만들어 달라고 했습니다. 앞선 설교에서 십계명의 가장 큰 전제가 무엇이라고 했는지 기억하시나요? 맞습니다. 바로 하나님과의 관계가 십계명을 지켜야 하는 가장 큰 이유라고 했습니다. 십계명이 '피조물의 모습을 본뜬 우상' 만드는 것을 강력하게 금하고 있는 이유는 눈에 보이는 다른 어떤 것을 믿는 행위가 하나님과의 신뢰 관계를 깨트리기 때문이었습니다.

하나님께서 계시하신 그분의 성품, 약속들을 생각하지 않고 자기의 필요대로 하나님을 상상하고, 나에게 도움이 되는 신의 모습을 만들어내는 것, 그리고 그분이 원하지 않는 방법으로 그분을 섬기는 것, 바로 이것이 십계명이 거부하는 우상 숭배입니다. 그리고 이스라엘은 우상의 모습만 본뜬 것이 아니라, 그들이 경험했던 이집트 신의 축제를 따라 흥청거리는 예배를 열었습니다.

이스라엘은 그들의 생존을 위해 그들이 봐왔던 대로 신의 형상을 만들고, 그들이 경험했던 대로 예배 의식을 드렸습니다. 그리고 적당한 날을 정해서 마음대로 '주님의 절기'를 만들고 요샛말로 하면 '대형 집회'를 열었습니다. 모두가 만족했습니다. 그런데 자기들 보기에 아무런 문제가 없던 이 사건에 대해 하나님은 '그들이 타락했다'라고 말씀하십니다. 그들의 열심이 오히려 하나님께는 타락이었던 것입니다.

그들의 타락, 배신에 분노한 하나님은 마치 노아의 홍수 때처럼 그들을 쓸어버리겠다고 말씀하십니다. 그리고 그들을 대신해서 모세를 노아처럼 남겨 하나님의 큰 그림을 이루시겠다고 하십니다. 이스라엘과 하나님의 관계에 큰 위기가 닥쳤습니다. 그런데 그때 모세가 하나님과 이스라엘 사이에 '서서' 그분의 신실하심에 호소합니다. '하나님의 약속을 기억해 주십시오' 마침내 하나님은 모세의 '중보'에 자신의 분노를 거두십니다.

결국 '하나님의 신실하심'이 모든 문제를 극복해냅니다. 믿는 이들이 위기를 극복하는 힘은 하나님을 향한, 또 서로를 향한 신실함에 있습니다. '서로 사랑하라'는 말씀은 '서로에게 신실하라'라는 말로 바꿀 수 있습니다. 우리는 하나님과의 관계를 유지하는 것이 철저히 나 자신, 개인의 경건에 달린 것이라고 생각하는 경우가 많습니다. 그러나 사실 우리 곁에 있는 사람들이 저와 여러분을 여러 신앙의 위기에서 버티도록 도와주었음을 기억하면 좋겠습니다.

보이지 않는 하나님을 믿는다는 것은 삶 속에서 도우시는 그분의 보이지 않는 손길을 의지한다는 것과 같은 말입니다.

두려움에 부딪힐 때 의지할 대상을 찾는 것은 본능적인 행동이지만, 우리는 그때 눈에 보이는 무언가를 만들고 의지하는 대신 보이지 않는 그분의 도우심을 기대해야 합니다. 우리를 위해 삶의 구석구석에 남겨두신 주님의 도움을 기대하며 또 우리가 모세처럼 다른 이들의 보이지 않는 도움이 될 수 있기를 주님의 이름으로 축복합니다.

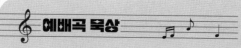

예배곡 묵상

하나님과의 관계는 약속으로 표현됩니다. 아담과 노아, 모세와 야곱으로 대표되는 당신의 백성 모두와 매번 언약을 맺으신 하나님은 가히 '프로 계약러'라고 할 수 있겠습니다. 모든 계약에서 제일 중요한 건 그 계약을 기억하는 것입니다. 계약 조건 - 권리와 의무 - 에 대한 기억만이 계약을 유효하게 만들어줍니다. 그래서 그 기억을 보관할 계약서를 작성하는 일이 무언가를 하기에 앞서 가장 중요한 일인 것입니다.

이번 주 본문에서 모세는 언약을 들고 하나님께 호소했고 하나님께서는 그 진노의 창을 거두셨습니다. 이스라엘을 진노의 창에서 피하게 했습니다. 이번 주에는 하나님의 신실하심과 기억, 언약을 노래하는 곡을 선곡했습니다.

▥ 주 신실하심 놀라워 Your Grace Is Enough (Matt Maher 사/곡)

♫ 함께 부르면 좋은 찬양 <주의 집에 거하는 자>

<주 신실하심 놀라워>는 캐나다의 CCM 아티스트 매트 마허의 곡입니다. 크리스 탐린이 부르면서 유명해졌고 한국에서는 마커스워십이 2009년에 소개해서 많이 알려진 곡입니다. 신나는 기타 사운드는 물론이고 노래의 기승전결이 쉽고 뚜렷해서 그런지 2010년대 초반에 한국 교회에서 많이 불렸습니다.

'주님의 은혜가 내게 넘치네'라는 후렴 가사의 맥락을 이해하기 위해서는 아무래도 고린도후서 12장에 등장하는 바울을 이야기해야 할 것만 같습니다. 육체의 가시를 거두기 위한 기도에 '내 은혜가 네게 족하다'며 응답하신 하나님의 반응을 노래하는 것 같아 보이니까요. 하지만 꼭 그렇지만은 않습니다. 후렴 전에 나오는 가사 때문입니다.

So remember Your people

Remember Your children

Remember Your promise O God

한글가사에서는 음절이 부족해서 '주여 기억하소서, 주 백성, 자녀들, 신실한 주님의 약속'이라고 했지만 사실은 세 번이나 뭔가를 기억하라고 강조하는 가사입니다. 그리고 그것을 기억하는 하나님의 은혜가 충분하다고 고백하는 것입니다.

'무엇도 끊지 못해'라든가 '구원의 노래로 인도하시니' 같은 가사는 이 모든 것들이 언약에 대한 내용임을 보여주는 단서 같은 것들입니다. 하나님의 신실하심은 언약에 대한 기억으로 드러나며 그것을 우리는 은혜라고 표현합니다. 늘 일방적으로 계약을 파기하는 이스라엘을 다시금 붙잡는 영원 성실한 계약자이신, 언약의 주체이신 하나님을 노래하기에 이보다 좋은 노래가 어디 있을까요. 언약과 하나님의 신실함이 잘 담긴 이 노래를 통해 큰 은혜와 위로를 누리시길 바랍니다.

묵상하는 기도

주께서 늘 우리와 함께 하심을 믿습니다. 비록 우리 눈에 보이지 않지만, 모든 곳에서 모든 순간 우리와 함께 하심을 믿습니다. 주님의 신실한 약속 안에, 그 영원한 평안 가운데 늘 거하길 소망합니다.

🕯 고민하고 흔들려서, 오히려 믿음

교회력 본문   출애굽기 33:12-23, 이사야 45:1-7

데살로니가전서 1:1-10, 마태복음 22:15-22

오늘 교회력 본문은 세상 속에서 살아가는 그리스도인의 모습을 다양한 각도에서 비춰주고 있습니다. 먼저 출애굽기에서는 세상을 향한 하나님의 큰 그림 안에 포함된 백성으로서의 정체성을, 그리고 이사야에서는 믿지 않는 이들을 통해 어떻게 하나님의 뜻을 이루시는지를, 데살로니가전서에서는 고난 가운데 인내하는 성도의 모습을, 마지막으로 마태복음에서는 세상과 그리스도인의 관계에 대해 이야기합니다.

출애굽기에서 모세는 끈질기게 하나님의 동행을 요청합니다. 왜냐하면 바로 이전에 금송아지 사건으로 인해 이스라엘과 하나님 사이의 관계가 심각한 위기에 빠졌기 때문이었습니다. 그래서 모세는 '세 번' 하나님의 동행을 요청하는데 마지막으로 '하나님의 영광'을 보여달라고 간청합니다. 이렇게까지 요청하는 이유는 바로 사람들로 하여금 이스라엘이 '하나님의 사랑을 받는 백성이라는 것을 알게 하기 위해서'라고 말합니다.

이사야에서 하나님은 바빌로니아의 키루스(고레스) 왕을 통해 어떻게 자신의 뜻을 이루어가시는지를 보여주십니다. 바빌로니아의 강대함은 결국 세상을 섬기기 위해 선택한 자기 백성, 즉 이스라엘을 돕기 위해서라고 말씀하십니다. 하나님은 이렇게 하나님을 알지 못하는 사람들을 통해서도 자기의 뜻을 이루어가십니다.

데살로니가 사람들에게 쓴 첫 번째 편지에서는 복음을 받아들인 사람들이 어떻게 서로를 사랑하고 의지하며 고난을 버티고 살아가는지를 보여주고 있습니다. 그리고 그 삶이 각지에 흩어져 있는 다른 성도들에게 어떻게 위로가 되고, 믿지 않는 사람들을 우상에게서 돌이켜 하나님께로 돌아오게 하는지를 보여줍니다.

마태복음에서는 그 유명한 '황제의 것은 황제에게, 하나님의 것은 하나님께 바치라'는 말씀을 통해 우리의 진정한 주인이 누구인지를 묻습니다. 세상 모든 것을 다스리시는 분이 하나님이심을 인정한다면, 과연 황제에게 바칠 것이 있겠느냐는 질문이지요. 그러면서 뒤로는 로마와 손잡고 가난한 백성들을 압제하는 바리새인과 헤롯 당원들의 이중적인 태도를 비판하십니다.

이제 지금까지 살펴본 본문들의 이야기를 모아보겠습니다. 먼저 하나님은 당신의 백성들을 통해 이 세상에 자기의 큰 그림, 다시 말해 하나님 나라(다스림)를 펼쳐 나가기 원하십니다. 그리고 그 과정 속에서 믿지 않는 사람을 통해서 역사하시기도 한다는 사실을 기억해야 합니다.

중요한 것은, 믿음을 가진 우리의 삶의 태도와 행동입니다. 어려움 가운데서도 하나님의 살아계심을 믿으며 서로를 보듬고 아끼며 사랑하는 삶의 태도가 백 마디 말보다 더 강력한 메시지가 됩니다.

동시에 믿지 않는 사람과 함께 세상을 살아가면서도 하나님의 주인 되심을 반드시 기억해야 합니다. 하나님 나라의 백성이자, 시민 사회의 구성원으로서 어떤 태도를 가지고 살아가야 할지 고민해야 한다는 이야기입니다. 세상의 복잡한 문제에서 손을 떼고 교회 건물 속으로 숨어 들어서도 안 되고, 그렇다고 복음의 메시지를 부끄러워하며 숨기고 사는 것도 옳지 않겠습니다.

오늘 본문이 보여주는 것처럼 성경은 우리의 모든 상황에 한 가지 답만을 주지 않습니다. 대신에 다양한 이야기를 통해 우리에게 생각할 거리를 안겨줍니다. 중요한 것은 균형입니다. 어떻게 하면 한쪽으로 치우치지 않고 세상 속에서 하나님의 백성으로 살아갈 수 있을지, 그 균형 감각을 키우도록 성경은 계속해서 우리에게 도전합니다. 쉽고 안전한 답이

정해진 길보다, 어렵고 흔들리지만 매 순간 믿음으로 고민하는 길, 그 좁은 길을 걸어가시기를 주님의 이름으로 축복합니다.

"회개하라. 천국이 가까이 왔느니라"(마 3:2)

세례 요한과 예수님의 선언은 당시 로마와 헤롯의 압제에 시달리던 유대인들에게 어떻게 들렸을까요? 실제적인 구원과 회복의 메시지로 들렸을 것이 분명합니다. 21세기를 살고 있는 우리에게는 어떠한가요? 이제는 많은 그리스도인들이 하나님 나라의 개념을 알고 있습니다. 하지만 정작 우리들이 삶 속에서 하나님나라를 누리고 그것을 온전히 이뤄가고 있는지에 대해서는 확신하기 어렵습니다.

그런데 사실 그까짓 거, 하나님 나라는 하나님 혼자서도 이루실 수 있는 것입니다. 스스로 무에서 유를 창조하신 분이 못하실 이유가 없지요. 그럼에도 불구하고 하나님은 굳이 우리에게 하나님 나라의 메시지를 전하시고, 우리가 거기에 동참할 것을 촉구하십니다. 하나님께서 우리에게 요구하시는 것은 부족한 일손을 메꿀 노동력이 아니라, 우리의 존재 그 자체입니다.

오늘은 하나님 나라에서 우리에게 맡겨진 역할은 무엇인지 노래하는 곡을 선곡해보았습니다.

🎹 나의 하나님 (심형진, Renown, 박우정 사/곡)

🎵 함께 부르면 좋은 〈찬양 하나님의 그늘 아래〉

〈나의 하나님〉은 자신이 사랑스럽지 않다고 생각하는 사람을 향한 하나님의 사랑으로 시작합니다. 자존감이 무너지고 생으로의 의지가 없는 사람에게 여전히 너는 사랑스럽고 어여쁘고 참 귀하다고 말씀하시는 하나님의 음성을 다룹니다. 그 사랑은 '계절 따라 돌보시는, 실수가 없으신' 하나님의 인자한 성품에서 흘러나오는 것입니다.

앞부분에서 하나님의 사랑을 충분히 묵상한 탓일까요. 후렴에서 선포되는 '주님의 나라와 뜻', '거룩히 살아갈 힘과 두렴 없는 마음'은 나의 의로부터 나오는 것이 아니라, 내게 조건 없이 주어지는 하나님의 사랑에 기초한 것임이 자연스럽게 선포됩니다. 그런 맥락에서 브릿지의 '존귀하신 사랑의 왕이 영원히 통치하신다'는 선포는 하나님의 나라가 힘과 권력이 아니라 우리를 향한 하나님의 조건 없는 사랑에서 세워져간다는 것을 가르쳐줍니다.

이 노래를 통해 사랑의 왕이 다스리시는 하나님의 나라를 누리며 선포하는 한 주 되시길 바랍니다.

묵상 하는 기도	우리를 다양한 상황 가운데 두시고 그 가운데 다양한 답을 주심으로 우리가 조금씩 자라가게 하시니 감사합니다. 좌로나 우로 치우치지 않고 늘 지혜롭고 겸손한, 균형 있는 신자가 되게 해주세요.

🕯 서로 사랑하기 위한 성경 읽기

📖 교회력 본문   레위기 19:1-2, 15-18, 마태복음 22:34-46

좀 엉뚱한 문제를 내보겠습니다. 머리 스타일 중 투블럭 컷이라는 스타일이 있습니다. 그리고 많은 사람들이 좋아하는 삼겹살이 있고요, 양털과 다른 재료가 섞인 울 혼방 원단으로 만든 카디건이 있다고 합시다. 이 세 개 중에서 성경이 금하는 것은 무엇일까요?

정답은 모두 다입니다. 투블럭 컷은 '관자놀이의 머리를 둥글게 깎거나, 구레나룻을 밀어서는 안 된다'(레 19:27)는 율법을, 삼겹살은 돼지고기는 부정하므로 먹지 말라는 율법(신 14:8)을 그리고 울 혼방 카디건은 '서로 다른 두 가지의 재료를 섞어 짠 옷감으로 만든 옷을 입어서는 안 된다'(레 19:19)는 율법을 어기는 행동들입니다. 이대로라면 우리들은 대부분 성경이 말하는 율법을 어긴 사람들입니다.

이 이야기에 동의가 되시나요? 아마 말도 안 된다고 생각하실 겁니다. 그러나 많은 경우 우리는 성경을 이렇게 일차원적으로 이해하는 것이 올바른 신앙이라고 생각합니다. 물론 성경에 계시된 진리는 시대를 초월한 가치입니다. 하지만 그 진리가 고대 근동이라는 우리와 아주 다른 문화 속에서 표현되었기 때문에, 오늘날 문자 그대로 적용하기에는 무리가 있다는 사실을 이야기하고 싶었습니다.

오늘 본문에서 주님은 율법의 참 뜻은 잃어버린 채로 율법을 문자 그대로 지키는 데에만 집중하고 있는 율법 교사들을 책망하십니다. 그들이 알고 있는 대로 가장 큰 계명은 '마음과 목숨과 뜻을 다해 주 너의 하나님을 사랑하라'이지만, 그 큰 계명의 진정한 뜻은 '네 이웃을 네 몸과 같이 사랑하라'와 연결되어 있었습니다. 요 13:34는 이 계명을 이렇게 하나로 묶습니다. '서로 사랑하라'

해마다 이 맘 때가 되면 마르틴 루터와 장 칼뱅이 어김없이 소환됩니다. 바로 종교개혁 주일 때문입니다. 종교개혁이라는 말만 들으면 기독교의 어떤 제도나 형식을 새롭게 바꾼 것으로 오해하기 쉬운데, 사실 종교개혁은 '하나님을 사랑한다는 것'이 무슨 뜻인지를 좀 더 분명하게 밝혀내었다는 데 그 의미가 있다고 생각합니다.

종교개혁 이전까지는 하나님을 사랑하는 것은 성직자만, 혹은 성직자를 통해서만 가능하다고 믿었습니다. 그러나 종교개혁자들은 각자의 직업을 통해 이웃을 섬기는 것으로도 하나님을 사랑할 수 있다는 '하나님 사랑'의 진정한 의미를 밝혀냈습니다. 저는 그런 의미에서 지금 내 주변 사람을 무시한 채 드리는 화려한 예배가 아닌, 서로에게 신실한 보통의 삶이 결국 하나님을 사랑하는 올바른 방법이고 이것이 바로 종교개혁의 진정한 정신이라고 생각합니다.

성경을 읽는 최악의 방식은 바로 성경을 가지고 여러 가지 규칙을 만들어 서로를 재단하고 정죄하는 것입니다. 예수님은 바로 그런 식으로 성경을 읽고 해석하던 율법 교사들을 책망하셨습니다. 오늘 우리의 성경 읽기는 어떻습니까? 우리는 성경을 서로 사랑하기 위해 읽고 있나요, 아니면 다른 사람을 정죄하기 위한 근거로 사용하고 있을 뿐인가요?

하나님이 시내산에서 이스라엘 백성에게 주셨던 열 가지 계명은 시간이 흘러 613가지로 늘어났지만, 예수님은 율법학자와의 대화(눅 10)에서 그 모든 계명을 하나님을 사랑하는 것과 이웃을 사랑하는 것, 두 가지로 통합하셨습니다. 이후에는 결국 이 둘이 하나임을 알려주셨습니다(요 13:34, 14:21).

주 너의 하나님을 사랑하고, 네 이웃을 네 몸과 같이 사랑하라.

오늘 말씀의 주제를 생각하며 우리가 만약 이와 관련된 단 하나의 노래, 단 하나의 메시지를 불러야 한다면 어떤 곡이 좋을지를 고민한 끝에 이 노래를 선곡했습니다.

사랑하라 (박영글, Rushing Water #7, 박영글 사/곡)

하나님 사랑과 이웃 사랑을 모두 다루고 있는 노래가 많을 것 같지만, 의외로 그런 곡은 많지 않습니다. 많은 노래들이 하나님 사랑에 집중되어 있습니다.

박영글의 〈사랑하라〉는 그 둘을 모두 다룬, 가뭄 속 단비 같은 곡입니다. 음원으로 정식출시된 적은 없지만, 2013년 예배 생태계를 구축하기 위해 창간되었던 온라인 매거진 워십인사이트의 신곡 소개 코너 '러싱워터'에서 발표되었습니다.

이 곡은 예수님의 명령을 담아내기 위해 노력한 스크립처 송입니다. 예수님께서 서기관과의 논쟁 중에 가장 첫 계명을 설명하는 마태복음 22:37-39이 그대로 가사에 담겨 있습니다. 작곡자의 어떤 생각이나 감상도 개입되지 않은 채, 예수님의 말씀만을 그대로 담아낼 뿐입니다. 담담하지만 진중합니다. 멜로디나 화성도 무리한 진행 없이 메시지를 받치는 역할을 묵묵히 감당합니다.

무엇인가를 더 해야 할 것 같은 강박적인 신앙에서 예수님이 명령하신 유일한 새 계명, 서로를 사랑하라는 명령을 노래와 함께 마음속에 새기고 실천할 수 있는 한 주 보내시길 바랍니다.

묵상 하는 기도	우리에게 하나님을 아는 지식에 대한 갈급함을 주셔서 감사합니다. 하나님을 알아가면 알아갈수록 더욱 겸손해지고, 더욱 더 지체와 이웃을 사랑하는 사람이 되게 해주세요.

우리는 주님의 움직이는 교회

📖 **교회력 본문**　　미가 3:5-12

우리 문화에서 교회라고 하면 대부분은 교회 건물을 이야기하는 것으로 생각합니다. 물론 최근에는 교회가 가진 공동체적인 측면이 강조되고 사람 그 자체가 교회라는 인식이 공유되어가고 있지만, 여전히 교회와 건물을 같은 개념으로 보거나 심지어는 교회 건물을 '성전'이라고 부르는 경우도 있습니다. 그러다 보니 교회 중심, 성전 중심의 신앙이라는 명목으로 교회 건물과 모임을 중심으로 한 신앙생활을 지나치게 강조하는 부작용이 생겼던 것이 사실입니다.

그러나 성경은, 특히 눈에 보이는 성전이 존재했던 구약에서도 성전이라는 건물을 중심으로 돌아가는 종교적인 열심에 대해 끊임없이 비판하고 있습니다.

"주님께서 이렇게 말씀하신다. 하늘은 나의 보좌요, 땅은 나의 발 받침대다. 그러니 너희가 어떻게 내가 살 집을 짓겠으며, 어느 곳에다가 나를 쉬게 하겠느냐?"(사 66:1, 새번역)

"다시는 헛된 제물을 가져 오지 말아라. 다 쓸모 없는 것들이다. 분향하는 것도 나에게는 역겹고, 초하루와 안식일과 대회로 모이는 것도 참을 수 없으며, 거룩한 집회를 열어 놓고 못된 짓도 함께 하는 것을, 내가 더 이상 견딜 수 없다"(사 1:13, 새번역)

예수님께서도 성전이라는 건물과 그 안에서 일어나는 모든 부정한 일들에 대해 책망하시는 것을 쉽게 찾아볼 수 있습니다.

"예수께서 성전을 떠나가실 때에, 제자들 가운데서 한 사람이 예수께 말하였다. 선생님, 보십시오! 얼마나 굉장한 돌입니까! 얼마나 굉장한 건물들입니까! 예수께서 그에게 말씀하셨다. 너는 이 큰 건물들을 보고 있느냐? 여기에 돌 하나도 돌 위에 남지 않고 다 무너질 것이다"(막 13:1-2, 새번역)

오늘 교회력 본문인 미가서는 사실 자주 설교되는 본문은 아닙니다. 오늘 교회력 본문인 미가서 역시 앞선 성전 건물에 대한 믿음을 비판하는 본문들과 동일하게 성전을 바라보며, 안심하고 있는 이스라엘 백성들을 향해 선포하는 멸망의 메시지가 담겼습니다.

이스라엘 백성은 성전이 존재하는 한, 하나님이 자기 편이라고 생각했습니다. 종교 지도자들, 예언자들은 사람들이 가져오는 헌물에 따라 복과 저주를 자기 마음대로 내려주고 그들이 듣기에 좋은 말들을 '서비스' 했습니다. 그들의 이런 종교 장사에 대해 주님은 그들의 서비스를 끝장내겠다고 말씀하십니다. 그들은 성전 건물을 바라보며 주님이 자기들과 함께 하신다고 장담했습니다. 그러나 하나님은 그들이 믿는 그 건물이 사실은 아무것도 아니라고 말씀하십니다.

이제 이 이야기를 지금 우리의 상황으로 가져와 보겠습니다. 믿음이라는 영역을 '교회당 중심'의 신앙으로 가두어 놓고, 교회 건물 바깥의 모든 일들에 대해 '세속적'이라는 꼬리표를 붙였던 우리네 교회는, 코로나 사태로 인해 근본적인 도전에 직면했습니다. 안전하다고 믿었던 교회가 불안과 경계의 대상이 되고, 오히려 교회 밖 세상으로 나갈 수밖에 없는 상황에 놓이게 된 것입니다.

우리가 이미 보았다시피 건물로서의 교회는 언제든지 멈출 수 있습니다. 그러나 사람과 사람 사이의 연결은 멈추지 않습니다. 아니 멈추지 않아야 합니다. 왜냐하면 처음부터 우리의 신앙은 건물에 의해 유지되지 않고 오직 성령께서 거하시는 진정한 성전인 바로 우리 한 사람 한 사람을 통해 유지되고 이어져왔기 때문입니다. 우리가 자주 잊어버리는 말씀, '너희는 너희가 하나님의 성전인 것과 하나님의 성령이 너희 안에 계시는 것을 알지 못하느냐'(고전 3:16)를 지금 기억해야 합니다.

우리는 얼마든지 세상에서도 교회로 살아갈 수 있습니다. 세상은 결코 피하거나 멀리해야 하는 곳이 아닙니다. 우리가 사는 세상 역시도 하나님이 지으신 세계이며, 우리는 그 세계를 섬기고 관리하도록 부르심을 받았습니다. 하나님의 진정한 '성전'이신 여러분, 두려워하지 말고 세상으로 나가십시오. 어디에 있든지 바로 여러분이 교회입니다. 그리고 거기에서 여러분의 '예배'인 일상을 성실하게 감당해 나가시기를 주님의 이름으로 축복합니다.

🎼 예배곡 묵상 🎵 ♪ ♩

'○○교회가 성도님들과 함께합니다'라는 말을 듣거나 본 적이 있으신가요? 그렇다면 어떻게 생각하셨나요? '아, 교회가 나와 함께 해주는구나'하고 생각하셨다면 다시 한번 생각해보시길 바랍니다.

내가, 우리가 교회가 아닌가요? 혹시 교회를 내게 종교적인 서비스를 제공하는 단체 정도로만 생각하는 건 아닌가요? 목회자는 내게 영적인 통찰을 줘야 하고, 찬양팀은 좋은 음악과 분위기를 통해 내가 찬양할 수 있도록 해줘야 하는 존재 정도로 말입니다.

우리가 만약 이런 '서비스'를 받는 것에만 익숙해졌다면, 구약의 선지자들이 던졌던 돌직구는 우리 가슴팍에 꽂혀야 마땅합니다. 우리는 서비스를 받는 고객이 아니라 교회 그 자체이기 때문입니다. 이번 주는 교회로서의 정체성을 노래하는 곡을 뽑았습니다.

▥ 교회 (염평안, 1집 In The Life, 염평안 사/곡)

♫ 함께 부르면 좋은 찬양 〈우리는 주의 교회〉

교회가 건물이 아니라 사람의 집합체라는 것을 강조하는 노래는 적지 않습니다. 다만 막연하게 '우리는 교회니까 사랑하자. 우리는 교회니까 서로를 감싸주고 세워주자'는 온정주의에 기댄 공동체성에 집중하고 있는 경우가 많습니다. 하지만 오늘 소개하는 〈교회〉는 교회의 현상과 지향점을 번갈아 배치해 대조하면서 우리가 추구해야 하는 교회 됨이 무엇인지를 조금 더 선명하게 보여줍니다.

앞부분에서는 '사람수'가 아니라 '사랑'이, '세상이 주목하는 것을 바라는 것'이 아니라 '주님이 주목하시는 것'을 바라보는 교회에 대한 소망을 다룹니다. 이후에 교회의 출발이 그리스도의 십자가로부터 시작되었음을 언급하며 교회의 기초가 예수 그리스도임을 단단히 확인합니다. 그리고 그 '교회 됨'은 누군가의 서비스로 이뤄지는 것이 아니라 '우리 함께 만들어가는 것'임을 알려주고 제안한 뒤, 함께 노래하는 이들의 변화를 촉구하며 마무리합니다.

'내 작은 생각보다도 하나 됨의 소중함 아는 교회', '세상에 알려지기보다 서로가 서로를 더 깊이 아는 교회'라는 가사는 점점 조직화되고 몸집만 커져가는 교회, 부흥이라는 명목하에 성장과 존속이라는 목표로 치닫는 교회의 모습에 대한 자성의 목소리입니다. 따뜻한 멜로디에 얹힌 단단한 가사는, 현실에 대한 안타깝고 슬픈 마음을 불러일으키면서도 동시에 진정한 교회에 대한 벅찬 소망을 가슴 뭉클하게 불러일으킵니다.

아름다운 노래인 〈교회〉와 함께 우리 각자 모두가 아름다운 교회로 회복되길 소망하는 한주가 되면 좋겠습니다. 지금 내가 속한 교회, 그리고 우리 모두가 하나로 만날 진정한 그 교회를 꿈꾸며 살아가는 우리 모두가 되길 소망합니다.

묵상
하는
기도

교회가 단지 누군가의 도피처가 아닌 세상을 향한 환대의 공간이 되게 해주세요. 구원의 소식과 감격이 그저 나의 안전을 보장하는 티켓이 아닌 온 세상을 향한 하나님의 초청장이 되게 해주세요.

🕯 주님의 다시 오심을 기다린다는 것은

🔲 교회력 본문 데살로니가전서 4:13-18, 마태복음 25:1-13

'역시, 아무 일도 일어나지 않았습니다'

1992년 10월 28일, 흰옷을 입은 사람들이 속속들이 모여들기 시작합니다. 수많은 방송국 카메라와 외신 기자들까지도 모여 이들을 취재하고 있었습니다. 이들이 모인 건물 주변에는 수많은 구경꾼들과 만약의 사태를 대비하기 위해 출동한 경찰들이 뒤섞여 매우 혼란스러웠습니다. 바깥의 이런 상황을 아는지 모르는지, 그들이 모인 교회 건물 안에서는 뜨거운 찬송가 소리만 울려 퍼집니다.

이 사건은 1992년 10월 28일에 산채로 하늘로 들어 올려 구원을 받는 일명 '휴거'가 일어난다며 사회적 물의를 일으킨 '다미선교회'의 시한부 종말론 소동이었습니다. 그들은 밤 12

시까지 '들어올림'을 기대하며 열광적인 예배를 드렸지만, 결국 아무 일도 일어나지 않았고 분노한 회중은 소동 끝에 결국 하늘이 아닌 '집'으로 돌아갔습니다.

오늘 교회력 본문인 데살로니가전서는 '주 안에서 하나님을 기쁘시게 하는 삶'이 무엇인지를 이야기하고 있습니다. 예수님께서 죽으시고 부활하신지 2천 년이 지난 지금의 우리들보다, 그 사건에 더 가까운 시대를 살았던 초대교회의 성도들은 주님의 재림에 대해 더 큰 기대를 가지고 있었을 것입니다. 바울은 그들에게 어떤 삶을 살라고 말했을까요? 주님 곧 오실 테니 재산 다 헌금하고 직장 다니지 말고 모여서 예배만 드리라고 했을까요?

놀랍게도 주님의 재림을 더 간절히 기다리던 당시의 성도들에게 바울은 '조용하게 살기를 힘쓰고', '자기 일에 전념하고', '자기 손으로 일을 하라'고 말합니다. 악한 일을 저지르지 말고 거룩함과 선함으로 다른 사람에게 품위를 지키라고 말합니다. 그것이 바로 부활하시고 승천하신 우리 주 예수님의 이름으로 바울이 성도들에게 부탁한 내용이었습니다.

그러면서 13절부터 바울은 주 안에서 재림을 기다리다 먼저 죽은 사람들의 소망에 대해 이야기합니다. 주 안에서 잠든 자들도 주님과 함께 다시 올 것인데, 문제는 바로 17절의 '우리가 그들과 함께 구름 속으로 이끌려 올라가서, 공중에서 주님을 영접할 것입니다. 이리하여 우리가 항상 주님과 함께 있을 것입니다'라는 구절입니다.

이 구절에 나온 '이끌려 올라가서', '공중에서 주님을 영접'이라는 표현이 사람들에게 '휴거'에 대한 오해를 갖게 했습니다. 여기서 '영접'이라는 말의 원어인 '아판테시스'는 단순히 나가는 것뿐 아니라, 나가서 손님을 맞이하고 다시 있던 곳으로 모셔오는 것을 의미합니다. 오늘 교회력 복음서 본문의 마태복음 25:6에서 신랑을 맞으러(아판테시스) 간 처녀들도 신랑을 영접한 후에 다시 성으로 돌아와 잔치를 계속합니다.

그렇다면 다시 오실 주님과 우리가 함께 있을 곳은 어디일까요? 맞습니다. 바로 우리가 살고 있는 이 땅입니다. 우리는 어디 다른 곳으로 가지 않습니다. 여기에서 시작해서 여기로 마무리합니다. 비록 수많은 아픔과 슬픔이 있고, 좌절과 어려움을 경험하는 이 땅이지만 하나님의 뜻이 이루어질 곳도 바로 이 땅입니다. 바울은 이 말로 서로를 위로하라고 말합니다.

로마의 핍박 가운데 주님을 기다리던 성도들이 이 땅에서 이루어질 하나님의 나라를 기대하며 하루하루를 살아갔다면, 오늘 우리도 마찬가지로 여기에서 매일을 살아가는 것이 건강한 신앙이 아닐까 생각합니다. 이 땅을 떠나고 싶을 만큼 아픈 순간이 많지만, 다시 오실 주님의 위로가 우리 발을 여기에 붙들어 주시기를 간절히 기도합니다.

황금색 하늘나라··· 눈물 슬픔 없는 곳

주일학교를 다녔다면 한번쯤은 들어봤을 노래입니다. 이 노래가 말하는 하나님 나라, 즉 천국은 '죽은 후에 가는 나라', '황금과 보석으로 가득한 곳'이었죠.

하지만 정말 그런가요? 성경에서 말하는 하나님 나라는 휘황찬란한 사후세계를 말하는 말인가요? 그렇지 않습니다. 예수님은 '천국이 가까이 왔다'(마 4:17)고 말씀하셨고, '나라가 임하시오며'(마 6:10)라고 기도하라고 가르치셨습니다. '우리가 천국에 갈 때가 되었다'거나 '나라에 데려가시오며'라고 기도하지 않으셨습니다.

우리가 정말 성경에서 발견되는 그리스도를 따르고 있다면 '우리를 데려가세요'라고 기도하기보다 '우리한테 와주세요'라고 기도하는 게 맞을 겁니다. 나라가 임하기를 기도하는 게 맞겠죠. 이번 주에는 하나님의 나라, 그 통치가 임하기를 구하는 찬양을 선곡했습니다.

🎹 **하늘에 계신 아버지 As It Is in Heaven** (Matt Maher 사/곡)
〈하늘에 계신 아버지〉는 예수전도단 캠퍼스워십의 여섯 번째 앨범인 'With Me'에 수록된 곡입니다. 수록된 주요 곡들 모두 하나님이 우리와 함께하신다는 사실, 하나님의 다스림을 다루고 있습니다.

후렴에 들어가기 전 '찬양해 새 노래로' 정도의 가사만 첨가되었을 뿐, 가사는 주기도문을 그대로 풀어냈습니다. 마태복음에서 읽히는 하나님 나라, 하나님의 뜻을 노래하려고 할 때 이 노래만큼 적절한 곡이 있을까 싶을 정도로 탁월한 메시지는 물론이고, 경쾌한 편곡과 쉬운 멜로디는 회중곡으로 함께 부르기에도 적절합니다.

하나님 나라의 도래를 진심으로 갈망하며, 일상에서 언제나 하나님 나라를 드러내는 삶을 살고자 다짐하며 이번 한 주를 이 노래와 함께 하시면 어떨까요.

**묵상
하는
기도**

주님, 이 땅을 떠나고 싶을 만큼 아프고 힘든 순간들이 많습니다. 하나 그럴수록 종말의 소망을 붙들고 우리가 서 있는 곳과 우리 주변을 더 아끼고 사랑할 수 있게 해주세요. 하나님의 뜻이 이곳에 이루어지길 기도하는 성도가 되게 해주세요.

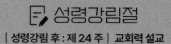

⚓ 고인물에 내리는 하나님의 심판

| 교회력 본문   스바냐 1:7, 12-18

우리가 보통 기억하는 스바냐의 말씀은 3:17의 '그가 너로 인하여 기쁨을 이기지 못하시며'일 거라고 생각합니다. 그러나 마치 어느 찬양에 가사로 인용되어 달달한 분위기를 자아내던 이 구절이 실은 심판의 메시지로 가득 찬 스바냐서의 구절임을 면밀히 인식하는 분들은 그리 많지 않으실 겁니다.

예언서에서 자주 사용되는 '여호와의 날'이라는 말은 우리의 예상과는 달리 '하나님께서 온 세상을 심판하시는 날'이라는 뜻으로 사용됩니다. 그리고 그날은 오늘 다른 교회력 본문들이 공통적으로 말하는 것과 같이 '아무도 모르게', '도적같이' 찾아온다고 성경은 말하고 있습니다.

성경은 왜 심판의 날이 아무도 모르게 급작스럽게 찾아온다고 할까요? 12절에는 그 이유를 짐작하게 하는 표현이 담겨 있습니다.

"예루살렘에서 찌꺼기 같이 가라앉아서 마음속에 스스로 이르
기를 '여호와께서는 복도 내리지 아니하시며 화도 내리지 아니
하시리라'하는 자를 등불로 두루 찾아 벌하리니"(습 1:12)

'(술)찌꺼기 같이 가라앉아 있는 사람들'이라는 표현이 재
미있습니다. 요샛말로 하면 '고인물', 고이다 못해 '석유'가 된
사람들이라고 하면 딱 맞을까요? 이미 너무 많은 종교적 경
험과 예식들에 익숙해져서 더 이상 아무런 감흥도, 새로움도
느끼지 못하는 사람들, 혹은 높은 곳에 앉아 세상 돌아가는
법을 다 알고 있어서 속된 말로 '각'이 딱 나오는 사람들, 아
니면 팔짱을 딱 끼고 앉아 '그래 어디 한 번 설교로 나를 감
동시켜 봐, 어디 한 번 연주로 나를 자극시켜봐'라며 고개를
까딱거리는 사람들인지 모르겠습니다.

그렇게 하나님을 두려워하지도 않고 입으로는 수많은 종
교적인 언어를 쏟아내지만 결국 하나님의 존재를 인정하지
않는 '닳고 닳은 고인물들'에게, 스바냐 선지자는 그들이 생
각지도 못한 때에 하나님의 심판이 찾아온다고 말하고 있습
니다.

성경은 왜 계속해서 '심판, 죽음, 언젠가 올 마지막'을 염두
에 두라고 말하고 있을까요? 그것은 하나님과 우리의 본질적

인 차이, 곧 무한하신 하나님과 유한한 시간 속의 우리의 상태를 깨달으라는 메시지가 아닐까 싶습니다. 그렇게 하나님께서는 모든 것을 다 아는 듯, 세상의 이치를 다 깨달았다는 자들의 교만한 뚝배기를 여지없이 깨뜨리십니다.

한편으로 그 차이 앞에 겸손하게 엎드리는 것은, 변하지 않는 삶의 상황, 계속된 절망 속에서 차갑게 굳어져버린 우리의 마음과 기대를 다시 움직이도록 하는 힘이 되기도 합니다. 세상의 모든 힘 있는 자들, 우리를 억압하고 얽매는 것들, 영원히 끝나지 않을 것만 같은 고통을 심판하시고 그 지배를 끝내시리라는 약속이기도 하기 때문입니다.

우리는 삶 속에서 좋은 의미로든 나쁜 의미로든 '고인물'이 되곤 합니다. 반복되는 삶의 패턴 속에서 하나님을 두려워하지 않고 다른 이를 괴롭히기도 하고, 반대로 더 이상 아무런 기대를 할 수 없는 냉담한 상태에 빠지게 되기도 합니다. 그럴 때 우리는 죽음을, 심판을, 마지막을 기억해야 합니다.

우리의 모든 억울함과 아픔을 풀어주시고 모든 것을 바르게 회복시키실 주님을 기대하며, 오늘도 담대하게 눈을 감고 내일을 맞이합시다. 주님께서 우리의 익숙함을 깨고 새 일을 행하여 주시기를, 찌꺼기처럼 가라앉은 우리의 마음을 다시 흔들어주시기를 간절히 기도합시다. 그래서 우리가 스바냐 3:17을 다시 새롭게 노래할 수 있게 되기를 소망합니다.

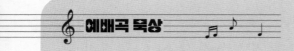

마라나타 מרנא תא

아람어로 '주께서 임하시느니라'라는 뜻의 이 단어는 성경에서 단 한 번, 고린도전서 16장에서만 사용되었습니다. (계시록 22장에서도 비슷한 구절이 있긴 하지만 이 단어 자체가 기록된 건 고린도전서가 유일합니다) 초대교인들이 만나고 헤어질 때 사용한 말로 알려져 있지만, 그보다는 성찬을 하면서 사용된 예식용어라고 보는 게 맞다고 합니다.

사실 어떤 경우에 사용되었든, 이 단어가 우리에게 보여주는 사실은 뚜렷합니다. 초대교인들이 그리스도의 재림을 항상 염두에 두고 있었다는 것입니다. 과제제출마감을 앞둔 대학생처럼 긴장하고 깨어 있는 상태, 그걸 우리는 종말론적 신앙이라고 부릅니다.

이번 주는 종말론적 신앙, '마라나타'를 노래하는 곡을 선곡해봤습니다. 종말론은 자칫하면 삶의 고단함과 어려움을 회피하려는 쪽으로 흘러가는 경향이 있는데, 다음의 곡들도 그렇게 되지 않도록 주의하면서 불러야 하겠습니다.

마라나타 (부흥한국, 하늘이여 외쳐라, 고형원사/곡)
소향의 보컬로 잘 알려진 부흥한국의 〈마라나타〉는 종말론적 신앙을 선교로 풀어낸 곡입니다. '땅의 모든 끝, 모든 족속' 같은 가사나 '모든 열방이 경배하게 하소서' 같은 가사가 그런 주제의식을 뚜렷하게 반영합니다. 모든 선교의 이유를 '주님이 오실 길을 예비하는 것'에서 찾는 듯합니다.

두 가지 개념을 엮어내다 보니 자칫 이 곡에서 말하는 종말은 전 세계를 향한 선교가 완성될 때 주어지는 보상, 혹은 성취해야 할 업적 같은 것처럼 느껴지기도 합니다. 종말의 주도권이 '우리의 열심'으로 치환되지 않으려면 종말에 대한 올바른 인식, 즉 지금이 이미 종말의 때이고 그러기에 우리가 늘 긴장하며 깨어 있어야 하고, 우리가 열심을 내야 하는 이유가 그러한 관점 때문임을 잊지 말아야 할 것 같습니다.

그럼에도 이 곡은 참 은혜로운 찬양입니다. 주께서 이 땅에 다시 오실 풍경이 그려지고 그로 인해 우리의 마음이 벅차오르게 합니다. 이 노래에 담긴 다시 오실 주님에 대한 소망이 우리에게 큰 은혜와 회복을 가져다줄 것입니다.

▐▐▐▐▐ 할렐루야 마라나타 (어노인팅, 6집, 강명식 사/곡)

반면 〈할렐루야 마라나타〉는 결이 조금 다릅니다. 어노인팅의 정규 앨범과 예배인도자컨퍼런스에도 실렸던 이 곡은 계시록에서 나타난 종말의 모습을 묘사하는 데 더 집중합니다. '모든 눈물을 닦아 주시며', '한량없는 영광 중에 주와 함께 다스린다'는 가사를 통해서 말이죠.

4-5분 남짓한 곡의 길이 때문에 좀 더 긴 이야기를 담아 내기보다는 계시록에서 보이는 이미지를 담아내는 데 치중했 지만, 그래도 그리스도의 재림과 종말의 주도권을 인간이 아 닌 하나님께 돌린다는 측면에서 좋은 방향성을 지닌 곡이라 생각합니다.

삶이 버겁고 무거울 때에야 비로소 우리는 종말을 떠올립 니다. 하지만 성경이 말하는 종말은 이 땅에서의 삶이 엉망 이고 없어져야 할 것이라고 말하지 않습니다. 오히려 이 땅이 야말로 하나님이 포기하지 않고 계신 곳이라는 사실을 역설 합니다.

우리가 '곧 오시옵소서'라고 선언하는 이유를 기억하며 노 래할 수 있으면 좋겠습니다.

묵상 하는 기도	주님, 우리가 늘 종말을 떠올리고 이 땅을 새롭게 하실 주님을 소망하게 해주세요. 주님의 다시 오심을 늘 갈망하며 마라나타 노래하게 해주세요.

멈출 수 없는 이들을 위한 안식

교회력 본문   에스겔 34:11-16, 20-24

한때 무소유와 같은 불교적 가치관을 가르치며 각종 강연과 출판으로 유명세를 탄 한 유명 종교인이 본인의 가르침과는 정 반대인 삶을 살고 있었던 것으로 드러나 논란이 되었던 적이 있습니다. 그분의 베스트셀러는 바쁘게 돌아가는 세상 속에서 멈춤과 쉼의 의미를 되새기며 자신을 돌아보라는 메시지로 많은 이들의 사랑을 받았지요. 그런데 작가이자 칼럼니스트인 김규항 님이 여기에 대해 이렇게 말했습니다.

멈추면 보이는 것이 있다. 그러나 멈춤은 선택이기 이전에 조건이다. 대개의 사람은 멈추고 싶어도 멈출 수 없거나 매우 어렵다. 궤도에서 탈락하기 때문에.

저는 오히려 이 말에 더 동의가 되었습니다. '무소유', '멈춤', '쉼'은 선택이 가능한 사람에게는 아름답지만, 어쩔 수 없이 소유가 없고, 멈추거나 쉴 수 없는 사람들에게는 차라리 저주에 가깝습니다.

오늘 교회력 본문 에스겔서에서 하나님은 흩어진 자기 양 떼를 보호하시겠다고 말씀하십니다. 앞선 8절에서 주님은 자기 양 떼가 흩어진 이유가 목자들이 자기만 배부르고 양들을 먹이지 않았기 때문이라고 고발하시면서, 이제는 그들 손에서 양 떼를 구출해 내서 하나님이 직접 먹이고 돌보시겠다고 말씀하십니다.

이 말씀은 예수님께서 자신을 '양을 위해 목숨을 버리는 선한 목자'라고 밝히시는 요한복음 10:11에서 분명하게 이루어집니다.

중요한 것은 여전히 우리 가운데에 거짓을 가르치는 가짜 목자들이 존재한다는 사실입니다. 다른 교회력 본문 에베소서 1장은 우리 안에 계시는 성령께서 알게 하시는 진정한 신앙의 내용이 무엇인지를 밝힙니다. 그것은 '하나님의 부르심에 속해 있다는 사실이 주는 소망'과 '성도들에게 약속하신 유업'이 얼마나 크고 풍성한지에 관한 것입니다.

주님께서 약속하시는 쉼, 안식은 단순히 멈춰서 자신을 돌아보고 평안을 얻는 것에 그치지 않습니다. 하나님은 진정한 안식이 파괴된 이 세상에서 우리를 부르셔서, 복음을 통해 이 세상이 원래 누려야 할 참된 안식의 모습을 그리게 하시고, 올바른 모습으로 회복되게 하는 역할을 맡기셨습니다.

그러므로 기독교가 말하는 안식은 단순한 쉼이 아니라, 세상의 질서를 거스르고 세상이 주는 가짜 평안을 거부하는 삶의 태도를 말합니다. 복음이 말하는 진정한 안식과 평안은 예수님의 다시 오심으로 이루어지는 최종적인 완성과 연결되어 있습니다. 이런 점에서 성경은 믿음을 종종 전쟁이나 싸움의 이미지로 묘사하는 것입니다.

따뜻함과 위로, 힐링의 메시지로 위장한 가짜 목자들의 가르침을 경계하시기 바랍니다. 가짜 평안과 적당한 안정을 말하는 목소리에 주의를 기울이면 좋겠습니다. 성경이 말하는 안식은 푸른 초원 위로 소풍 가는 이미지가 아니라, 폭풍 속의 갈릴리 바다를 지나는 배에 제자들과 함께 하시는 예수님의 모습에 가깝습니다.

비록 우리의 삶은 멈추지 못하고 떠밀릴지라도, 우리를 지키시는 하나님은 살아 계십니다. 보이는 것과 보이지 않는 모든 것을 지키시는 우리 주님을 의지합시다. 만물이 다 그분의 발아래 있음을 우리가 믿습니다. 할렐루야.

'힐링'을 이야기하는 트렌드는 이제 사라진 줄 알았는데, 여전히 이 시대는 힐링을 요구하는 것처럼 보입니다. 현재가 불안정하고 미래가 불확실하기 때문이겠죠. '괜찮아'하고 말해줄 누군가가 필요한 것 같습니다.

그리스도는 우리에게 '괜찮아'라고 말하는 대신에 '평안을 너희에게 준다'고 말씀하십니다. 그런데 이 '평안'은 '편안'과는 조금 거리가 있습니다. 문제가 사라지고 모든 것들이 편한, 괜찮은 상태를 약속해주지 않습니다. 다만 그 어려움 속에서도 의연할 수 있도록 확신과 힘을 줍니다. 이번 주에는 '평안'을 말하는 노래들을 선곡해봤습니다.

▨▨▨ 내 영혼은 안전합니다 (어노인팅, 10집, 전은주 사/곡)

어노인팅 10집에 수록된 이 곡은 지극히 개인적인 신앙의 영역을 다룹니다. 확신에 찬 것 같은 가사와 평온한 멜로디만 놓고 생각하면 이 노래는 강한 확신에 차서 부르는 노래 같지만, 면면을 살펴보면 우리의 예상과는 조금 다릅니다.

사실 이 노래는 오히려 '안전을 노래하기에 안전하지 않은 사람들이 불러야 할 노래'에 가깝습니다. '나 비록 넘어지며 흔들리지만' 같은 가사나 '두려움 다 내려놓고'를 반복해서 강조하는 것은 '우리가 이미 어떤 어려움에 처해있음'을 전제하기 때문입니다. 불안정하고 불안전한 상태에서 안전을 노래하는 것, 그것이 바로 그리스도인의 진짜 평안이 아닌가 싶습니다.

▓▓▓ 거친 바다 위를 가는 I Believe (Lenny LeBlanc 사/곡)

이런 정서는 〈거친 바다 위를 가는〉에서도 발견됩니다. '난 믿네'라는 제목의 원곡과는 달리 이 노래는 시종일관 부정적인 노랫말로 가득 차있습니다. 믿음이라고 불리는 평안은 고달픔 속에서 더 가치 있기 때문일 겁니다.

> 거친 바다 위 on troubled water
>
> 폭풍 the storms
>
> 험한 이 세상 the narrow highway
>
> 망망한 바다 the open sea
>
> 모든 괴로움 my struggles, my fears
>
> 내 눈물 my tears
>
> 세상이 조롱하여 날 외면하여도
>
> When the world laughs at me and says I'm just a fool

교회에서 부르는 많은 노래들이 우리의 어려움을 없는 셈 치거나, 언급하기도 불경스러운 것처럼 여길 때가 있죠. 하지만 우리는 우리의 한탄과 푸념을 더 노래해야 합니다. 우리의 어려움은 혼자 되새길 때 불만이 되고, 타인에게 말할 때는 한탄이 되지만, 그분 앞에서 토로할 때 비로소 기도가 되기 때문입니다.

불안과 염려를 우리의 노래로 솔직하고 정직하게 소화시킴으로써 거짓 평안과 거짓 안정이 아닌, 하나님으로부터 오는 찐 평안을 노래할 수 있게 되기를 바랍니다.

묵상
하는
기도

주님, 살기 위해 멈출 수 없는 우리들의 각박한 삶과 신음하는 이 땅을 긍휼히 여겨 주세요. 보이는 것과 보이지 않는 모든 것을 지키시는 주님, 만물이 다 주님 아래 있음을 고백합니다. 종국에 이 모든 고통과 아픔을 끝내고 온 땅을 회복시키실 주님을 찬양합니다. 할렐루야.